UNIVERSITÉ DE FRANCE — ACADÉMIE DE DIJON

Faculté de Droit

DES SECONDS MARIAGES

EN

DROIT ROMAIN ET EN DROIT FRANÇAIS

THÈSE POUR LE DOCTORAT

PAR

Édouard GEORGE

DIJON-PARIS

IMPRIMERIE RÉGIONALE

—

1887

UNIVERSITÉ DE FRANCE — ACADÉMIE DE DIJON

Faculté de Droit

DES SECONDS MARIAGES

EN

DROIT ROMAIN ET EN DROIT FRANÇAIS

THÈSE POUR LE DOCTORAT

Soutenue le 20 Juin 1887

PAR

Édouard GEORGE

Sous la présidence de **M. DESSERTEAUX**, professeur.

Suffragants. { MM. DUVERDIER DE SUZE, professeur.
RENARDET, professeur.
SALEILLES, agrégé.

DIJON-PARIS

IMPRIMERIE RÉGIONALE

—

1887

DES SECONDS MARIAGES

DIVISION

Si on examine la faveur avec laquelle les seconds mariages ont été traités en Droit romain, on peut facilement diviser leur étude en trois phases bien distinctes.

La première est celle dans laquelle le législateur s'est montré indifférent à l'égard des secondes unions, et s'est contenté de régler les conditions de leur existence, c'est la période de l'ancien droit. Ces règles fondamentales restèrent en vigueur, du moins partiellement, même pendant les autres époques, sauf toutefois certaines modifications qui furent la conséquence des rapports tout différents sous lesquels on envisagea les secondes noces dans la suite.

Les conditions nécessaires à la célébration des seconds mariages varièrent dans la deuxième phase. Le législateur, abandonnant l'indifférence qu'il avait montrée auparavant, passe à une faveur exagérée. Ce dont il ne s'occupait pour ainsi dire pas devient l'objet de tous ses soins. Ce sont les *Lois Caducaires* qui caractérisent la deuxième phase. Elle s'étend depuis Auguste jusqu'aux empereurs chrétiens, c'est-à-dire depuis le commencement de l'ère nouvelle jusqu'à l'an 300 envi-

ron après Jésus-Christ. Les guerres contre les ennemis de la République, les guerres civiles et, disons-le,
la débauche avaient décimé, épuisé et abatardi la population romaine; pour combler les vides qui s'y étaient
faits il fallait encourager le mariage et empêcher ces
unions passagères, ces concubinages, d'où ne naissent, la plupart du temps, que des êtres rachitiques.
Auguste employa toutes sortes de moyens pour remédier à cela et c'est dans ce but que furent édictées les
Lois Caducaires.

Mais plus tard, frappé des inconvénients que présen-
tent le plus souvent pour les enfants du premier lit, le
convol de leurs parents, le législateur revint sur la
faveur qu'il avait accordée aux seconds mariages; et,
comme dans toute réaction, il dépassa le but qu'il voulait atteindre. En essayant seulement de protéger les
enfants du premier lit et leur patrimoine contre l'influence hostile du nouveau conjoint, les empereurs
chrétiens ne purent s'empêcher de laisser percer leur
manière de voir, et le peu d'encouragement qu'ils voulaient donner aux secondes noces.

Telles sont les trois périodes que je vais examiner
dans trois chapitres successifs :

1° Ancien droit (Chap. I);

2° Epoque des Lois Caducaires (Chap. II);

3° Sous les empereurs chrétiens (Chap. III.)

L'art. 296 impose à la femme divorcée l'observation d'un délai de dix mois avant de convoler en secondes noces. Cette disposition analogue à celle contenue dans l'art. 228, en diffère en ce qu'elle a pour but d'éviter uniquement la confusion de part et n'est plus inspirée en même temps par des motifs de convenance et d'honnêteté publiques. La femme, dans ce cas, n'a pas d'époux à pleurer, pas de deuil à porter. Aussi, n'était-il pas nécessaire de lui imposer un délai aussi long : cinq mois auraient suffi pour faire disparaître toute espèce de doute sur la filiation de l'enfant né après la célébration du second mariage. Pour la même raison, le législateur de 1884 aurait pu permettre à la femme qui accouchera dans les dix mois qui suivront la prononciation du divorce de se remarier sans attendre l'expiration de ce délai.

L'art. 296 étant conçu en termes généraux, nous déclarerons sa disposition applicable même au cas où le divorce est prononcé à la suite d'une séparation de corps ayant duré trois ans (art. 310.) Il y a là une lacune de la part du législateur qui aurait dû, dans cette hypothèse, faire une exception à la prohibition de l'art. 296. Mais cet article ne recevra plus d'application lorsque les anciens époux voudront se réunir : pas de confusion de part possible puisque la présomption de paternité ne se réfère qu'à une seule et même personne.

Quant à la nature de l'empêchement contenu dans l'art. 296 nous lui appliquerons tout ce que nous dirons à propos de l'inobservation de l'art. 228.

CHAPITRE I

DES SECONDS MARIAGES DANS L'ANCIEN DROIT

Empêcher la bigamie : tel est le premier but que le législateur a poursuivi en imposant à l'époux qui veut convoler en secondes noces, certaines conditions qui lui ont paru nécessaires ; prévenir la confusion de part, tel est son deuxième but ; il n'a pas voulu que l'on put donner à l'enfant un père autre que celui dont il était issu.

SECTION I

Dispositions générales

Certaines conditions étaient communes aux premiers et aux seconds mariages, c'étaient la qualité de citoyen romain, la puberté le consentement des futurs époux et celui de leurs *patres familias*. De celles-ci je n'en parlerai pas et je resterai strictement dans le cadre restreint que je me suis tracé. Je n'étudierai donc que la condition spéciale aux secondes noces, c'est-à-dire la dissolution du premier mariage. Elle s'applique aux trois phases, mais les modes de dissolution diffèrent selon les époques.

Si la plupart des nations pratiquaient la polygamie,

et permettaient à l'homme d'avoir plusieurs épouses légitimes sous le même toit ; à Rome, au contraire, elle était interdite. Gaius nous dit, en effet : «.... *neque eadem duobus nupta esse potest, neque idem duas uxores habere.* (1). »

Si la matrone romaine fut toujours environnée d'estime et de respect, si elle fut dans la maison l'égale de son mari, c'est que toujours aussi elle resta seule au foyer domestique. « L'Histoire et l'expérience se réunissent, en effet, pour démontrer que partout où l'homme a plusieurs femmes, elles ne sont ni ses còmpagnes, ni ses égales, mais ses sujettes. Le mariage est la seule société qui perde ce caractère dès qu'elle comprend plus de deux personnes. (2). »

De ce que les Romains n'eurent jamais qu'une seule épouse au foyer conjugal n'allons pas conclure qu'ils n'en changeaient pas. L'austérité des mœurs avait longtemps empêché le divorce, la religion des premiers temps l'avait peut-être condamné, mais il n'en apparût pas moins sous l'influence de la corruption publique, et se multiplia même à tel point qu'un auteur a pu dire que les femmes comptaient leur âge par le nombre de leurs maris.

A cette époque encore si les femmes se succédaient sans pudeur dans la maison conjugale, elles ne s'y trouvaient pas ensemble, face à face, et toujours prêtes à se jalouser l'une l'autre. Aussi ne trouvons-nous pas dans les maisons romaines ces rivalités, ces haines et ces intrigues qui emplissent toujours et ensanglantent souvent les harems de l'Orient.

L'idée de la polygamie ne vint-elle jamais à l'esprit des Romains ? Il serait téméraire de répondre négati-

---

(1) Gaius, *Comm.*, I, n° 63.

(2) Accarias, *Précis de Droit romain*, I, n° 79.

Le principe de la monogamie dominait le concubinat comme le mariage, et la concubine elle-même n'avait pas à redouter de rivale.

vement. Suétone déclare, en effet, que César voulait
créer une loi pour l'établir; mais il ne s'agissait là que
d'une décision particulière à César qui voulait s'en servir pour assouvir sa soif de libertinage (1).

Plutarque nous dit qu'Antoine fut le premier à avoir
deux femmes.

Socrate attribue à Valentinien, empereur chrétien,
une loi autorisant la polygamie (2), mais rien n'est
moins sûr que cette assertion.

La multiplicité des épouses, nous le voyons, était
défendue à Rome, et, pour contracter un second mariage, il fallait que le premier fut rompu. Mais qu'arrivait-il si un Romain, peu soucieux des prohibitions de
la loi, convolait en secondes noces avant la dissolution
de son premier mariage? En un mot, quelle était la
sanction de l'obligation où on était de n'avoir qu'une
épouse?

Au début, lorsque le divorce n'était entouré d'aucu-
nes formalités déterminées, c'est-à-dire lorsqu'il pouvait avoir lieu tacitement, le crime de bigamie n'était pas
possible; l'époux coupable, en effet, pouvait toujours
échapper à la punition en déclarant qu'il avait répudié
son premier conjoint. Le fait même d'avoir contracté
une nouvelle union impliquait la répudiation tacite de
l'époux précédent. Mais plus tard les choses changè-
rent avec la loi Julia qui entoura le divorce de formalités précises (3), afin de fixer avec exactitude une date
qui formait le point de départ de délais nombreux et
importants, tels que celui pendant lequel la femme était
soumise aux poursuites pour adultère (4) celui pendant lequel elle ne pouvait affranchir ses esclaves (5);

(1) César, ch., 52.
(2) Socrate, ch. iv, 32.
(3) L. 9, Dig. ; l. XXIV, t. 2.
(4) L. 4, § 1; l. 14, § 2, Dig.; l. XLVIII, t. 5.
(5) L. 12, Dig.; l. XLV, t. 12.

celui pendant lequel elle pouvait rester veuve sans encourir les peines du célibat (1).

La loi I au Digeste (L. 3, t. II) déclare que l'époux bigame est frappé d'infamie. Le juge compétent, ajoute la loi 2 au Code *de inc. et inut. nuptiis* (L. V. t. 5) punira l'époux bigame. Voyons, quant à l'homme, quelles déchéances entraînait cette peine. L'infâme était privé de ses droits politiques et d'une partie de ses droits civils, il subissait une sorte de *capitis deminutio media* bien que le droit de cité lui restât ; il encourait ce que nous appelerions dans notre législation la dégradation civique.

Il perdait ce qu'à Rome on désignait sous les noms d'*honores et dignitates*, et devenait incapable de remplir une magistrature quelconque (2). Quant aux droits de vote et d'éligibilité, ils lui échappaient puisqu'il ne pouvait plus en faire usage, étant exclu de toutes les tribus.

Il était déclaré indigne de servir désormais dans les armées romaines.

L'infâme était encore atteint dans quelques-uns de ses droits privés. Ainsi il ne pouvait plus postuler en justice si ce n'est pour lui et pour quelques autres personnes limitativement déterminées (3).

Il lui était défendu, depuis la loi Julia, d'épouser la fille d'un sénateur (4).

S'il était institué héritier, les frères et sœurs consanguins du défunt pouvaient intenter la *quœrela* contre le testament et le faire tomber (5).

Quant aux femmes, la loi I (6) n'en parle pas, cela ne

(1) Ulp. R., XIV.
(2) L. 1, Dig. ; l. XLVIII, t. 7.
(3) L. 1, § 8, Dig. ; l. III, t. 1.
(4) Ulp., R., XIII, § 2.
(5) L. 27, Code, *De inofficioso testamento* ; l. III, t. 28.
(6) Dig., *De his qui notantur infamia* ; l. III, t. 2.

veut pas dire qu'elles pouvaient impunément avoir deux maris.

Comme elles étaient exclues de la vie publique, comme il leur était défendu de postuler en justice pour autrui (1), la peine d'infamie n'aurait modifié en rien leur capacité; tout son effet eût consisté à leur enlever le droit de participer aux honneurs de leurs maris. C'était là une conséquence bien peu importante; aussi avait-on pensé qu'elle n'était pas suffisante pour frapper la femme d'infamie.

Plus tard, lorsque la loi *Julia* eut prohibé le mariage de l'homme libre avec une femme infâme, il put y avoir quelque utilité à frapper la femme de cette peine. Si un Romain, ne tenant aucun compte de la prohibition de la loi *Julia*, épousait une romaine notée d'infamie, leur mariage n'était pas nul aux yeux de la loi; mais les enfants qui en étaient issus ne faisaient pas éviter à leurs auteurs les peines du célibat.

Plus tard, la peine d'infamie qui continua de frapper le bigame (2), ne pouvait plus, par suite de l'abrogation des divers chefs de la loi *Julia*, s'appliquer aux femmes qui avaient deux maris; mais à cette époque, la bigamie entraînait, en outre, une peine corporelle que nous ignorons. Sous Justinien, toutes ces peines sont remplacées par la mort.

De tous ces développements, il résulte que la bigamie était sévèrement interdite à Rome : pour pouvoir valablement contracter un second mariage, il fallait que le prémier fût dissous.

Étudions maintenant les dispositions particulières à chaque mode de dissolution du mariage.

---

(1) L. 1, § 5, Dig., *de postulando*, l. III, t. 1.
(2) L. 18, C. *Ad legem Jul. de adulteriis et stupro*, l. IX, tit. 9.

SECTION II

Dispositions spéciales à chaque mode
de dissolution du mariage

A Rome on distinguait quatre modes de dissolution des *justæ nuptiæ*.

1° La mort de l'un des époux ;

2° Le divorce ;

3° La captivité ;

4° La servitude encourue *jure civili*.

« *Diminitur matrimonium divortio, morte, captivitate, vel aliâ contingente servitute utrius eorum* (1). »
Les différents modes de dissolution du premier mariage font varier les conditions du second, aussi est-il nécessaire d'examiner séparément chacun de ces modes, je diviserai donc la matière en quatre paragraphes,

§ 1er. — Dissolution du mariage par la mort de l'un des époux ;

§ 2. — Dissolution du mariage par le divorce de l'un des époux ;

§ 3. — Dissolution du mariage par la captivité de l'un des époux ;

§ 4. — Dissolution du mariage par servitude *jure civili*.

§ 1. — Dissolution du mariage par la mort de l'un des époux

Deux hypothèses peuvent se présenter ici :

Ou bien c'est la femme qui survit.

Ou bien c'est le mari.

1re HYPOTHÈSE.   *C'est la femme qui survit.*

---

(1) L. 1, Dig., *De Divortiis et Repudiis* ; 1. XXIV, tit, 2.

Il pouvait se faire qu'une femme, au moment de la mort de son mari, fût enceinte. Il était important de prévenir de graves abus qui seraient résultés d'un second mariage contracté immédiatement. La loi romaine, pour éviter toute confusion de part et ne pas donner à un enfant une filiation douteuse, avait édicté des règles particulières. On assurait ainsi l'état civil des citoyens romains.

Disons d'abord que la veuve, dès les premiers temps de Rome, était obligée par une loi de Numa (1) de porter pendant dix mois le deuil de son mari, *lugere maritum*, et de mener une vie retirée et austère : « *qui luget abstinere debet a conviviis, ornamentis purpurâ et albâ veste* (2). » Il n'y avait là, toutefois, qu'une obligation de pure convenance. La femme devait, en outre, au cas où elle voulait se remarier, attendre l'expiration du même délai de dix mois.

Le préteur, trouvant cette disposition très sage, la reproduisit dans son édit : « *Prætor enim ad id tempus se retulit, quo vir elugeretur, qui solet elugeri, propter turbationem sanguinis* (3).

Etudions cette obligation imposée à la femme.

Motifs de ce délai.— D'après Plutarque, ce serait un motif de morale et de respect envers la mémoire du mari défunt; et on pourrait le croire en voyant Numa imposer à la femme un délai de deuil et lui assigner en même temps un délai pour se remarier. La corrélation de ces deux obligations semblerait donner raison à Plutarque, mais il n'en est rien; ce motif a pu être vrai à l'origine, il ne l'est plus à l'époque dont nous nous occupons. Le seul et unique but du législateur a été d'empêcher la confusion de part, la *turbatio sanguinis*. Il a voulu éviter l'incer-

---

(1) Plutarque, *Numa*, ch. xii, trad. Amyot.
(2) Paul, *Sent.*; l. I, tit. 21, § 14.
(3) L. 11, § 1; Dig., l. III, *De his qui inf. not.*, l. II.

titude qui aurait pu planer sur la filiation d'un enfant
qui serait né assez longtemps après la célébration
du second mariage et assez peu de temps après
la dissolution du premier, pour qu'il fût impossible
de le déclarer issu des œuvres du premier mari
plutôt que de celles du second. C'était là un doute
scandaleux ; aussi la loi a-t-elle pris soin de défendre
expressément à la femme de se remarier avant dix
mois révolus, durée des plus longues gestations. Et,
ce qui prouve bien que le délai de viduité n'était pas
inspiré par un motif de pure convenance et de décence
publique, c'est que le mari n'était pas obligé de porter
le deuil de sa femme (1) ; s'il le faisait, c'était qu'il le
jugeait plus convenable, mais rien ne l'y contraignait.

Si, au contraire, on veut démontrer que le législateur a voulu éviter la *turbatio sanguinis*, on a à sa
disposition de nombreux textes qui établissent soit la
règle elle-même, soit les conséquences qui en découlent.

C'est d'abord la loi 8 (2) dans laquelle Ulpien rapporte
un cas particulier qu'il a emprunté à Labéon. Ce jurisconsulte nous dit que la veuve peut, dans le même
jour, prendre et quitter le deuil : « *ipsâ die et sumere
eam lugubria et deponere.* » La femme n'eût pas été
affranchie à la fois du deuil et du veuvage et n'eût pu
convoler immédiatement en secondes noces, si le délai
de deuil avait été établi surtout dans le but de respecter la mémoire du mari décédé.

Dans le § 1er de la loi 11, Ulpien ajoute que
dans le cas même où la femme n'est pas obligée de
porter le deuil de son mari, elle n'en doit pas moins
attendre l'expiration du délai de viduité pour convoler
en secondes noces afin d'éviter la confusion de part.
Ces cas sont nombreux, par exemple si le mari a été

(1) L. 9, Dig., *De his qui notantur infamia* ; l. III, t. 2.
(2) Dig., l. III, t. 2.

,condamné pour crime de haute trahison, *perduellionis damnatus*, s'il a été pendu, ou s'il s'est donné la mort non par suite du dégoût qu'il éprouvait à l'égard de la vie, mais parce qu'il était torturé par le remords, *non tœdio vitœ, sed malâ conscientiâ*.

Dans le § 2 de la même loi 11, Ulpien nous apprend que si la veuve met au monde un enfant avant l'expiration des dix mois qui suivent le décès de son mari, elle peut immédiatement convoler en secondes noces, *statim posse nuptiis se collocare*. C'était là l'opinion de Pomponius qu'Ulpien adopte : *quod verum puto*, dit-il.

Enfin une foule d'autres textes qu'il serait trop long d'énumérer, viennent encore donner raison à cette théorie.

Aucune corrélation n'existe donc entre le délai de deuil et celui de viduité. Eviter la *turbatio sanguinis*, tel est l'unique but de la loi ; une fois que celle-ci n'est plus à craindre la femme recouvre sa liberté et peut convoler en de nouvelles noces même avant l'expiration du délai de viduité.

Durée de ce délai. — Il était de dix mois (1) et commençait à courir du jour de la mort du mari ; c'était un délai continu ; c'est pourquoi si, par exception, la femme n'apprenait la mort de son mari qu'un certain temps après l'époque où elle avait eu lieu, il suffisait qu'elle portât le deuil le nombre de mois ou même le nombre de jours nécessaire pour compléter le *legitimum tempus* ; bien plus, en supposant même qu'elle n'eût appris le décès de son mari qu'après l'expiration des dix mois, affranchie en même temps du deuil et du veuvage, elle pouvait immédiatement convoler en secondes noces sans tenir compte d'aucun délai (2).

Une observation peut être faite sur la durée de ce

(1) L. 2, Code, *De secundis nuptiis*, l. V, t. 9.
(2) L. 8, Dig. ; l. III, t. 2.

délai. Au temps de Numa on suivait l'année lunaire, c'est-à-dire de dix mois; plus tard on suivit l'année solaire. Aussi pour éviter l'équivoque qui aurait pu résulter si on avait parlé simplement d'une année, tous les textes postérieurs se bornent à dire que la femme devra garder le deuil pendant le *legitimum tempus*.

Sanction de l'inobservation de ce délai. — Quelle était la sanction de l'obligation où était la femme de ne pas contracter mariage *intra legitimum tempus luctus?* Au début il n'y avait pas de peine édictée, et le mariage, contracté malgré les prescriptions de la loi, était pleinement valable, ce qui le prouve c'est la loi 1 au Code, *De secundis nuptiis*, L. V., t. 9, qui s'occupe de la dot de la femme mariée dans ces conditions, Or si la seconde union était nulle, il n'y aurait ni mari, ni femme, ni dot, § 12 des *Inst.*, L. I. t. 10. Les dix mois de viduité constituaient à Rome ce que nous appelons dans notre législation un simple empêchement prohibitif.

Le préteur y attacha plus tard une peine sévère, il nota d'infamie non-seulement la veuve qui s'était remariée avant l'expiration du délai de deuil, mais encore son nouvel époux et même son *pater familias*, c'est-à-dire celui sous la puissance duquel elle se trouvait placée, en un mot, tous ses complices.

Cette peine, toutefois, n'était pas encourue dans tous les cas. La loi 11, § 4, au Digeste *(de his qui notantur infamiâ.* L. III. t. 2) apporte un tempérament à la règle générale. Il fallait pour que l'infamie fut encourue que la femme et ses complices aient agi avec connaissance de cause : « *notatur etiam, sed si sciens.* »

D'autres cas d'excuse se trouvent encore dans le même paragraphe 4 de la loi 11. Si, par exemple, celui qui épouse une veuve n'a fait qu'obéir aux ordres de son *pater familias,* il est alors « digne de pardon »

« *nam qui obtemperavit veniâ dignus est* (1) » ; de même celui qui se marie avec une femme veuve depuis moins de dix mois, sera excusé par le préteur, s'il est établi qu'il n'a pas eu connaissance de cette circonstance. Mais le législateur a pris soin de dire que l'erreur de droit ne suffit pas ; il exige l'erreur de fait pour servir d'excuse, *ignorantia enim excusatur non juris, sed facti.*

Enfin un dernier cas dans lequel l'infamie n'est pas encourue, c'est celui où l'empereur accorde à la veuve, sur sa demande, la permission de se remarier avant l'expiration du délai de viduité.

2e Hypothèse. — *C'est le mari qui survit.* — La loi romaine se montrait beaucoup moins sévère. Si elle faisait à la femme un devoir moral de porter le deuil de son mari défunt, et une obligation légale de ne pas convoler en secondes noces avant l'expiration d'un délai de dix mois ; pour l'homme, au contraire, il n'est pas question de deuil ni de délai de viduité : *uxores viri lugere non compelluntur. — Sponsi nullus luctus est* (2). D'où venait cette différence ?

Elle s'explique aisément : pas de confusion de part à redouter pour le mari comme pour la femme. Or c'était la crainte de cette *perturbatio sanguinis* qui avait seule déterminé le législateur à imposer à la femme un délai de viduité de dix mois ; la cause manquant, l'effet devait disparaître ; aussi comprend-on qu'on n'ait pas étendu la même disposition au mari. Si la morale et les convenances sociales lui prescrivaient de porter un certain temps le deuil de sa femme, en tous cas la loi n'y avait attaché aucune sanction.

(1) L. 11, § 4, Dig., *De his qui notantur inf.*, l. III, t. 2.
(2) L. 9, Dig.; l. III, t. 2.

§ 2.— Dissolution du mariage par le divorce

La loi des Douze Tables, si on en croit un passage de Cicéron, autorisait le divorce : *mimam suam suas res sibi habere jussit, ex duodecim tabulis* (1). Mais si à cette époque la loi le reconnaissait, si elle l'avait établi en théorie, en pratique les mœurs le réprouvaient, et par suite on en faisait peu ou pas usage. Valère Maxime (2) nous parle du divorce de Lucius Antonius qui semble devoir être placé vers le milieu du vᵉ siècle ; puis, dans un autre passage, se contredisant lui-même, cet auteur nous déclare que le premier divorce n'eut lieu qu'en 528 de Rome, c'est-à-dire dans la première moitié du vrᵉ siècle. Ce fut celui d'un certain Spurius Carvilius Ruga qui renvoya sa femme parce qu'elle était stérile : *Repudium inter uxorem et virum a conditâ urbe usque ad vicesinum et quingentesimum annum, nullum intercessit: primus autem Spurius Carvilius Ruga....* (3).

Valère Maxime s'accorde sur ce point avec Aulu Gelle (4).

Carvilius Ruga eut bientôt de nombreux imitateurs; on en arriva à divorcer pour les motifs les plus futiles; la corruption des mœurs qui avait envahi la société romaine fit abuser du divorce. Les femmes elles-mêmes ne se firent pas faute de profiter de la faculté qui leur était accordée et de la liberté qu'on leur laissait. Ces *nuptiarum multarum mulieres*, comme on avait coutume de les appeler, ne contractaient un nouveau mariage, suivant la remarque de Senèque, que pour avoir le plaisir et le droit de le répudier : *exeunt*

---

(1) Cicéron, *Philipp.*, II, 28.

(2) Val. Max., *Factor dictorumque memorab.* ; l. 2, ch. ix, n° 2.

(3) V. Max.; *Fact. dict. memor.*; l. 2, ch. i, n° 4.

(4) Aul. Gelle, *Nuits attiques*, XVII, 21.

matrimonii causa nubunt repudii. Celle-ci s'était mariée huit fois en cinq automnes; celle-là, une certaine Thélésine, avait eu jusqu'à dix époux dans trente jours; si elle eût accouché neuf mois après le premier mariage ou après le dernier, dix citoyens Romains pouvaient officiellement revendiquer la paternité de l'enfant.

Le mariage étant dissous par le divorce, à quelles conditions, les anciens époux pouvaient-ils l'un et l'autre contracter une seconde union?

Pour le mari divorcé, de même que pour le veuf, nulle condition à remplir, nul délai à observer; rien ne s'opposait à son nouveau mariage; il pouvait, dès le jour même du divorce, prendre une autre épouse. Tout se passait donc pour lui comme au cas de dissolution du mariage par la mort de la femme.

En était-il de même pour celle-ci? La *turbatio sanguinis* pouvait se produire ici aussi bien que dans l'hypothèse du prédécès du mari; elle était donc à craindre, et les raisons qui avaient fait prescrire, au cas de veuvage, l'observation d'un délai de dix mois se présentant ici avec la même force, il serait naturel de croire que pour parer à un danger semblable, la même précaution aurait dû être prise. Cependant les textes nous apprennent qu'il n'en était pas ainsi : la femme divorcée pouvait, en principe, se remarier immédiatement et quand bon lui semblait. Nous en trouvons des exemples dans l'histoire. C'est ainsi que Porcia répudiée par César, porta dans une autre famille le dernier des Brutus dont elle était enceinte.

On sait encore que Livie, femme de Thibérius Néron, épousa Auguste, malgré une grossesse de six mois (1).

Cette inconséquence dans la législation romaine ne

(1) Tacite, l. I, ch. x.

peut s'expliquer qu'historiquement. Le roi Numa, dans la loi qu'il avait édictée pour imposer à la femme un délai de viduité, n'avait prévu que le cas de dissolution du mariage par la mort du mari ; à cette époque, en effet, le divorce était encore inçonnu. Plus tard, quand il fut entré dans les mœurs, il eût fallu, pour être logique, combler cette lacune, mais une semblable mesure aurait été en opposition avec les idées d'Auguste qui voulait encourager les mariages. Aussi pour ne mettre à ceux-ci aucun obstacle, on n'imposa aucun délai à la femme divorcée.

Toutefois le législateur romain avait pris des dispositions spéciales destinées à constater la possibilité d'une grossesse antérieure au divorce et à éviter toute incertitude sur la question de paternité. Des règles minutieuses avaient été instituées dans ce but.

Deux hypothèses pouvaient se présenter :

Ou bien la femme, au moment de la dissolution du mariage par le divorce, se disait enceinte ;

Ou bien elle déclarait n'être pas enceinte.

1re HYPOTHÈSE. — *La femme se disait enceinte.* — Elle devait alors, dans les trente jours à compter du divorce accompli, dénoncer à son ancien époux son état de grossesse.

Le mari était ainsi mis en demeure d'envoyer des gardiens à sa femme et de reconnaitre l'enfant dont elle devait accoucher (1).

Par qui était faite cette notification ? Par la femme elle-même, par son *pater familias* ou enfin par leur mandataire.

A qui était-elle faite ? Au mari, ou à la personne sous la puissance de laquelle il était placé. S'ils sont absents l'un et l'autre la déclaration pouvait être faite à domi-

(1) Paul, *Sentences*, l. II, t. 14, § 5 ; l. t, § 1, Dig. ; l. XXV, t. 3.

cile : *aut domum denunciare, si nullius eorum copiam habeat* (1).

La femme avait un délai de trente jours consécutifs à partir du divorce et non de trente jours utiles : *Dies autem triginta continuos accipere debemus... non utiles (2).*

Qu'arrivait-il si elle avait laissé passer ce délai? Elle pouvait encore être admise à faire sa déclaration, mais en connaissance de cause, *cognitâ causâ.*

La dénonciation reçue, le mari pouvait prendre trois partis différents (3).

1er *Parti.* — Il pouvait garder le silence; dans ce cas, il était censé s'avouer le père de l'enfant dont son ancienne épouse était enceinte; il reconnaissait sa paternité et si plus tard il voulait revenir sur son aveu, le magistrat s'y opposait.

2e *Parti.* — Le mari pouvait, s'il avait des doutes sur la sincérité de la déclaration faite par la femme, lui envoyer des gardiens dont la mission était de la surveiller.

Recevait-elle ces gardiens et accouchait-elle en leur présence, l'enfant était réputé appartenir à son ancien époux.

Se refusait-elle, au contraire, à recevoir les gardiens, le mari et les parents du mari n'étaient pas tenu de regarder l'enfant comme issu de ses œuvres, ils pouvaient toujours désavouer sa paternité, sauf le droit pour l'enfant, grâce au *Prœjudicium de partu agnoscendo* (4), d'établir cette paternité.

(1) L. 1. § 1, *in fine*, Dig.; l. XXV, t. 3.
(2) L. 1, § 9, Dig.; l. XXV, t. 3.
(3) L. 2, § 5, Dig.; l. XXV, t. 3.
(4) L. 1, §§ 6, 12, 13, Dig.; l. XXV, t. 3.

3ᵉ *Parti.* — Le mari pouvait enfin déclarer à la femme
qu'il ne la croyait pas enceinte de ses œuvres ; dans ce
dernier cas, il n'était pas regardé comme le père de
l'enfant, sauf pour celui-ci encore le droit de prouver
sa filiation.

Le même résultat se produisait si la femme avait
complètement négligé de notifier à son mari son état
de grossesse.

2ᵉ Hʏᴘᴏᴛʜᴇ̀sᴇ. — *La femme a déclaré n'être pas
enceinte.* — Le mari tenait-il sa déclaration pour
mensongère, il pouvait non-seulement envoyer des
gardiens qui la surveillaient, mais la loi lui accordait
encore un droit exhorbitant : elle lui permettait de
faire faire une vérification matérielle de l'état de son
ancienne épouse, *ventrem inspicere.* A cet effet, le
préteur désignait la maison d'une dame honorable,
honestissimæ matronæ, dans laquelle la femme
divorcée était tenue de se rendre pour s'y soumettre
à la visite de cinq sages-femmes (1) commises par le
même préteur qui devait autant que possible, les
choisir *artis et fidei probatæ* (2).

Le préteur intervenait encore si la femme refusait
de se rendre dans la maison indiquée ou de se laisser
visiter.

Si l'épouse divorcée était, à la majorité, déclarée enceinte par les sages-femmes, immédiatement il lui
était nommé des gardiens, si déjà elle n'en avait, pour
la surveiller et empêcher toute supposition de
part.

Une sage-femme qui aurait apporté un enfant nou-
veau-né étranger pour faire croire à un accouchement
était punie de mort (3).

(1) Ulpien n'en exigeait que trois.
(2) Loi 1, *Princ.*, Dig. ; *De inspiciendo ventre*, l. XXV, t. 4.
(3) Paul, *Sentences*, l. II, t. 24, § 9.

Si, au contraire, les sages-femmes déclaraient, également à la majorité, que l'épouse divorcée n'était pas en état de grossesse, inutile alors de lui nommer des gardiens ni de conserver ceux que le mari lui avaient envoyés avant qu'elle n'ait été examinée. Libre alors à la femme de poursuivre son ancien mari par l'action *injuriarum*; mais le juge ne prononçait de condamnation contre lui que s'il avait agi avec mauvaise foi, dans le but de porter atteinte à l'honneur et à la réputation de celle qui avait été son épouse (1). On devra donc l'absoudre si le mobile de sa conduite a été le désir d'avoir des enfants ou la croyance que sa femme avait fait naître en lui en se disant enceinte alors qu'ils étaient encore unis par les liens du mariage : *cœterum, si non injuriœ faciendœ animo, sed quia juste credidit, vel nimio voto liberorum suscipiendorum ductus est, vel ipsa eum illexerat ut crederet, quod constante matrimonio hoc fingebat, œquissimum erit ignosci marito* (2).

Dans le cas où le mari serait décédé, les personnes intéressées, telles que les parents, pouvaient faire examiner la femme deux fois par mois jusqu'à son accouchement ; et cela afin de savoir au juste le jour où celui-ci aurait lieu, et pour éviter toute supposition de part (3).

Telles sont les mesures de précaution prises dans l'ancien droit pour éviter la *turbatio sanguinis*. Grâce à elles, le législateur permettait à la femme divorcée de se remarier immédiatement après la dissolution de son premier mariage. Il eut certes mieux valu lui imposer un célibat de dix mois, mais la loi ne l'avait

(1) Paul, *Sentences*, l. II, t. 24, §§ 7 et 8.
(2) L. 1, § 8, Dig. ; l. XXV, t. 4. (*De inspiciendo*.)
(3) L. 1, Dig. ; l. XXV, t. 4.

pas fait pour les raisons que j'ai indiquées plus haut, on devait respecter son silence.

§ 3. — Dissolution du mariage par la captivité

Le captif de guerre subissait de plein droit la *maxima capitis deminutio* et voyait, au début, son mariage dissous. Mais un tempérament fût bientôt apporté à ce principe : le *postliminium* nous apparaît avec des conséquences dignes de remarque.

Dans le cas où l'individu, emmené en captivité revenait à Rome soit en échappant aux mains des ennemis, soit par suite d'un échange de prisonniers, ou d'un rachat, il recouvrait dans le passé comme dans l'avenir tous les droits qu'il avait perdus pendant un moment.

Voyons comment s'applique ce *postliminium* au cas de dissolution d'un mariage par la captivité.

Il est bien certain d'abord que si les deux époux meurent en captivité, on considère leur mariage comme dissous, du jour où ils sont tombés au pouvoir des ennemis. Cette hypothèse étant mise à part deux autres peuvent se présenter.

1ʳᵉ HYPOTHÈSE. — *Les époux emmenés ensemble en captivité reviennent tous deux à Rome.* Le *postliminium* reçoit alors son application, le mariage est censé n'avoir jamais été rompu et produit tous ses effets de droit (1). Les enfants que les époux auraient eus pendant leur captivité seront légitimes et soumis à la puissance paternelle. Tout se passe comme si les deux conjoints n'avaient jamais quitté leur patrie.

(1) L. 25, Dig. ; *De captivis et postliminio*, l. XLIX, t. V

2ᵉ Hypothèse. — *Un seul des époux revient à Rome où un seul a été emmené en captivité*. Le mariage est dissous, nous disent les textes (1). Le conjoint redevenu libre ou resté dans sa patrie peut, sans aucun doute contracter une nouvelle union, et l'absent serait mal fondé à son retour à invoquer le *jus postliminii*. Ici en effet, il s'agit d'une fiction légale qui peut s'appliquer aux *res juris*, non aux *res facti*. La séparation des époux constitue un *fait* rendant impossible la continuation des *justæ nuptiæ*.

Le mariage est dissous; toutefois il peut revivre moyennant deux conditions.

I. — Les époux doivent de nouveau consentir au mariage c'est-à-dire procéder à une seconde célébration.

Quant au mari, son consentement est indispensable, mais il n'est pas obligé de le donner. En ce qui concerne la femme, sa liberté d'action n'est pas aussi complète. En effet, elle ne peut sans raison légitime refuser de se remarier avec son ancien époux sans encourir les peines prononcées contre le conjoint dont la conduite a donné lieu au divorce. Elle devra donc perdre d'abord sa dot et en second lieu toutes ses donations *matrimonii causâ*. En outre elle devra attendre cinq ans révolus si elle veut contracter une autre union, sous peine d'encourir l'infâmie (2).

---

(1) Loi 1, Dig., liv. XXIV, t. 2. — Loi 12, § 4, et Loi 14, § 1, Dig., liv. XLIX, t. 15.

(2) L. 8, Dig., *Captivis et Post.*; l. XLIV, t. 15; l. 8, § 4, C., *De repud.*; l. V, t. 17. — M. Accarias attribue à Justinien la loi 8, D., l. XLIV, t. 15, bien qu'elle soit mise sous le nom de Paul. Selon lui, la femme qui refusait de se remarier avec son premier conjoint n'était pas frappée des peines attachées à un divorce arrivé par sa faute. Cette sévérité serait une innovation de Justinien inconnue de l'ancien droit. (Accarias, *Précis de Droit romain* (3ᵉ édit.), p. 176, note 1.)

2. — Le mariage doit pouvoir être rétabli, et pour cela il faut que l'époux présent n'ait pas convolé en secondes noces depuis l'expiration du délai de cinq années dont la loi lui impose l'observation avant de se choisir un nouveau conjoint.

Ce délai commence à courir du jour où l'époux absent a été emmené en captivité. La loi n'avait pas voulu que le conjoint présent put contracter mariage à la légère, *temerè*, et aussitôt la disparition de son époux. En supposant donc que ce soit le mari qui ait été pris par l'ennemi, l'incertitude qui plane sur son existence, l'ignorance où l'on est de savoir s'il existe encore, ou s'il est mort mettra obstacle au convol de sa femme (1).

On alla même plus loin et on interdit expressément aux épouses des prisonniers de contracter un nouveau mariage, s'il était certain que leur mari fût encore vivant.

Les hommes étaient soumis aux mêmes obligations lorsque leurs femmes étaient captives.

Ici encore, les mêmes peines encourues par celui qui avait, par sa faute, amené le divorce, étaient infligées à l'époux qui s'était remarié *temerè* c'est-à-dire avant l'expiration du délai de cinq années.

Toutes ces restrictions n'avaient qu'un but : prévenir les unions trop précipitées, contractées par le

---

(1) L. 6, Dig., *De divort. et repud.*; l. XXIV, t. 2. — M. Accarias est d'un avis contraire. Il prétend que le mariage étant de plein droit dissout par la captivité, la femme pouvait de suite contracter une nouvelle union. D'après lui, la loi 6 qui parle du délai de cinq ans n'était pas de Julien, mais bien de Justinien ; pour soutenir cette dernière assertion, il se fonde sur les deux raisons suivantes : d'abord ce texte contredit la loi 1 du même titre ; puis il se recommande par « son incorrection et ses tournures plus familières à Justinien qu'aux jurisconsultes. » (Accarias, *Précis de Droit romain* (3e édit.), tome I, p. 217, note 2.)

conjoint resté libre, et les abus qui en auraient été la conséquence. Après cinq ans il y avait de grandes probabilités pour que le prisonnier fût mort, ou vendu au loin, ou tout au moins ne revînt jamais; aussi le législateur permettait-il le mariage après cette époque.

§ 4. — Dissolution du mariage par la servitude encourue
jure civili

L'esclavage, comme la captivité en temps de guerre, entraînait pour l'individu qui le subissait la *maxima capitis deminutio*. Mais une différence existait entre l'esclave et le captif : ce dernier pouvait bénéficier du *jus postliminii* s'il venait pour une cause ou pour une autre à recouvrer la liberté; l'esclave ne jouissait d'aucun bienfait de ce genre.

Le Romain, réduit en servitude, cessait d'être citoyen, il perdait tous les droits attachés à cette qualité, et était assimilé aux choses; le mariage qu'il avait contracté, lorsqu'il jouissait encore de sa liberté, se dissolvait de plein droit, et impossible pour lui de prendre un nouvel époux. Son conjoint pouvait donc se remarier. Ici comme dans l'hypothèse de mort de l'époux ou de divorce le mari pouvait convoler en secondes noces, aussitôt après la dissolution définitive de la première union.

En ce qui concerne la femme, devait-elle, comme au cas de décès de son mari, attendre l'expiration d'un délai de viduité, ou pouvait-elle de suite contracter un second mariage, comme au cas de divorce ? Si on considère que l'époux réduit en esclavage était regardé comme ayant disparu de la société, comme mort, il semblerait que la femme dût par analogie et en vertu du silence de la loi être soumise à un délai de viduité.

Si, au contraire, on tient compte de l'existence physique du mari, et de la ressemblance que cette hypothèse présente avec le divorce, on sera forcé d'admettre que la femme, dont le mari est réduit en esclavage, peut se remarier de suite sans attendre aucun
délai. On interprétera ainsi strictement la loi de Numa,
comme on l'avait fait pour le divorce. Elle n'a parlé
ni de celui-ci ni de la captivité, il parait logique de
suivre l'interprétation à la lettre que les jurisconsultes
avaient adoptée.

CHAPITRE II

____

DES SECONDS MARIAGES SOUS LES LOIS CADUCAIRES

SECTION I.

Dispositions générales

Dès les premiers temps de Rome, le célibat avait toujours été regardé comme une chose dangereuse pour la société. Il existait même des lois qui l'interdisaient. Dans son traité *de Legibus*, Cicéron qui ne fait que reproduire les anciennes lois de Rome, déclare le célibat défendu (1). Plus tard, vers la fin de la République, alors que les guerres civiles avaient fait périr la plus grande partie des hommes valides, que les proscriptions avaient forcé bon nombre de Romains à quitter leur patrie, que tous les citoyens montraient pour le mariage, par suite de la dépravation des mœurs, une répugnance de plus en plus marquée, le célibat, devenu à la mode, présentait de véritables dangers pour l'Etat.

Ceux mêmes qui étaient mariés ne considéraient plus leur union avec le même respect qu'autrefois. Le divorce que, dans l'ancien droit, la plupart des Romains regardaient comme une chose impie était au contraire très répandu à l'époque dont nous nous occupons. Il fallait à tout prix remédier à ce déplo-

____

(1) Cicéron, *De legibus*, III, 2.

rable état de choses. Régénérer les mœurs, diminuer le nombre des célibataires, encourager les citoyens au mariage et à la procréation légitime, tel est le but que devait se proposer le législateur. Déjà pour combler les grands vides qui existaient dans les familles, et pour combattre le péril, César avait pris certaines mesures que signale Montesquieu dans son ESPRIT DES LOIS : « Il restait peu de citoyens et la plupart n'étaient pas mariés. Pour remédier à ce dernier mal, César donna des récompenses à ceux qui avaient beaucoup d'enfants ; il défendit aux femmes qui avaient moins de quarante-cinq ans, et qui n'avaient ni mari, ni enfants, de porter des pierreries et de se servir de litière (1) ».

Auguste alla plus loin. César ne s'était attaqué qu'à la vanité féminine ; lui, Auguste, voulut frapper les célibataires d'une façon plus efficace, et les frapper tous, les hommes comme les femmes. Il ordonna le mariage, et punit les célibataires en les déclarant incapables de profiter des libéralités testamentaires qui leur étaient faites ; récompensa la fécondité dans le mariage, en restreignant la capacité des époux stériles ; accorda des privilèges à la paternité légitime, en lui attribuant certaines dispositions au détriment des incapables.

Toutes ces mesures sont contenues dans les *Lois Caducaires*, ainsi nommées à cause de la caducité (*cadere*, tomber) dont elles frappent les libéralités adressées à quelques personnes. Bien que ces lois, dans leur ensemble, aient eu pour but d'encourager à la fois les premiers et les seconds mariages, il est quelques-unes de leurs dispositions qui concernent plus spécialement les secondes noces. Toutefois, avant d'aborder l'étude de ces dernières, je tracerai un exposé général de la théorie des lois caducaires.

(1) L. XXIII, ch. 21.

SECTION II.

Théorie générale des Lois Caducaires

La première en date est la loi *Julia de maritandis ordinibus*. Suivant les uns, elle n'aurait été adoptée que vers 757, bien que proposée pour la première fois en 736 ; d'autres, au contraire, prétendent qu'elle aurait été repoussée en 726 et aurait passé en 736.

On se plaignait de ce que la loi *Julia de maritandis* forçait les citoyens au mariage, alors qu'il était à peu près impossible de trouver une femme honnête. Aussi pour retenir celles-ci dans la bonne voie, et pour que les hommes n'eussent plus de crainte de les épouser, le législateur promulga-t-il la loi *Julia de adulteriis et fundo dotali*, dont le but était de réprimer le libertinage des citoyennes romaines en établissant contre elles des peines graves et des incapacités nombreuses. Cette loi contient, en outre, certaines dispositions relatives à l'inaliénabilité du fond dotal.

Quant à la loi *Papia Poppœa*, qui doit son nom aux consuls *Papius Mutilus* et Q. *Poppœus Secundus*, qui en firent la *rogatio*, tous les auteurs la placent en l'an 762 de Rome. Elle complète et modifie même la loi *Julia*.

Une chose digne de remarque, c'est que les deux consuls qui l'ont proposée étaient tous deux célibataires (1). Il semble qu'ils aient voulu réparer la faute commise par eux vis-à-vis de l'Etat, et empêcher les autres citoyens de suivre leur exemple si nuisible à l'accroissement de la population ingénue.

La loi *Julia de maritandis ordinibus*, ainsi appelée parce que son premier chapitre traitait du mariage des sénateurs, avait pour but aussi de favoriser les *justœ nuptiœ*. Pour cela elle abolissait certains empêche-

(1) Dion, Cass., LVI, 10.

ments comme ceux résultant du défaut de tuteur chez les femmes, et de l'absence de consentement du père. Elle déclarait nul le serment que l'on ferait de ne pas se remarier, ainsi que la même condition apposée à une libéralité (1), et comblait de ses faveurs les hommes mariés en leur accordant certaines distinctions honorifiques.

En outre, la loi *Julia de maritandis* frappait le célibat de certaines peines ; elle déclarait le *cœlebs* incapable de rien recevoir par testament (2).

Mais le mot *cœlebs* était pris en droit romain dans une acception beaucoup plus large que l'expression CÉLIBATAIRE dans notre langue. Outre ceux qui n'ont jamais été mariés, on comprenait encore sous la qualification de *cœlibes* ceux qui, veufs ou divorcés, n'avaient pas contracté une seconde union et n'avaient pas d'enfants. La loi *Julia de maritandis* imposait donc les seconds mariages.

La loi *Papia Poppœa* visait plus particulièrement les personnes mariées ; accordant certains avantages à celles qui avaient des enfants, elle restreignait la capacité de celles qui n'en avaient pas, c'est-à-dire des *orbi*.

L'*orbus* était, en effet, l'homme marié qui n'avait pas un enfant légitime vivant ou tout au moins conçu, au moment où il était appelé à recueillir une libéralité testamentaire. La loi *Papia Poppœa* enlevait à l'*orbus* la moitié de la disposition qui lui était adressée (3).

Un seul enfant quelque fût son sexe, qu'il fût ou non *in potestate*, faisait échapper son auteur aux peine de l'*orbitas;* on n'exigeait pas, si c'étaient des petits-enfants, qu'ils fussent issus *ex filio*.

---

(1) Cette annulation de la condition apposée à une libéralité résulte de la loi *Julia Miscella*, qui, d'après la majorité des auteurs, est un chapitre de la loi *Julia de maritandis ordinibus*.

(2) Ulpien, *Règles*, tit. XXII, § 3, *in fine*.

(3) Gaius, *Comm.*, II, § 286.

Une prérogative importante appartenait à la femme ingénue qui avait eu trois enfants, et à l'affranchie qui en avait eu quatre, *ter quaterve enixa* : elles acquéraient ainsi le *jus liberorum*, et *liberis honoratœ*, avaient la *solidi capacitas*, ou le droit de recueillir en entier les libéralités qui leur étaient faites. On ne s'occupait pas si les enfants existaient ou étaient morts, on exigeait simplement qu'ils fussent nés à terme et vivants ; ce qu'on voulait, en effet, c'était récompenser la fécondité de la mère (1). Toutefois, si celle-ci avait mis au monde ses trois enfants dans un seul accouchement, elle n'acquérait pas le *jus liberorum : quœ semel uno partu tres filios edidit, jus liberorum non consequitur* (2).

On tenait compte à l'affranchie des enfants qu'elle avait eus dans l'esclavage.

Les parts monstrueux eux-mêmes faisaient nombre pour le calcul des enfants.

En ce qui concerne le père, les conditions d'existence et de légitimité étaient, au contraire, rigoureusement exigées.

Les personnes vivant en concubinage étaient-elles assimilées aux individus mariés ou aux célibataires ? Il me semble que cette dernière solution est la vraie, et j'appuie mon opinion sur ce que tous les textes traitant de la matière emploient les expressions *Vir, uxor, nuptiœ, matrimonium*, tous mots repoussant l'idée d'un concubinat et impliquant celle d'un mariage légitime. Il faut que le citoyen romain ait contracté de justes noces ; et encore est-il nécessaire qu'il n'ait violé aucune des règles spéciales des lois *Julia* et *Papia Poppœa*. Il faut, en un mot, que les *nuptiœ* soient *justœ secundum leges* (3).

(1) Paul, *Sentences,* l. IV, t. 9, §§ 1 et 9.
(2) Paul, *Sentences,* l. IV, t. 9, § 2.
(3) Ulpien, *Règles,* t. XVI, § 2,

Ulpien réunit sous la même rubrique le *cœlebs,* l'*orbus* et le *pater solitarius* (1). Nous avons vu ce que désignait les deux premières expressions. Il nous reste à rechercher le sens des mots *pater solitarius*; notre tâche sera rendue plus difficile parce que le texte d'Ulpien est incomplet. Trois opinions ont été proposées à ce sujet.

1re Opinion. — Le *pater solitarius* était celui qui avait perdu tous les enfants que son mariage lui avait donnés. Il restait seul, mais il méritait le titre de *pater* et devait être traité comme tel, puisque c'était malgré lui qu'il avait cessé d'être en règle avec la loi *Julia,* et l'épithète de *solitarius,* puisqu'il survivait seul à toute sa famille.

2e Opinion. — Le *Pater solitarius* était celui qui veuf ou marié n'avait qu'un enfant.

A ce système on peut répondre que le *solitarius* n'était pas le père mais bien plus plutôt l'enfant; et qu'enfin Ulpien qui semble avoir fait une gradation ascendante de capacité en parlant d'abord du *cœlebs,* puis de l'*orbus,* n'aurait rien dit du *pater solitarius* entendu dans ce sens, puisqu'il serait pleinement capable (2).

3e Opinion. — Le *pater solitarius* est celui qui veuf ou divorcé a un ou plusieurs enfants de son mariage dissous. Il a des enfants, il est *pater;* il est privé de son épouse, de sa compagne, il est *solitarius.* On peut donc mériter cette épithète bien qu'on ait une nombreuse famille (3). Avec cette théorie, la gradation suivie par Ulpien est très logique. Le jurisconsulte met en première ligne le *cœlebs* qui n'a donné satisfaction ni à la loi *Julia* ordonnant le mariage, ni à la loi *Papia* punissant la

(1) Ulpien, *Règles,* t. XIII.
(2) Cujas, Godefroy, Heineccius.
(3) Machelard, *Droit d'accroiss.,* p. 108.

stérilité; puis vient *l'orbus* en règle avec la première
de ces lois, mais qui tombe sous le coup de la seconde;
enfin le *pater solitarius*, qui, au contraire, a obéi à la
deuxième mais est en défaut à l'égard de la première.

Il y avait donc trois classes d'incapables, traités
avec d'autant moins de sévérité par les lois cadu-
daires qu'ils s'étaient plus efforcés de se conformer à
celles-ci.

Toutefois, il ne faudrait pas croire que les qualités
de *cœlebs*, *d'orbus* et de *pater solitarius* enlevassent
aux personnes auxquelles elles s'appliquaient, la capacité d'être instituées héritières, ou d'être gratifiées
d'un legs; elles avaient, en effet, la *factio testamenti*; ce
qui leur était retiré, c'était la possibilité de recueillir
l'institution ou le legs; elles ne jouissaient pas du *jus
capiendi*. Et cette distinction présentait un très grand
intérêt au point de vue pratique. En effet, la *factio
testamenti* était exigée de l'institué dès le jour de la
confection du testament, sans cela l'institution nulle
ab initio ne pouvait pas prendre naissance par suite
d'un fait postérieur; au contraire, l'institué pouvait
avoir acquis, au moment de l'ouverture de la succession, le *jus capiendi* qu'il n'avait pas encore au jour
de la confection du testament.

Pour cela la loi donnait aux *cœlibes* un délai de cent
jours pour acquérir la qualité qui leur manquait, et,
par suite, la capacité de recueillir les libéralités à eux
faites (1). Le même délai devait être accordé aux *orbi*
et aux *patres solitarii* bien qu'aucun texte n'en parle.
C'était un moyen de pousser au mariage et à la procréation des enfants. D'ailleurs, rien ne nous autorise
à croire qu'ils devaient être traités plus sévèrement
que les *cœlibes*.

Observons cependant qu'il ne suffisait pas au *cœlebs*,

(1) Ulpien, *Règles*, t. XVII, § 1.

n'ayant pas d'enfant d'une précédente union, de se mettre en règle avec la loi *Julia*, c'est-à-dire de se remarier dans les cent jours de l'ouverture de la succession. Pour échapper aux peines de l'*orbitas*, il fallait, en outre, qu'il satisfît à la loi *Papia Poppœa*, c'est-à-dire qu'il y eut un enfant conçu de son mariage dans le même délai ; sans quoi de *cœlebs* il était simplement devenu *orbus*, et, par conséquent, aurait encouru certaines déchéances.

En ce qui concerne les femmes, elles avaient un délai plus long et qui différait suivant que leur premier mariage avait été dissous par la mort de leur mari ou par le divorce. Dans le premier cas, elles avaient un an à partir du décès de leur époux pour se remarier; dans le second, elles avaient six mois (1).

La loi *Papia Poppœa*, dans la crainte, sans doute, qu'en pressant trop la femme on la forçât à contracter une union indigne d'elle, ou qu'une confusion de part se produisit, étendit ces deux délais. Elle porta le premier à deux ans, et le second à dix-huit mois.

Voyons maintenant quelle était la capacité de ces différentes personnes frappées par les lois caducaires. Le *cœlebs* qui est en défaut à l'égard des deux lois *Julia* et *Papia*, ne pouvait rien recueillir de ce qui lui était laissé par testament. L'*orbus*, au contraire, n'étant réfractaire qu'à la loi *Papia Poppœa*, ne pouvait recueillir que la moitié (2). Quant au *pater solitarius*, on ne s'accorde pas sur la capacité qu'on doit lui reconnaître.

D'après certains auteurs, elle est un peu plus étendue que celle de l'*orbus*. Ils se fondent sur ce qu'Ulpien, dans son texte, semble avoir placé les personnes dont il s'occupe par ordre de capacité : le *cœlebs* est com-

(1) Ulpien, *Règles*, t. XIV.
(2) Gaius, *Comm.*, II, § 286.

plètement incapable, l'*orbus* n'est frappé que d'une demi incapacité, le *pater solitarius* encourt une déchéance moindre encore.

D'autres auteurs soutiennent, au contraire, qu'il faut assimiler le *pater solitarius* à l'*orbus*. En effet, disent-ils, si l'incapacité est proportionnée à la faute commise, ils doivent être frappés tous deux de la même déchéance. Ils ont l'un et l'autre obéi à une seule des deux lois. Ce système a le tort de frapper un peu trop sévèrement le *pater solitarius* qui a déjà atteint un des buts principaux des lois caducaires, c'est-à-dire qui a fourni des citoyens à l'Etat, en admettant l'interprétation généralement donnée aux expressions *pater solitarius*.

Une troisième explication, à laquelle je me range de préférence, consiste à voir dans le *pater solitarius* un individu pleinement capable de recueillir en totalité la libéralité testamentaire, mais ne jouissant pas du privilège de revendiquer les parts caduques. Il est *pater* et ne doit par conséquent subir aucun retranchement, mais sa qualité de *solitarius* lui empêche de prétendre aux *caduca* réservés aux *patres* proprement dits. Ceci prouve que sous l'empire des lois caducaires, l'homme veuf ou divorcé, même s'il avait des enfants d'une précédente union, avait intérêt à contracter un second mariage, s'il voulait prendre part aux avantages dont la loi récompensait les *patres*.

L'hérédité ou le legs qui tombait ainsi en tout ou en partie des mains de ceux qu'avait désignés le testateur s'appelait *caducum*. Les *caduca*, dont la loi pour les punir privait les *cœlibes*, les *orbi* et les *solitarii*, étaient attribués aux *patres*, c'est-à-dire aux autres héritiers ou légataires nommés dans le testament et qui ayant au moins un enfant légitime vivant ou conçu, étaient actuellement mariés ou dispensés de l'être à raison de leur âge (1)

Un seul enfant suffisait pour faire acquérir le *jus patrum* ou *caduca vindicandi*.

On ne tenait compte que des *sui* du droit civil, et de ceux qui, considérés comme tels par le droit prétorien, pouvaient réclamer la *bonorum possessio unde liberi*. Par conséquent, on ne comptait pas les *liberi naturales* ou enfants issus du concubinat. Etaient, en outre, seuls pris en considération, les descendants *per masculos ;* le petit-fils *ex filia* ne donnait donc pas à son aïeul le *jus patrum* (2).

Que dire des enfants adoptifs ? Dans le principe, ils comptaient à l'adoptant et non à leur père naturel. C'était fournir de la sorte un moyen facile de satisfaire en apparence à la lettre de la loi, tout en trompant l'intention de son rédacteur. On usa très souvent de cette fraude : *percrebuerat ea tempestate parvissimus mos* (3). Les hommes mariés qui n'avaient pas d'enfants et se voyaient sur le point de recevoir une libéralité testamentaire que leur qualité d'*orbi* leur empêcherait de recueillir en entier, s'empressaient d'en adopter un ; ainsi leur capacité n'était plus restreinte. De là des plaintes des *patres* dont les privilèges étaient diminués par la présence et le concours de personnes qui s'étaient créé au moment opportun une paternité artificielle. Un sénatus-consulte de Néron intervint ; il déclara qu'en ce qui concerne les lois caducaires, les enfants adoptifs ne compteraient pas à l'adoptant.

La femme, n'ayant pas d'héritiers *sui*, ne pouvait pas acquérir les parts caduques. Toutefois, bien que dans l'impossibilité bénéficier des *præmia patrum,*

(I) Gaius, *Comm,*, II, § 206, 208.

(2) *Frag. Vatic.*, § 195.

(3) Tac., *Annales*, l. XV, ch. 19.

elle n'en restait pas moins soumise aux peines du célibat ; la loi, nous l'avons vu, lui accordait un certain délai pour se remarier.

Si parmi les personnes désignées par le testateur comme héritières ou légataires, il n'y avait pas de *patres* capables de recueillir les parts caduques, elles étaient dévolues au trésor public : *velut parens omnium populus vacantia teneret* (1) plus tard au trésor impérial (*fiscus*) (2).

Les lois *Julia* et *Papia Poppœa* ne pouvaient, sans injustice, frapper indistinctement toutes les personnes non mariées et celles n'ayant pas d'enfants. Il y en avait donc qui, tout en rentrant dans une des deux premières catégories d'incapables prévues par les lois caducaires, jouissaient cependant de la *solidi capitas,* et pouvaient recueillir en totalité les libéralités testamentaires qui leur étaient faites.

I.—Au premier rang viennent les **Impubères** c'est-à-dire les hommes au dessous de quatorze ans, et les femmes au-dessous de douze ans. L'impuberté étant un obstacle au mariage, il était impossible de faire un crime aux impubères de s'être conformés à la loi et de punir leur obéissance.

La nouvelle législation d'Auguste ne fixait qu'à vingt ans pour les femmes l'obligation d'avoir des enfants : *ejus œtatis sint a qua lex liberos exigit, id est, si vir minor amorum viginti quinque sit, aut uxor annorum viginti minor* (3).

On s'est demandé souvent si l'impubère devenu pubère devait se marier dans un délai déterminé par la loi, ou s'il encourait les peines du célibat aussitôt arrivé

(1) Tacite, *Annales*, l. III, ch. 28.

(2) Ulpien, *Règles*, t. XVII, § 2.

(3) Ulpien, *Règles*, tit. XVI, § 1.

à sa puberté, On a dit, pour soutenir cette dernière opinion, que le mineur devait se mettre en mesure pour être prêt à se marier aussitôt que la loi le lui permettrait.

Je préfère la théorie contraire.

Les textes, il est vrai, ne nous fournissent aucun élément de solution, mais on peut, il me semble, par le raisonnement suppléer à leur silence. Il eût été injuste de frapper l'impubère des déchéances attachées au célibat, sans lui donner au moins le temps de se choisir un conjoint. Un délai était d'autant plus nécessaire qu'à Rome la puberté, c'est-à-dire la force d'engendrer et de concevoir, était plus prématurée. Il était à craindre qu'en pressant trop les impubères, on leur fît faire un choix indigne d'eux.

Il y avait donc un délai, mais le silence de la loi ne nous permet pas de le préciser, de dire à quel âge le célibat devenait une faute, et, par conséquent, à partir de quel moment il était punissable.

II. — La loi nous parle ensuite des **personnes pour lesquelles le mariage n'était plus obligatoire**, et dont l'union n'aurait pu donner des citoyens à l'État, ou tout au moins des citoyens valides. Les hommes à partir de soixante ans et les femmes à partir de cinquante n'étaient plus tenus de se marier et échappaient aux lois caducaires, à la condition d'arriver mariés à la limite fixée ci-dessus (1).

Cette exception avait sa raison d'être lors de la promulgation des lois caducaires afin de ne pas frapper les personnes de cet âge qui n'auraient plus trouvé à se marier, mais elle était appelée à disparaître dans la suite. Le sénatus-consulte Pernicien, rendu sous Tibère, déclara que l'homme sexagénaire et la femme quinquagénaire seraient soumis à la règle commune.

(1) Ulpien, *Règles,* tit. XVI, § 1.

Quelques années plus tard, sous l'empereur Claude un sénatus-consulte auquel il a donné son nom (S. C. Claudien) décida que si l'homme, bien qu'arrivé à l'âge de soixante ans sans se marier, épousait alors une femme de moins de cinquante, il serait considéré comme ayant satisfait aux prescriptions de la loi, et jouirait des mêmes privilèges que s'il s'était marié avant cette époque.

Si, au contraire, c'était une femme de plus de cinquante ans qui épousait un homme de moins de soixante, la loi ne tenait aucun compte de ce mariage disparate, *matrimonium impar* (1), et n'y attachait aucun privilège.

III. — Viennent ensuite les **Absents** pour le service de l'État, pendant la durée de leur absence ; la loi étendit même la dispense à l'année qui suivait leur retour dans leur pays : *aut si vir absit, et donec abest et intra annum postquam abesse desierit* (2).

IV. — Les **Cognats** du testateur jusqu'au sixième degré inclusivement ; et un cognat du septième degré *ex sobrino sobrinave natus* (3).

V. — Les **Alliés** du testateur en ligne directe ascendante et descendante, et même à titre de conjoint : *vir et uxor, gener et nurus* (4)... Observons que certains auteurs prétendent que ces personnes échappaient simplement aux peines de l'*orbitas*, mais non à celles du célibat.

VI. — Les **Impuissants**, désignés par Ulpien sous le nom de *spadones, castrati, thlibiœ* (5).

Venait ensuite une seconde classe de *personnœ*

---

(1) Ulpien, *Règles,* tit. XVI, § 3.
(2) Ulpien, *Règles,* tit. XVI, § 1.
(3) Ulpien, *Règles,* tit. XVI, § I.
(4) F. Vat. §§ 218 et 219.
(5) L. 128, *de Verb. sign.*, L. L, tit. 16.

exceptœ, c'était celle des ascendants et des descendants du testateur jusqu'au troisième degré inclusivement. Ces personnes recueillaient non seulement la totalité de la libéralité testamentaire mais elles venaient encore prendre d'après les règles de l'ancien droit d'accroissement, les parts *in causâ caduci,* s'il y en avait (2). Ces parts sont celles contenues dans des dispositions qui, valablement écrites, manquaient leur effet par une circonstance indépendante des lois caduciaires, si par exemple l'institué ou le légataire répudiaient, si la condition qui suspendait leur droit venait à défaillir, s'ils décédaient du vivant du testateur, si l'institué mourait même après l'ouverture du testament. Dans toutes ces hypothèses la libéralité s'évanouissait, mais c'était là un résultat auquel les *leges novœ* étaient complètement étrangères.

Quant aux *caduca* rien ne nous autorise à croire que les personnes jouissant du *jus antiquum* pouvaient y prétendre. Elles n'auraient pu le faire d'après les anciennes règles sur l'accroissement; or puisque à leur égard le droit ancien était maintenu, il n'était pas possible de leur accorder un privilège puisant sa source dans la législation nouvelle.

SECTION III

Dispositions des lois caducaires spéciales aux secondes noces

Les *leges novœ* avaient eu pour but d'encourager le mariage, et d'y contraindre les citoyens eux-mêmes qui après une première union n'auraient pas été décidés à en contracter une seconde. C'est ainsi que le *cœlebs* qui ne s'était jamais marié ou qui l'ayant été était devenu

(I) Ulpien, *Règles*, tit. 18.

veuf ou avait divorcé, était obligé de se choisir un
conjoint s'il ne voulait pas voir passer à d'autres les
libéralités qui lui étaient adressées.

Auguste récompensait encore la fécondité dans le
mariage, en donnant aux *patres* la part de biens qu'il
enlevait aux *orbi*, et en réglant la quotité disponible
entre époux. La partie des lois caducaires où il s'occupe de cette quotité porte le nom de **Théorie des
décimes** ou *Leges decimariæ*. Ulpien nous l'expose
dans son titre XV de *Decimis*.

Il arrivait très souvent qu'un homme veuf ayant un
enfant, ou une femme veuve ayant eu trois enfants de
sa première union, voulait se remarier pour être en
règle avec la loi *Julia de maritandis*, mais comme ils
avaient après leur mariage, une pleine et entière
capacité, ils s'occupaient peu de rendre féconde
leur nouvelle union. C'est pourquoi le législateur, désirant combattre leur indifférence, ne permit à ces
époux de se faire des libéralités réciproques que dans
le cas où ils auraient eu des enfants communs.

Trois hypothèses peuvent se présenter.

1re HYPOTHÈSE. — Les nouveaux époux n'ont aucun
enfant de leur précédent mariage, ni du second, ils
ne peuvent se donner, *matrimonii causâ*, qu'un
dixième de leur fortune en toute propriété, et un tiers
en usufruit : *prœter decimam etiam usumfructum
tertiæ partis bonorum ejus capere possunt* (1).

Rien, du reste, n'empêchait un époux de laisser la
pleine propriété de tous ses biens à son conjoint sous
cette condition *si liberos habuerit*.

Dans le cas où c'est la femme qui survit, elle a toujours le droit de recueillir à titre de legs le montant de
sa dot, outre la libéralité que lui aura faite son mari;

---

(1) Ulpien, *Règles*, tit. XV.

au moyen de ce legs la femme n'a pas besoin d'exercer l'action *rei uxoriæ* et elle rentre plus promptement en possession de sa dot. *Hoc amplius mulier, præter decimam, dotem (capere) potest legatam sibi* (1).

2ᵉ HYPOTHÈSE. — L'un des conjoints ou tous deux ont des enfants d'un mariage précédent, leur union actuelle étant stérile : celui qui a des enfants peut recevoir de l'autre outre la portion que je viens d'indiquer, un dixième en plus par chaque enfant qui lui reste vivant (2).

3ᵉ HYPOTHÈSE. — Les nouveaux époux ont des enfants communs, peu importe que leur union précédente ait été féconde ou ne l'ait pas été, chacun d'eux pourra donner à l'autre, outre un dixième par chaque enfant le tiers des biens en toute propriété et non en usufruit seulement : *et quandoque liberos habuerint, ejusdem partis proprietatem* (3).

Il importait de distinguer les enfants communs des enfants issus d'une union précédente. Ces derniers ne comptaient à leurs parents que s'ils étaient vivants au moment de la donation; les premiers, au contraire, devaient seulement avoir survécu au *nominum diem*, c'est-à-dire au jour où on avait coutume de donner un nom aux nouveaux-nés. S'ils mouraient avant cette époque, ils ne donnaient pas droit à l'augmentation d'un dixième.

Mais le législateur, trouvant que la fécondité dans le mariage, n'était pas encore assez récompensée, décida que les nouveaux époux pourraient se donner mutuellement la totalité de leur patrimoine, pourvu

(1) Ulpien, *Règles*, tit. XV, *in fine*.
(2) Ulpien, *Règles*, tit. XV, *princip*.
(3) Ulpien, *Règles*, tit. XV.

qu'ils aient un fils ou une fille issus de leur union légitime.

Si l'enfant commun était mort avant sa puberté, il procurait à ses parents une *solidi capacitas* d'une durée de dix-huit mois à partir de son décès.

Si cet enfant était mort après avoir atteint la puberté, c'est-à-dire quatorze ans pour un garçon et douze ans pour une fille, la pleine capacité était acquise aux père et mère d'une façon irrévocable. Il en était de même s'il y avait eu deux enfants morts tous deux après trois ans accomplis, ou trois décédés après le *nominum diem*.

Si la femme accouchait dans les dix mois du décès de son mari, elle était pleinement capable vis-à-vis de lui (1).

Les époux étaient encore pleinement capables, bien que n'ayant eu aucun enfant, lorsque le prince leur accordait le *jus liberorum*.

Observons toutefois que le divorce donne toujours aux anciens conjoints une *solidi capacitas* respective, puisque les déchéances prononcées par les lois caducaires ne s'appliquent pas entre les deux époux divorcés (2).

Nous trouvons une autre loi qui, tout en voulant encourager les seconds mariages, protégeait, en outre, la dot de la femme : c'était la loi *Julia de adulteriis* dont j'ai parlé plus haut. Le chapitre qui traite du fond dotal semble comme égaré au milieu de nombreuses dispositions relatives à l'adultère. On a essayé d'expliquer cette singularité.

Quelques auteurs ont prétendu que le législateur avait eu pour but de garantir l'efficacité de l'action en

(1) Ulpien, *Règles,* tit. XVI.
(2) Accarias, *Précis de Dr. rom.,* t. III, n° 373, p. 941.

adultère en contraignant le mari de conserver intacte
la dot qu'il devait restituer à la femme à la suite de la
prononciation du divorce précédant toujours l'action
en adultère. Il craignait que le mari, en lui laissant la
libre administration du fonds dotal, ne le dissipât, et
n'osât plus poursuivre sa femme en adultère de peur
d'être obligé de rendre la dot qu'il n'avait plus à sa
disposition. Il ne voulait pas le laisser ainsi entre son
intérêt et le devoir de faire punir son épouse coupable (1).

Cette opinion ne me semble pas exacte et je me range
à l'avis de ceux qui voient dans cette disposition de la
loi *Julia* une conséquence du but poursuivi par Auguste, c'est-à-dire l'encouragement au mariage. L'intérêt public a seul été pris en considération et non
l'intérêt du mari. Ce que le législateur a cherché avant
tout, c'est à protéger et conserver la fortune des femmes,
afin qu'elles puissent plus facilement trouver à se remarier après la dissolution de leur première union
suivie de la restitution de la dot. Le mari, désormais
retenu par aucun motif d'intérêt, n'hésitera plus à
poursuivre l'adultère de sa femmes et à faire punir
son inconduite.

D'ailleurs ce qui prouverait que l'inaliénabilité de la
dot n'avait pas pour but d'assurer l'exercice de l'action
en adultère, c'est que la simple volonté de la femme
suffisait pour rendre valable l'aliénation. Comment,
en effet, supposer au législateur l'intention, en rendant le fond dotal inaliénable, de garantir la répres-
sion de l'adultère, en le voyant faire dépendre de la
volonté de la femme l'existence ou la non existence de
cette garantie (3). Cette explication est plus conforme

(1) L. 7, Code Théod., l. IX, t. 7.
(2) *Institutes*, l. II, t. 8, *princ.* — Paul, *sentences*, l. II, tit. 21 B,
De dotibus, § 2.

au résultat que poursuivait les lois caducaires et, de plus, est confirmée par la loi 2, Dig., *De jure dotium* (l. XXIII, t. 3) : *Interest reipublicæ mulliers dotes salvas habere, propter quas nubere possunt.*

La loi *Julia de adulteriis* défendait au mari d'aliéner les immeubles de sa femme sans le consentement de celle-ci; elle ne lui permettait pas de les hypothéquer même avec son consentement. L'hypothèque, en effet, était plus dangereuse pour la femme que l'aliénation directe, et cela parce qu'elle ne produisait pas son effet immédiatement, mais seulement dans l'avenir. Il était à craindre que la femme, trompée par la nature du droit qu'elle consentait et influencée par son mari, ne se laissât trop facilement entraîner. Un semblable danger n'existait pas pour l'aliénation directe, car la femme pouvait de suite apprécier l'étendue de son engagement.

Le mari n'avait même pas le droit de restituer la dot à sa femme pendant la durée du mariage. Il ne fallait pas que celle-ci put elle-même dissiper sa dot, car après la dissolution de son union intervenue pour une cause ou pour une autre, elle aurait été *indotata,* et n'aurait pu que très difficilement trouver un nouvel époux.

Nous avons vu combien peu le législateur s'occupait dans les lois caducaires de la volonté de celui qui avait fait une disposition testamentaire. Une seule chose l'intéressait, arriver à son but, c'est à dire relever la société romaine en poussant les citoyens au mariage et en récompensant la fécondité légitime. C'est dans cette intention qu'il avait édicté la *lex Julia Miscella,* ainsi nommée parce qu'elle était applicable aux hommes et aux femmes, et qui, aux yeux de la plupart des auteurs, passe pour un chapitre de la loi *Julia de maritandis ordinibus.*

Il arrivait fréquemment qu'un époux en faisant une

libéralité à son conjoint lui imposait comme condition de ne pas se remarier, et celui-ci gardait le plus souvent le veuvage non par respect pour la mémoire de son mari défunt mais parce que son intérêt y était engagé. Dans la loi *Miscella*, le législateur permettait au conjoint gratifié de ne tenir aucun compte de cette condition et de contracter une nouvelle union sans pour cela perdre la libéralité qui lui avait été faite.

L'époux survivant devait convoler dans l'année de deuil ou s'y engager sous serment. Il devait en outre déclarer que son intention, en entrant dans de nouveaux liens, était d'avoir des enfants : *procreandæ sobolis gratiâ tantum ad secundas migrare nuptias* (1)· S'il laissait passer le délai sans prendre d'engagement, il ne pouvait plus se remarier sans perdre la libéralité qui lui avait été faite, et dont il avait pu obtenir la délivrance dès la mort de son conjoint en fournissant la caution *Mucienne*.

Quelle appréciation donner sur les lois caducaires au point de vue de leurs conséquences?

Auguste, en promulguant les lois caducaires, poursuivait un but noble et honnête, mais le résultat obtenu fut loin de répondre à son attente. A cela rien d'étonnant, les règles qu'il avait édictées n'étaient pas en harmonie avec le caractère du mariage. S'il existe une institution dont toute idée de spéculation doive être sévèrement bannie c'est, avant tout, celle du mariage.

En défendant le célibat et en punissant les citoyens dont l'union était restée stérile, Auguste n'avait pas compté avec la corruption des mœurs romaines. A des personnes qui trouvaient déjà trop lourdes les chaînes du mariage, il ne convenait pas d'imposer encore l'obligation de paternité.

(1) L. Code, *de indictâ viduitate, et lege Julia Miscella tollenda*, l. VI, tit. 40.

La nouvelle législation d'Auguste devait produire peu d'effets dans une société aussi dissolue que l'était celle de Rome : Sans morale, les lois sont vaines, disait Horace :

Quid sine moribus leges
Vanœ proficiunt? (1)

Loin de retenir les citoyens dans la bonne voie, les lois d'Auguste avaient porté des fruits opposés à ceux qu'il en espérait : « On se mariait alors, dit Plutarque, et on avait des enfants, non pour avoir des héritiers, mais pour avoir des héritages (2) ».

On punissait l'adultère, mais non la prostitution ; il y eut alors des matrones romaines qui, pour échapper aux peines de l'adultère, firent le métier de prostituée.

Les pères de famille jouissaient de nombreux privilèges lorsqu'ils avaient plusieurs enfants. Aussi les maris, pour profiter de ces avantages, mettant de côté tout sentiment d'honneur conjugal, n'hésitaient pas un seul instant à encourager les mauvais penchants de leurs femmes, afin de tirer bénéfice du fruit de leurs désordres. On peut, du reste, juger de l'immoralité de cette époque, lorsqu'on lit les vers suivants que Juvénal met dans la bouche d'un célibataire s'adressant à un homme marié :

Jam pater es !...
Jura parentes habes, propter me scriberis heres ;
Legatum omne capis necnon et dulce caducum.
Commoda præterea jungentur multa caducis
Si numerum, si tres implevero (1).

Dès le début, les lois caducaires furent impopulaires ; on employa toutes espèces de subterfuges pour les

(1) Horace, Ode III, 24.
(2) Plutarque, *de l'Amour paternel*, 2.
(3) Juvénal, *Satyre*, IX, vers 86 et suiv.

tourner. Adoptions (1), fidei-commis (2), conditions retardant le *dies cedit* jusqu'au jour où l'institué était capable, fiançailles prolongées indéfiniment (3), substitutions vulgaires, substitutions réciproques des héritiers, furent autant de moyens usités pour éluder ces lois qui bouleversaient l'ancienne théorie de l'accroissement, méconnaissaient la volonté du disposant, gênaient la liberté des citoyens en leur interdisant le célibat et en leur imposant de force la fécondité dans le mariage.

Aussi pour empêcher ces fraudes, le législateur avait organisé dans tout l'empire un système de délation, qui ne contribua pas peu à augmenter l'impopularité des lois caducaires.

Les dénonciateurs de fidei-commis tacites touchaient le quart de la disposition (4).

Trajan alla même jusqu'à donner la moitié à l'incapable qui se dénonçait lui-même. Cette singulière générosité s'expliquait facilement. Très souvent, en effet, il n'y avait pas de *patres*, et alors les *caduca* revenaient au fisc, qui trouvait ainsi un moyen de s'enrichir d'autant plus productif qu'il accordait des primes plus élevées aux dénonciateurs.

Ces lois qui avaient eu pour but de rétablir la pureté des mœurs et la sainteté du mariage n'aboutirent en somme qu'à encourager la débauche, l'adultère et la prostitution. Néanmoins, elles restèrent en vigueur jusqu'à l'avènement des empereurs chrétiens, malgré quelques modifications relatives à l'incapacité des célibataires et au privilège des *patres*. Elles disparurent lorsque le christianisme, avec lequel elles n'étaient plus en harmonie, vint les abroger.

(1) Tacite, *Annales*, XV, 19.
(2) Gaius *Comm.*, II. § 286.
(3) Dion, *Cass.*, LIV, 16.
(4) Tacite, *Annales*, III, 28.

CHAPITRE III

DES SECONDS MARIAGES SOUS LES EMPEREURS CHRÉTIENS

SECTION Ire

Dispositions générales

Le christianisme qui avait fini, après plusieurs siècles de persécution, par prendre le dessus, exerça une influence très sensible sur les seconds mariages. Autant sous Auguste on avait cherché à protéger et à encourager les secondes unions, autant sous les empereurs chrétiens ou les regarda avec défaveur. On ne les interdisait cependant pas, et les grands docteurs de l'église les déclaraient permis; saint Paul les autorise même formellement à l'égard des jeunes veuves, tout en leur conseillant toutefois de rester dans le veuvage : une femme, dit-il, dans son épître aux Corinthiens, est liée pendant toute la vie de son mari; s'il vient à mourir, elle est libre; elle peut se remarier suivant ses goûts *tantum in domino* (1). Puis l'apôtre s'empresse d'ajouter : « Bien plus heureuse est celle qui, selon mon conseil, restera veuve (2).»

Saint Augustin nous avertit que les secondes, troi-

---

(1) St Paul, *Ép. aux Corinthiens*, ch. vii, v. 39.
(2) St Paul, *Ép. aux Corinthiens*, ch. vii, 40.

sièmes, quatrièmes... noces sont permises par la religion catholique.

Plusieurs autres pères de l'Église regardent au contraire, les seconds mariages comme des crimes; les uns le traitent de *speciosa adulteria*, les autres de *veræ fornicationes*. Origène va plus loin et déclare : *tale conjugium ejicere homines a regno Dei* (1).

Ces idées devaient influer sur la législation. Déjà depuis quelques années on avait modifié les lois caducaires.

Sous Tibère plusieurs changements, avaient eu lieu, mais on a peu de détail sur leur portée et leur étendue.

Constantin, le premier empereur chrétien, voulant rendre le mariage plus moral et plus digne, lui enleva son caractère de marché à successions. C'est en 320 que ce premier pas vers une législation nouvelle eût lieu par la suppression des peines édictées par les lois caducaires (2). Mais on n'avait pas osé toucher aux *leges decimariæ* qui subsistèrent encore jusqu'en 410, époque à laquelle les empereurs Honorius et Théodose le Jeune les abolirent (3). Désormais rien ne put empêcher les conjoints de se donner au gré de leurs affections ; rien ne limita plus la quotité disponible entre époux dont l'union n'a pas été féconde.

Enfin, vers 534, l'empereur Justinien fit disparaître les deux derniers vestiges des lois caducaires. Il supprima complètement dans sa constitution *De caducis tollendis* (4), le privilège des *patres* en ce qui concerne la *caducorum vindicatio* qui avait subsisté à l'abrogation partielle prononcée par Constantin. Cet empereur avait supprimé les incapacités qui frappaient les *cœli-*

(1) Heineccius, *ad legem Papiam* II, ch. 16, n° 3.
(2) L. 1, C. Th.. *De Infirm. pœn. calib. et orbit*, l. VIII, t. 16.
(3) L. 3, C. Th., l. VIII, tit. 17.
(4) Loi unique C, l. VI, tit. 51.

bes et les *orbi;* mais n'ayant rien dit des *patres,* on en avait conclu qu'il n'avait pas voulu leur retirer leur privilège; ils continuaient donc de recueillir non pas les *caduca* (il ne pouvait plus y en avoir depuis Constantin), mais les dispositions *in causâ caduci,* c'est-à-dire les libéralités manquant leur effet par suite d'une circonstance indépendante des lois caducaires. De là l'intérêt pour l'homme veuf ou divorcé, eût-il déjà des enfants, de se remarier afin de venir, au rang des *patres,* recueillir les dispositions *in causâ caduci.* C'est cet intérêt, et par conséquent cette espèce d'obligation au mariage, que Justinien a fait disparaître dans sa constitution.

Enfin Justinien abolit la loi Julia Miscella, dans laquelle Auguste tenait si peu de compte de la volonté de l'époux défunt, en annulant la condition que celui-ci avait apposée à une libéralité. Désormais la condition recevra son plein et entier effet (1). Le donataire ne pourra demander la délivrance de son legs qu'après une année, à moins qu'il ne soit certain qu'il ne se remariera pas, par exemple s'il est entré dans les ordres sacrés. Après l'expiration de ce temps, il sera permis à la personne gratifiée de réclamer ce qui lui a été légué, mais à la charge de fournir la caution Mucienne garantissant la restitution si la condition n'est pas observée.

Il ne restait plus rien des fameuses lois caducaires, qui, aux yeux d'Auguste, devaient régénérer la société, mais dont les résultats avaient été tout différents de ceux qu'on en attendait.

Si on examine maintenant les consitutions des empereurs, on voit qu'ils ont apporté de nombreuses modifications au délai des secondes noces, et établi des restrictions aux droits de l'époux remarié qui avait eu des enfants de sa précédente union.

---

(1) Justin. Nov. XXII, ch. 43..

4

J'étudierai dans les deux sections suivantes ces différentes modifications et restrictions.

SECTION II

Modifications apportées aux règles anciennes relativement au délai des seconds mariages

Comme je l'ai déjà fait dans le chapitre I, je distinguerai selon que la dissolution avait eu lieu par la mort de l'un des époux, le divorce, la captivité ou la servitude.

§ 1. — Dissolution du mariage par la mort de l'un des époux.

Le délai de deuil pour la femme, le *legitimum tempus luctûs*, était fixé à dix mois, mais il parut trop court et, en 381, les empereurs Gratien, Valentinien et Théodose le portèrent à un an (1), changeant ainsi le caractère de la prohibition et l'appuyant sur des raisons de convenances plutôt que sur des motifs juridiques. Jusque-là, en effet, on n'avait eu pour but que de mettre obstacle à la *turbatio sanguinis*, les empereurs chrétiens voulurent, en outre, que la femme respectât la mémoire de son mari défunt. C'est sur l'avis des évêques réunis dans un concile tenu à Constantinople qu'eut lieu cette prolongation du délai de deuil. Cette innovation ne devait être que passagère ; la règle primitive a reparu dans notre ancien droit, et le Code civil, à son tour, l'a consacrée.

La femme qui n'a pas observé le délai de viduité continue d'être notée d'infâmie : *ex jure quidem notissimo sit infâmis* (1). Elle est, en outre, frappée de

(1) L. 2, Code, *De secundis nuptiis* ; l. V, tit. 9.
(2) L. 1, Code, *De sec. nupt.*; l. V, tit. 9 ; l. 4, C., *Ad Senat.-C. Tertullianum ;* l. VI, tit. 56.

déchéances graves. Ainsi elle ne peut donner en dot à son second mari ou lui laisser par testament plus du tiers de ses biens ; elle ne peut profiter d'aucune hérédité, d'aucun legs, d'aucun fidei-commis qui lui seraient laissés par un étranger en vertu d'un acte de dernière volonté; il en était de même pour les donations à cause de mort. Sa part revenait soit aux héritiers naturels, soit aux cohéritiers inscrits dans le même testament, soit à ceux qui succédaient *ab intestat*.

Elle perd tout ce que son premier mari lui avait donné par testament ; et tous ces biens, qui sont devenus vacants par suite de son convol prématuré, *et per immaturum matrimonium vacuata esse cœperunt* (1), sont attribués en premier lieu aux dix personnes énumérées par l'Edit du préteur (à savoir aux ascendants, aux descendants et aux collatéraux jusqu'au second degré) et, si ces personnes font défaut, au fisc.

« Enfin, disent les auteurs de cette constitution, nous avons permis à la femme rendue infâme par son mariage de revendiquer les hérédités *ab intestat* du droit civil et du droit prétorien, mais seulement jusqu'au troisième degré. »

L'infâmie et toutes ces déchéances pouvaient tomber devant une grâce de l'empereur *(imperiale beneficium)*, mais à cette grâce était une condition : si la femme prématurément remariée avait des enfants de sa précédente union, elle devait leur donner moitié en toute propriété des biens qu'elle possédait lors de son second mariage : *infamiœ abolitionem permittimus, et cœterarum pœnarum antiquationem, si facultatum omnium, quœ fuerunt tempore nuptiarum, medietatem filio, vel filiœ, filiis, seu filiabus donarit* (2).

Plus tard, Justinien, dans le ch. 2, § 1 de sa No-

---

(1) L. 1, C., *De sec. Nupt.*, l. V, tit. 9.
(2) L. 4, C., *Ad Sen.-Cons. Tertull.;* l. VI, l. 56.

velle XXXIX, appliqua les mêmes peines, et au point de vue de l'infâmie et au point de vue des déchéances, à la femme qui, non remariée, avait mis au monde un enfant avant l'expiration du délai de deuil, à la condition, toutefois, qu'il fût hors de doute que l'enfant n'avait pas été conçu pendant le mariage, par exemple s'il était né après le dixième mois à compter de la mort du mari : *ut indubitatum sit sobolem non ex priori consistere matrimonio* (1).

§ 2. — Dissolution du mariage par le divorce

Le Christianisme avait proclamé le mariage indissoluble, mais cela n'avait pas suffit pour faire disparaître le divorce. Cette institution offrait trop d'avantages aux Romains pour qu'ils consentissent, même sous les empereurs chrétiens, à le rayer de leur législation.

Le divorce continua donc de subsister ; mais les mesures prises pour prévenir la *turbatio sanguinis* chez la femme divorcée qui se remariait, subirent de sérieuses modifications, qui toutes accusent une défaveur marquée à l'égard de cette institution contraire à la nouvelle religion.

Observons toutefois que les peines infligées à la femme sont plus sévères que celles imposées à l'homme.

Les empereurs chrétiens, frappés de la facilité avec laquelle les époux, pour des motifs frivoles ou tout au moins peu graves, usaient du divorce, voulurent mettre obstacle à ces abus. C'est dans cette intention qu'en 321, Constantin détermina limitativement les causes de ce mode de dissolution du mariage (2).

Cent ans après, en 421, une autre constitution des

(1) Nov. XXXIX, ch. 2, § 1.
(2) L. 1, C. Theod., *De repud.*; 1. III, tit. 16.

empereurs Honorius et Théodose vint à l'appui de la précédente et distingua trois cas de répudiation (1).

1er Cas. — Le divorce avait eu lieu sans aucun motif :

Ou bien c'était le mari qui avait renvoyé sa femme ; il se voyait alors condamné à un célibat perpétuel, tandis que sa femme pouvait, après une année, se choisir un nouvel époux ;

Ou bien c'était la femme qui, sans raison, avait envoyé à son mari le *libellus repudii ;* elle était soumise à des peines plus graves. Elle perdait sa dot, ses joyaux, les donations à elle faites, et était condamnée à la déportation, ce qui la rendait à tout jamais incapable de se remarier.

2e Cas. — Le divorce avait eu lieu pour des causes peu sérieuses, de légers griefs :

Ou bien c'était le mari qui l'avait provoqué, il ne pouvait alors se remarier qu'après avoir laissé écouler un délai de deux ans ;

Ou bien il était imputable à la femme, elle perdait sa dot et ne pouvait plus jamais se remarier.

3e Cas. — Le divorce était basé sur une des causes graves admises par la loi :

Ou bien c'était le mari qui, fondant sa demande sur une faute grave commise par la femme, avait provoqué la dissolution du mariage, il pouvait immédiatement convoler en secondes noces ;

Ou bien c'était la femme qui intentait l'action, elle ne pouvait se remarier qu'après l'expiration d'un délai de cinq années (2).

Un quatrième cas de répudiation était le divorce

(1) L. 2, C. Theod., *De repud.;* l. III, tit. 16.
(2) LL. 1 et 2, C. Th., *De repudiis;* l. III, tit. 16 ; l. 8, C. J., *De repudiis;* l. V, tit. 17.

par consentement mutuel, *consentiente utrâque parte.*
Les époux pouvaient librement convoler en secondes
noces ; toutefois la femme fut, pendant longtemps,
obligée d'attendre pour prendre un autre mari que
cinq ans se fussent écoulés depuis la dissolution du
premier mariage. Ce délai fut réduit à un an par une
constitution de l'empereur Anastase qui forme la loi 9
au Code *De repudiis : licebit mulieri quinquennium
expectare, sed post annum ad secundas nuptias con-
volare* (1).

Justinien, qui dans les premières années de son
règne avait reconnu le divorce par consentement mutuel (2), l'abolit en 412 et ne le toléra que dans un cas :
propter castitatem, c'est-à-dire lorsque les époux s'engageaient à vivre dans une continence absolue : *quod
hodie non licet, nisi castitatis concupiscentia hoc
faciat* (3).

§ 3. — Dissolution du mariage par la captivité.

Dans l'ancien droit, le fait seul de la captivité, selon
l'opinion admise dans mon chapitre I, ne dissolvait
pas le mariage de la femme emmenée prisonnière par
l'ennemi ; l'autre époux devait, avant de se remarier,
attendre un délai de cinq ans, après l'expiration duquel on considérait le captif comme mis complètement dans l'impossibilité de revenir jamais dans sa
patrie. Justinien frappa d'une nouvelle peine l'époux
qui s'était remarié *temere,* c'est-à-dire durant les cinq
ans ; le mari perdait la donation anté-nuptiale, la
femme sa dot.

Dans cette période on rencontre de nombreuses dispositions relatives aux femmes des militaires.

(1) L. 9, Code, *De repudiis et judicio...* L. V, lit. 17.
(2) Nov. XXII, cap. 4.
(3) L. 9, Code, *De repud.;* l. V, lit. 17 ; Nov. CXVII, cap. 10.

Constantin défendait à la femme dont le mari était parti en expédition militaire, et qui était restée quatre ans sans avoir de ses nouvelles, de se remarier avant d'avoir prévenu par un *libellus* le chef de l'armée, c'est-à-dire avant de s'être préalablement informée auprès de celui-ci de ce qu'était devenu son mari : *nec tamen ante nupsit, quam libello ducem super (hoc suo) voto convenit* (1).

Plus tard, Justinien, dans sa Novelle xxii, ch. 14, *Quintus modus...* augmenta ce délai et le porta à dix ans... *quam etiam decenni transeat tempus* (2). Enfin dans sa Novelle cxvii, ch. 11, *Quod tempus...* Justinien défend à la femme de convoler en de nouvelles noces avant d'avoir acquis la preuve certaine du décès de son mari : *Hodie quantiscumque annis maritus in expeditione manserit, mulier sustinere debet licet neque litteras, neque responsum ab eo acceperit* (3).

Cependant s'il lui est impossible de se procurer la preuve du décès de son conjoint, elle peut par elle-même, par ses parents ou par un mandataire quelconque, se renseigner près du chef sous les ordres duquel il servait, afin de savoir s'il est réellement mort. *Interrogaverit si pro veritate mortuus est* (4). Le chef répondait sous la foi du serment. S'il affirmait la mort du mari, la femme pouvait alors se remarier après un an : *quo subsecuto post annum nubat* (5). Dans le cas où le chef avait fait un faux serment, *si falso jurasse convincatur* (6); il était dégradé et condamné à payer dix livres d'or à celui dont il avait faussement

---

(1) L. 7, C., *De repudiis ;* l. V, tit. 17.
(2) Nov. XXII, ch. 14.
(3) L. 7, C., *De repud.;* l. V, tit. 17 ; Nov. CXVII, ch. 11.
(4) L. 7, C., *De repud.;* l. V, tit. 17.
(5) Nov. CXVII, ch. 11.
(6) L. 7, C., *De repud.;* l. V, tit. 17.

annoncé la mort, et qui pouvait en outre reprendre sa femme.

Si toutes ces prescriptions n'étaient pas observées, toutes ces formalités remplies par la femme du militaire, elle et son nouveau mari étaient considérés comme coupables d'adultère et encouraient les peines que la loi attachait à ce crime.

Observons que nous trouvons dans cette novelle, l'origine des dispositions de notre code civil relatives à l'absence de l'un des époux.

§ 4. — **Dissolution du mariage par la servitude encourue**
jure civili

La personne qui tombait en servitude était considérée comme morte; son mariage était dissous immédiatement et elle devenait incapable d'en contracter un nouveau.

Cependant il fallait encore ici empêcher la *seminis confusio;* aussi, la femme, dont le mari était devenu esclave, devait-elle attendre un an avant de convoler en secondes noces (1). Dans le cas contraire, c'est-à-dire si c'était la femme qui eut encouru la servitude, le mari pouvait se remarier immédiatement.

Il est bon de remarquer que sous Justinien, la *servitus pœnœ* ayant été abolie, ce cas de dissolution était devenu de plus en plus rare.

(1) Si j'admets ici une solution différente à celle adoptée dans le paragraphe IV de mon chapitre I, c'est que dans l'ancien droit, il n'y avait pas de délai imposé à la femme divorcée à laquelle j'assimile celle dont le mari est réduit en esclavage, tandis qu'il y en a un sous les empereurs chrétiens.

SECTION III

Mesures de protection destinées à sauvegarder les intérêts des enfants issus d'une précédente union.

Les empereurs chrétiens, frappés des dangers que couraient les intérêts de l'enfant placé en face d'un beau-père indifférent ou d'une belle-mère jalouse, et redoutant pour lui des influences funestes, se préoccupèrent de le défendre tant contre son propre auteur que contre le nouveau conjoint de celui-ci. Ils ont voulu protéger la personne et les biens des enfants du premier lit.

§ 1. — Restriction des droits de l'époux remarié relativement à la personne des enfants du premier lit.

Observons d'abord que le second mariage du père n'apportait aucune modification aux droits qu'il avait sur la personne de ses enfants issus d'une précédente union.

Quant à la mère, au contraire, son convol entraînait à son égard certaines déchéances au point de vue du droit de garde, du droit d'éducation et du droit de tutelle.

ARTICLE 1er. — DÉCHÉANCES ENCOURUES PAR LA MÈRE REMARIÉE AU POINT DE VUE DU DROIT DE GARDE ET DU DROIT D'ÉDUCATION.

La femme qui convolait en secondes noces perdait de plein droit la garde et l'éducation de ses enfants. Cette peine prononcée pour la première fois dans une constitution d'Alexandre Sévère : *Educatio pupillorum tuorum, nulli magis quam matri eorum, si non vitricum eis induxerit, committenda est* (1), fut confirmée par Justinien dans sa novelle XXII, ch. 38. Il déclara que la mère serait chargée de la garde et de

_____

(1) L. 1, Code. *Ubi pupilli educari debeant ;* l. V, tit. 49.

l'éducation de ses enfants à moins qu'elle n'eût convolé en secondes noces, *nisi ad secundas accesserit nuptias* (1).

ART. 2. — DÉCHÉANCE ENCOURUE PAR LA MÈRE REMARIÉE, AU POINT DE VUE DE LA TUTELLE.

Dans l'ancien droit les femmes soumises elles-mêmes à la tutelle pendant toute leur vie, étaient incapables d'exercer celle de leurs enfants : la tutelle était, en effet, un *munus virile*.

Mais bientôt on se départit de cette rigueur qui ne reposait sur aucun fondement sérieux, on affranchit les femmes de leur tutelle perpétuelle, et on leur permit de réclamer celle de leurs enfants; mais elle ne leur était pas imposée comme au père.

Ce droit leur fut accordé par une constitution des empereurs Gratien, Valentinien et Théodose, qui forme la loi 2 au Code *Quando mulier tutelæ officio fungi potest*, l. V, tit. 35.

La tutelle de leurs enfants n'était conférée aux femmes que moyennant deux conditions :

1. — Elles devaient s'engager à ne pas se remarier;

2. — Elles devaient renoncer au bénéfice du sénatus consulte Velleien : *Si juramentum anteà præstet quod ad nuptias non perveniat sed pudicitiam suam intactam conservet, et renunciet senatus consulti Velleiani præsidio, omnique alio legitimo auxilio...* (2).

Si la femme, ne tenant aucun compte de l'engagement pris par elle, se remariait, elle perdait de plein droit la tutelle qu'on lui avait confiée.

Elle devait en outre avant son convol faire nommer à ses enfants un nouveau tuteur auquel elle rendait ses comptes; si elle avait négligé de remplir ces formalités elle encourait des peines plus graves :

(1) Justin. Nov, XXII, ch. 38.
(2) L. 3, C. *Quando mulier tutelæ...* L. V., tit. 35.

Elle perdait tous droits sur la succession de ses enfants, qu'elle y vînt *ab intestat* ou par substitution (1).

Elle répondait avec son nouvel époux des suites de la tutelle. La responsabilité de celui-ci s'étendait même à la gestion antérieure à son mariage. Leurs biens à tous deux étaient frappés d'une hypothèque légale au profit du pupille (2).

Justinien, désirant punir encore plus sévèrement la femme qui, en se remariant, violait son serment, manquait au respect dû à la mémoire de son mari défunt et méconnaissait l'amour maternel, déclara qu'elle serait frappée d'infâmie, l'assimilant ainsi à celle qui a convolé en de nouvelles noces avant l'expiration du délai de deuil (3).

Les veuves violaient leur serment avec autant de facilité qu'elles le prêtaient ; la perte de la qualité de tutrice était une sanction bien peu efficace pour les forcer à respecter la foi jurée. Souvent même elles étaient heureuses de se voir décharger de la tutelle. Aussi la plupart des femmes remariées et ayant des enfants de leur première union se rendaient-elles coupables du crime de parjure. Justinien, pour éviter un pareil scandale, supprima le serment solennel, et lui substitua un acte équivalent. La femme continua de s'engager (*abrenuntiare*), mais non plus sous la foi du serment, *jusjurandum vero non prœberi, sed sufficere abrenunciationem solam Vellejani, et aliorum omnium; et de secundis nuptiis nullo jurejurando de hoc dando* (4).

Si plus tard elle se remariait, elle perdait la tutelle

---

(1) L. 6, C., *Sen.-Cons. Tert.;* liv. VI, tit. 56.

(2) L. 6, C., *In quibus causis;* l. VIII, tit. 15.

(3) Just. Nov. XXII, ch. 40,

(4) Just. Nov. XCIV, ch. 2.

et était frappée des mêmes déchéances que si elle eut prêté serment (1).

§2. — Restriction des droits de l'époux remarié relativement aux biens.

J'ai montré plus haut la réaction qui s'était opérée sous les empereurs chrétiens contre la législation d'Auguste. Loin d'encourager les seconds mariages, on les voyait, au contraire, d'un œil de méfiance. C'est cette défaveur et en même temps le désir de protéger les intérêts des enfants issus de la première union, qui furent l'origine et la cause de deux constitutions que je vais étudier ; elles avaient pour but de restreindre la capacité de disposer de la personne remariée. L'une, la loi *Feminœ*, a trait aux biens que l'époux remarié a reçus de son conjoint ou de ses enfants du premier lit décédés (2); l'autre, la loi *Hâc Edictali*, se rapporte aux propres biens de l'époux remarié (3).

ARTICLE Iᵉʳ. — RESTRICTION DES DROITS DE L'EPOUX REMARIÉ RELATIVE-
MENT AUX BIENS QU'IL A REÇUS DE SON CONJOINT OU DE SES ENFANTS
ISSUS D'UNE PRÉCÉDENTE UNION ET DÉCÉDÉS.

La loi *Feminœ* fut édictée par les empereurs Gratien, Valentinien et Théodose en 382. Elle défendait à la femme remariée et ayant des enfants d'un premier lit de disposer des biens qu'elle avait reçus de son conjoint, par donations anténuptiales (fiançailles), *propter nuptias, mortis causâ*, par testament, fidei-commis ou legs. Elle devait conserver tous ces biens pour les transmettre aux enfants nés de son premier mariage. Elle les tenait de leur père, la loi voulait qu'ils leur retournassent en totalité : *quidquid ex facultatibus*

(1) Just. Nov. xciv, ch. 2.
(2) L. 3, C., *De secundis nuptiis ;* l. V, tit. 9.
(3) L. 9, C.; liv. V, tit. 9.

*priorum maritorum sponsalium jure, quidquid etiam
nuptiarum solemnitate perceperint, aut quidquid
mortis causâ donationibus factis, aut testamento jure
directo, aut fidei commissi, vel legati titulo, vel cujus-
libet munificœ liberalitatis prœmio ex bonis (ut dic-
tum est) priorum maritorum fuerint adsecutœ : id
totum ita ut perceperint, integrum ad filios quos ex
prœcedente conjungio habuerint, transmittant* (1).

La mère devait encore conserver les biens composant la donation *ante nuptias* alors même qu'elle lui
aurait été faite par un étranger. Quant à la dot qui lui
faisait retour à la mort de son premier mari, elle lui
appartenait en toute propriété et pouvait faire de sa
part l'objet d'une aliénation.

L'obligation de conserver n'était imposée qu'à la
femme qui, ayant des enfants de son premier lit, con-
tractait une nouvelle union ; celle qui restait veuve, et
celle même qui convolait en secondes noces, n'ayant
pas d'enfants de son premier mariage, conservait la
libre disposition des biens reçus par elle de son mari
décédé. Il en était de même, avant Justinien du moins,
si les aliénations faites par la mère avaient eu lieu entre la mort du premier conjoint et la célébration du
second mariage.

Par l'effet du convol, la nue-propriété de ces biens
passait aux enfants du premier lit : *secundum tempus
mox quo mater conjuncta est alii viro* (2). La femme
n'en avait plus que l'usufruit ; elle les administrait,
mais il lui était impossible de les aliéner.

Le législateur avait voulu créer un bénéfice au profit
de *tous* les enfants du premier lit, et, chose curieuse, il
permettait à la mère, dans la loi *Feminœ*, de partager
comme elle l'entendait, ces biens dont l'aliénation lui

(1) L. 3, C., *Sec. nupt.;* l. V, tit. 9.
(2) Just. Nov. XXII, ch. 23, *Si mulier ad...*

était interdite. Ainsi elle pouvait y faire participer tous ses enfants, ou favoriser l'un d'eux à l'exclusion et au préjudice de tous les autres.

Cette inconséquence, si contraire aux intérêts des enfants issus de la première union, fut supprimée par Justinien : il décida que les biens seraient désormais dévolus à tous les enfants par parts égales, puisqu'en se remariant la femme avait fait à tous la même injure ; *nullam esse licentiam matri, alios quidem filiorum eligere, alios autem exhonorare : quoniam omnibus simul secundis nuptiis fecit injuriam* (1).

Au début, la loi *Feminœ* ne restreignait que les droits de la femme ; le père restait complètement libre de se remarier et son convol n'avait pour lui aucune conséquence. Constantin, il est vrai, avait, en 334, promulgué une loi enlevant au père remarié l'usufruit des biens recueillis par son fils dans la succession maternelle (2); mais c'était là une déchéance illusoire, car le père recouvrait comme tuteur l'usufruit qu'il perdait par son convol.

Une constitution, rendue en l'année 444 par les empereurs Théodose et Valentinien, eut pour but de combler cette lacune. Désormais, le veuf était tenu vis-à-vis de ses enfants du premier lit des mêmes obligations que la veuve ; il devait conserver à ceux-ci les biens lui venant de son épouse décédée : *generaliter censemus..... iisdem casibus maritum quoque quœ de bonis mulieris ad eum devoluta sunt, morte mulieris matrimonio dissoluto, communibus liberis servare* (3). Cette assimilation était logique, puisque dans un cas comme dans l'autre, il y avait les mêmes dangers.

Le père, qui d'abord pouvait transmettre ces biens

---

(1) Just. Nov. II, ch. 1 ; Nov. XXII, ch. 25.
(2) L. 3, C. Th.; liv. VIII, tit. 18.
(3) L. 5, C. Just., *De sec. nupt.;* l. V, tit. 9.

à l'un de ses enfants au détriment des autres, fut plus tard obligé de les partager également (1).

Qu'arriverait-il si l'un des enfants du premier lit mourrait avant ou après le second mariage de son auteur, soit le père, soit la mère ? Une constitution de l'empereur Zénon de l'an 178 résolvait la question. Deux hypothèses pouvaient se présenter.

1ʳᵉ HYPOTHÈSE. — *L'enfant décédé ne laissait ni descendants, ni frères ni sœurs.* L'époux remarié, recouvrant alors la nue-propriété des biens qu'il avait momentanément perdue par son convol, redevenait ainsi plein propriétaire de ces biens et était considéré comme l'ayant toujours été (2).

2ᵉ HYPOTHÈSE. — *L'enfant décédé laissait des descendants ou des frères ou sœurs.* Ici la solution n'était plus la même.

S'il laissait des descendants, ceux-ci avaient droit à la part en nue-propriété appartenant à leur auteur et dont leur aïeul avait l'usufruit.

Il n'y avait pas de difficulté lorsque le décès de l'enfant était arrivé postérieurement au second mariage de son auteur, car alors son droit ayant pris naissance au jour de la célébration de ce mariage, il le transmettait avec les biens compris dans sa succession. Mais il n'en était plus de même si l'enfant était mort avant le convol de son parent. Il n'avait pas encore la nue-propriété des biens que le survivant avait reçus de son conjoint décédé, et en vertu de l'adage *nemo dat quod non habet,* il semblerait qu'il ne pouvait rien transmettre à ses enfants. Il n'en était rien. Les descendants de l'enfant invoquant le secours de la représentation, venaient à la place de leur auteur exercer, en concours avec leurs oncles et leurs tantes,

(1) Just. Nov. XXII, ch. 25.
(2) Loi 8 *princip.*, *De seq. nupt.*; l. V, tit. 9.

les droits qu'ils auraient eu s'ils ne fussent pas morts prématurément.

Rien n'empêchait l'enfant de choisir avant sa mort parmi ses descendants celui qu'il voulait en faire profiter au préjudice des autres : *eligendi videlicet quos voluerit ex liberis superstitibus, non ademptâ licentiâ*. On s'est souvent demandé pourquoi on lui avait conservé ce droit, puisqu'on l'avait supprimé à l'égard du père ou de la mère qui se remariait.

Si l'enfant décédé ne laissait que des frères ou sœurs, ceux-ci venaient recueillir sa part. Ils l'acquéraient par droit d'accroissement si le décès avait eu lieu avant le second mariage de leur auteur commun; par la loi, si la mort était arrivée après le convol de celui-ci. En effet, dans ce cas, la loi exclut de la succession le père ou la mère remarié. L'enfant avait acquis de son vivant sa part dans les biens dont il s'agit, la théorie de l'accroissement ne pouvait plus s'appliquer. La mère conservait toujours l'usufruit de cette part, la nue-propriété passant aux frères ou sœurs du défunt (1).

La loi *Feminœ* pouvait être invoquée non seulement par les enfants du premier lit, mais encore par leurs héritiers. Les premiers avaient toujours le droit de s'en prévaloir alors même qu'ils n'eussent pas accepté la succession du conjoint prédécédé, dans laquelle se trouvaient les biens par eux réclamés. Il leur suffisait pour critiquer les aliénations faites par le dernier mourant d'avoir accepté son hérédité (2).

Les héritiers, au contraire, voyaient leur droit restreint par le *pactum non existentium liberorum* ou *pactum orbitatis*. Grâce à ce pacte, l'époux survivant conservait, dans le cas où il n'existait plus d'en-

---

(1) L. 7, *in fine*, C., *Secund. nupt.;* l. V, tit. 9.
(2) Just. Nov. II, ch. 1; Nov. XXII, ch. 25.

fants, la totalité des biens reçus par lui de son conjoint.

Justinien, dans la *Novelle* II, chap. 2, nous donne un exemple de ce pacte et en tire des conséquences très importantes. Il suppose que l'époux remarié et ayant des enfants vivants issus de sa première union, aliène tous les biens qu'il tient de son conjoint décédé; on ne pourra pas immédiatement, par suite du *pactum orbitatis*, décider du sort de cette aliénation. En effet, si plus tard, au décès du dernier mourant, tous les enfants du premier lit sont vivants, l'aliénation est nulle pour le tout; si, au contraire, ils sont tous décédés, elle est pleinement valable; grâce au pacte *non existentium liberorum*, les héritiers sont privés du droit de la faire tomber, droit qui eût appartenu à leurs auteurs.

Dans sa *Novelle* XXII, chap. 26, Justinien apporta quelques modifications aux effets de ce pacte; il les étendit au cas où un seul enfant venait à décéder sans laisser de descendants. L'époux survivant gardait alors, dans les biens lui venant de son conjoint, la part appartenant à l'enfant décédé; l'aliénation qu'il en aurait faite était donc valable. Observons que si l'enfant laisse des descendants, il est représenté par eux.

Les enfants du premier lit recueillaient seuls les biens que leur auteur avait reçus de son conjoint; quant aux biens qui lui avaient été donnés par son nouvel époux décédé, se partageaient-ils entre les enfants issus des deux unions, ou étaient-ils attribués à ceux de la seconde à l'exclusion des autres? Jusqu'à Honorius et Théodose, le partage avait eu lieu entre tous les enfants sans distinction de lits; mais en 422, une constitution de ces empereurs décida que les enfants nés du second mariage profiteraient seuls des libéralités (*lucra nuptialia*) qui proviendraient du deuxième époux : *Itaque si habens filios ad secundas*

nuptias fortasse transierit; sponsalitiam largitatem,
quam vir secundus contulit in uxorem, tantummodo
filii, qui ex secundo matrimonio suscepti sunt, pro
soliditate possideant, nec prosit liberis ex priore sus-
ceptis matrimonio (1). Justinien confirme cette solution dans la *Novelle* XXII, ch. 29. Ainsi fut supprimée
cette injustice dont étaient victimes les enfants du
second lit : si dans le partage des biens du premier
époux ils étaient exclus par les enfants nés de lui, ils
les excluaient à leur tour relativement aux biens provenant du second conjoint.

Je ferai observer que la constitution d'Honorius et
de Théodose comme la *Novelle* de Justinien ne s'appliquaient qu'à la dot ou à la donation *ante nuptias*
(*lucra nuptialia*) quant aux autres biens provenant
par exemple de donations à cause de mort, de fidéicommis ou de legs, on en formait une seule masse
qui était partagée concurremment entre les enfants
des deux lits.

Jusqu'ici je n'ai prévu que l'hypothèse où le mari a
donné à sa femme la pleine propriété de ses biens ;
mais que va-t-il arriver si le mari ne lui ayant laissé
en mourant que l'usufruit de ceux-ci, la mère se
remarie ? Conservera-t-elle son usufruit ou le
perdra-t-elle ? Les empereurs Valentinien, Théodose
et Arcadius décidèrent dans leur constitution, qui
forme la loi unique au Code *Si secundo nups mu-*
lier (2), que la femme, en convolant en secondes
noces, perdait l'usufruit qui lui avait été laissé par
son conjoint; elle devait restituer aux enfants du premier lit tous les biens sur lesquels il portait. Si la
mère, profitant de ce que ses enfants étaient en bas
âge et non protégés par un tuteur, conservait, malgré

(1) L. 4, C., *Secundis nupt.;* l. V, tit. 9.
(2) L. V, tit. 10.

son convol, les biens reçus par elle de son premier
conjoint, elle était plus tard exposée à la revendication
et condamnée à rendre tous les fruits indûment per-
çus : *Quod si liberos ex priore matrimonio adhuc
imbecillitas habebit infantiæ, nec muniat eos tutoris
auxilium, ac per hujusmodi occasionem mater, quæ
relicta fuerant, usurpaverit : omnia legitime repe-
tantur, et cum competentibus fructibus ad liquidum
deducta ratione restituat* (1).

Cette constitution ne s'appliquait toutefois qu'au cas
où l'usufruit des biens du mari avait été laissé à la
femme par acte de dernière volonté; si, au contraire,
il avait été donné par acte entre vifs, la loi *Feminæ*
reprenait son empire, et la femme gardait son usufruit.

Justinien, trouvant cette règle en contradiction avec
l'intention du donateur, la modifia dans sa *Novelle* XXII,
ch. 32 : l'usufruit ainsi constitué par acte de dernière
volonté, déclare-t-il, ne prendra fin et ne se réunira à
la nue-propriété au cas de convol de la femme, que si
telle a bien été l'intention du disposant.

Il ne suffisait pas de défendre à l'époux remarié
d'aliéner les biens qui lui venaient de son conjoint; il
fallait encore permettre aux enfants de recouvrer ces
biens lorsque leur auteur, ne tenant aucun compte de
la prohibition de la loi, les avait aliénés.

Les empereurs Gratien, Valentinien et Théodose,
accordèrent pour cela aux enfants une action en revendication, en vertu de laquelle ils ressaisissaient les
biens vendus entre les mains des tiers acquéreurs, à
la condition toutefois que ceux-ci ne les eussent pas
possédés pendant trente ans, car alors, ces biens leur
appartenant définitivement, l'action n'était plus recevable. *Nam si quid ex iisdem rebus in alium quemlibet*

(1) L. unique, Code, *Si secundo nupserit mulier...*, l. V, t. 10.

*fuerit ab ea translatum : ex maternis redintegrabitur facultatibus, quo illibata ad*eos quos statuimus libe-ros bona, et incorrupta perveniant* (1). Les enfants pouvaient même agir en indemnité contre leur parent remarié, et leur action était garantie par une sorte d'hypothèque tacite sur les biens de celui-ci.

Dans le cas où les biens donnés avaient été consommés par l'époux remarié, si par exemple ils consistaient en argent, les enfants n'avaient plus que la ressource d'en réclamer, par une *condictio*, la valeur aux héritiers de cet époux.

Tout ce que je viens de dire s'appliquait au père comme à la mère. La loi 5 au Code, *De secundis nuptiis,* l. V, t. 9, nous le déclare formellement : *Itaque defuncto eo, qui eas liberis servabat...*

Nous avons vu plus haut que le sort des aliénations consenties par le conjoint remarié dépendait de l'existence ou du décès des enfants issus de la première union; aussi l'action en revendication ne pouvait-elle être intentée avant la mort de celui-ci. Si donc, à cette époque, tous les enfants sont morts, il n'y aura personne pour attaquer les aliénations qui, par suite, seront pleinement valables; si les enfants existent, il leur est permis, se prévalant de la loi *Feminæ,* d'intenter leur action, mais ils doivent toujours attendre le décès de leur auteur pour agir.

Toutes ces mesures ne suffisaient pas pour assurer pleinement aux enfants la restitution des biens provenant de l'époux décédé ; elles n'avaient d'effet qu'au cas où celui-ci était encore solvable au jour de sa mort, mais il pouvait se faire aussi qu'il fût en état d'insolvabilité. Les empereurs Léon et Anthémius essayèrent de prévenir un tel danger et de donner aux enfants des garanties spéciales contre la mère qui se rema-

(1) L. 3, *princ.,* C., *Sec. nupt.;* l. V, tit. 9.

riait. Ils distinguaient selon que les biens provenant du premier mari étaient meubles ou immeubles.

Relativement aux immeubles, la législation antérieure resta en vigueur; la mère en conservait la jouissance et l'administration, mais ne pouvait les aliéner : *immobilium rerum et mancipiorum, annonarum quoque civilium usufructu duntaxat vitæ suæ temporibus potiatur, alienatione earum penitus interdicta* (1).

Relativement aux meubles, les rédacteurs de la constitution obligèrent la femme à remplir certaines formalités destinées à assurer la conservation de ces biens. C'est ainsi qu'elle était tenue d'en dresser inventaire et de les faire estimer par des experts assermentés choisis par elle et ses enfants. Après l'estimation faite, elle prenait possession de ces meubles, á condition toutefois qu'elle fournît caution pour garantir leur restitution ou le paiement de leur valeur soit aux enfants du premier lit, soit à leurs descendants, qu'ils fussent tous survivants ou qu'il n'en existât plus qu'un.

Mais si elle a différé ou refusé de fournir une garantie suffisante, les biens meubles ne lui ayant pas encore été livrés par ses enfants leur restaient; quant à ceux qui étaient détenus par elle, ils étaient rendus aux enfants, si toutefois ils s'engageaient sous caution à lui payer pendant sa vie l'intérêt à 3 0/0 du prix d'estimation, et, en outre, à lui restituer ces meubles s'ils venaient tous à mourir avant elle.

Si aucune des parties ne voulait ou ne pouvait fournir la caution exigée, les biens demeuraient en la possession de la mère jusqu'à son décès. *Sin autem utraque pars pædictam fidejussionem dissimulaverit, aut*

(1) L. 6, § 1, C., *Secund. nupt.;* l. V, tit. 9; *Nov.* II, ch. 4, *in fine*.

forte offerre nequiverit : eœdem res apud mulierem usque in diem vitœ suœ manebunt (1).

Aucune de ces dispositions relatives aux meubles ne s'appliquait au père, duquel les enfants du premier lit ne pouvaient pas exiger de caution.

Dans le § 2 de la même loi 6, le législateur accorde une hypothèque aux enfants sur les biens de leur mère ; cette hypothèque grève non seulement les biens qu'elle a reçus de son mari défunt, mais encore ses biens propres. Elle prend date du jour où la libéralité a été faite par le mari et non pas du jour de la mort de celui-ci (2).

Justinien étendit cette hypothèque. Il déclara qu'elle frapperait, au cas de convol du père, les biens lui provenant de sa première femme (3).

En outre, dans ses *Novelles* II, ch. 4, et XXII, ch. 45, il prévoit une hypothèse particulière : c'est celle où la donation anténuptiale dont la mère avait l'usufruit consistait en une somme d'argent.

La mère pouvait, nous l'avons vu plus haut, exiger qu'on lui délivrât la somme d'argent moyennant une caution fournie par elle, au lieu d'en demander les intérêts à 3 0/0 dont la caution fournie par ses enfants lui eût garanti le paiement. Or, il arrivait très souvent que la succession du père ne comprenant pas le numéraire suffisant pour opérer le versement réclamé par la mère, les enfants étaient obligés, pour satisfaire aux exigences de celle-ci, de vendre une partie des immeubles paternels, malgré le désir qu'ils auraient eu de les conserver. Justinien, ne voulant pas leur imposer une aussi cruelle nécessité, déclara que la mère, même en offrant caution, ne pourrait

---

(1) L. 6, § 1, *in fine*, C.; l. V, tit. 9.
(2) D. 6, § 2, C. Sec. *Nupt.*, l. V, t. 9.
(3) L. 8, § 5, C., *De secund. nupt.*; l. V, tit. 9.

pas exiger d'eux le capital de son usufruit, mais devrait se contenter du paiement des intérêts à 3 0/0 que garantirait un fidéjusseur.

Il en était de même lorsque la donation anténuptiale avait pour objet des choses mobilières. S'il n'y avait pas dans la succession du père des objets de cette espèce, la veuve devait se contenter de toucher les intérêts du prix d'estimation, toujours moyennant caution. *Si autem omnis forte consistat in pecuniis, aut aliis mobilibus rebus antenuptialis donatio : tertiam usurarum partem percipientem matrem cum cautione jam definita; non exigere a filiis aurum* (1).

Le paragraphe 1 de la loi *Feminæ* prononce encore une autre déchéance contre la mère : elle devait conserver pour ses enfants du premier lit tout ce qu'elle avait recueilli *ab intestat* ou par testament dans la succession de leurs frères ou sœurs décédés sans descendants, depuis la célébration de sa nouvelle union (2). Depuis cette époque, d'ailleurs, la nue-propriété appartenait à ses enfants survivants, et à mesure que l'un d'eux venait à mourir, sa part en nue-propriété passait à ses frères ou sœurs, l'usufruit restant à la mère.

Mais il n'en est plus de même si l'enfant dont elle a hérité est mort avant son second mariage. Dans cette hypothèse, on distingue si les biens compris dans la succession de l'enfant lui viennent de son père ou sont acquis à tout autre titre, en d'autres termes s'ils sont profectices ou adventices.

Quant aux premiers, la mère qui se remarie n'en conserve que l'usufruit, la nue-propriété étant réservée aux frères et sœurs du défunt.

---

(1) Just. *Nov.* II, ch. 4; *Nov.* XXII, ch. 45, § 2.
(2) L. 3, § 1, C., *Secund. nupt.*; l. V. tit. 9.

Si au contraire, elle reste veuve, elle en conserve la pleine disposition : *si matrimonium secundum post mortem filii vel filiæ non contraxerit, omnia... pleno jure acquirat* (1).

Quant aux seconds, la mère en garde la pleine propriété et peut en disposer comme elle l'entend: *extrinsecus quidem quæsia filio, filiæve simili firmita et possideat ; rerum vero paternarum defuncti solo usufructu humanitatis contemplatione potiatur, proprietatem (et sororibus, et) fratribus transmissura defuncti* (2).

Observons que la mère convolant en secondes noces après le décès de son enfant était traitée moins sévèrement que celle se remariant avant cette époque. Cette différence, qui résulte des lois 3, § 1 au Code, l. V. tit. 9, et 5 au Code, l. VI, tit. 56, s'explique de la façon suivante : Lorsque la mère s'était choisi un nouvel époux, elle avait déjà acquis définitivement les biens adventices et profectices recueillis dans la succession de son enfant. Le législateur a pensé qu'il eût été trop dur de lui enlever le bénéfice d'un droit lui appartenant, et de la frapper d'une peine qui rétroagirait dans le passé. S'il la dépouillait de la nue-propriété des biens profectices, c'est qu'il y était contraint par le principe posé en tête de la loi 3 prononçant cette déchéance ; mais une semblable obligation n'existant pas à son égard, relativement aux biens adventices, il décida que la mère, malgré son convol, en resterait pleine propriétaire.

Justinien modifia cette législation. Dans sa *Novelle* II, ch. 3, il déclara que, ne voulant plus retenir les femmes dans le veuvage par la crainte de perdre leurs droits sur les biens recueillis dans la succession

---

(1) L. 5, C. *Ad S.-C. Tert.;* l. VI, tit. 56.
(2) L. 5, C. *Ad S.-C. Tert.;* l. VI, tit. 56.

de leurs enfants prédécédés, il supprimait toute distinction entre les profectices et les adventices La mère remariée ou non était dans tous les cas appelée à l'hérédité de son enfant, et avait droit aux biens profectices comme aux biens adventices. Elle n'était plus obligée de donner caution. Justinien ne fit d'exception que pour la donation anténuptiale. Celle-ci est mise à part et attribuée en pleine propriété aux frères et sœurs du défunt, à l'exclusion de la mère qui n'en a même pas l'usufruit.

Enfin dans sa *Novelle* XXII, ch. 46, Justinien revenant sur ce qu'il avait modifié, régla ainsi qu'il suit les droits de la mère remariée :

Si l'enfant décédé a fait un testament, la mère garde en pleine propriété tout ce que lui a donné son fils, biens adventices et biens profectices, sans réclamation possible de la part des autres enfants.

En l'absence de testament, au contraire, on revient à la distinction de Théodose et de Valentinien : La mère recueille la pleine propriété des biens ne venant pas du père, et se voit de nouveau réduite au simple usufruit de ceux qui en viennent.

Réserve est faite, bien entendu, des lois contre l'ingratitude qu'on applique même entre frères et sœurs, et en vertu desquelles la part de l'enfant indigne se partage entre les autres enfants et la mère.

Si la mère reste veuve, elle vient en pleine propriété et en concours avec les frères et sœurs du défunt, à la succession entière de celui-ci, sans distinction des biens.

Toutes ces restrictions, remarquons-le, ne s'appliquaient pas au père remarié.

ARTICLE 2. — RESTRICTION DU DROIT DE L'ÉPOUX REMARIÉ DE DISPOSER DE SES PROPRES BIENS

Il ne suffisait pas d'assurer les droits des enfants

du premier lit contre leurs nouveaux frères ou sœurs, il fallait encore et surtout, pour que la protection fût complète, les défendre contre le nouveau conjoint de leur auteur. C'est ce que firent les empereurs Léon et Anthémius. Dans la crainte que l'époux remarié dépouillât de leur succession les enfants du premier lit pour en faire profiter son conjoint, ils interdirent, par une constitution rendue en 469, aux pères et mères ayant contracté un second ou subséquent mariage de laisser, à quelque titre que ce fût, à leurs nouveaux époux une part de leurs biens plus forte que celle de l'enfant qui prendrait le moins dans leur succession. Cette constitution, qui forme la loi 6 au Code *De sec. nuptiis,* s'exprime ainsi :

« Si, ayant des enfants d'un premier lit, un père ou
« une mère se sont engagés dans les liens d'un se-
« cond, troisième ou quatrième mariage, il ne leur
« sera pas permis de donner à leur nouveau conjoint
« par testament, codicille, legs, fidéicommis, à titre de
« dot, de donations anténuptiales, *mortis causâ,* ou
« entre-vifs (dans le cas où la loi les permet) une part
« supérieure à celle de l'enfant né du premier mariage,
« s'il n'en existe qu'un. Si plusieurs enfants survi-
« vent, et que leurs parts dans la succession soient
« égales, l'époux remarié ne pourra pas donner à son
« conjoint plus que n'a chacun desdits enfants. Mais
« si les parts sont inégales, le beau-père ou la
« belle-mère ne pourront recevoir plus que l'enfant le
« moins prenant ; de telle sorte cependant que le quart
« dû à ces mêmes enfants d'après les lois ne soit pas
« diminué, si ce n'est pour les causes rendant non
« recevable la plainte d'inofficiosité. Ces règles doivent
« être observées par l'aïeul ou l'aïeule, le bisaïeul
« ou la bisaïeule à l'égard de leurs petits-enfants et ar-
« rière-petits-enfants, encore en tutelle ou émancipés,
« descendants de la ligne paternelle ou maternelle. »

Quelle était la sanction de cette prohibition ? Dans le cas où l'époux, contrevenant à la loi *Hâc Edictali*, avait excédé la quotité fixée par elle, la disposition était réduite à cette quotité et nulle pour tout ce qui la dépassait.

C'étaient les enfants du premier lit qui, d'après la loi 6, se partageaient cet excédent. Justinien admit les enfants nés de la seconde union à concourir avec ceux de la première sur la partie retranchée de la libéralité (1) ; mais bientôt, revenant à l'ancienne législation, il déclara que le surplus appartiendrait aux enfants issus du premier mariage à l'exclusion des autres (2).

Pour calculer si la quotité disponible a été dépassée, il faut se placer non pas à l'époque où la libéralité a été faite, mais à la mort du conjoint remarié et donateur. En effet, si à ce moment tous les enfants du premier lit sont décédés sans postérité, les libéralités faites en faveur du nouvel époux sont pleinement valables ; impossible de procéder à une réduction, puisqu'il n'y a personne pour la demander. On est d'ailleurs obligé d'attendre jusqu'à ce jour pour connaître le nombre des enfants survivants, la part du moins prenant, et par suite fixer celle que l'on doit accorder à l'époux gratifié : *tempus illud considerandum est, secundum quod binabus moritur.... In omnibus talibus non ab inito donatione, aut scriptura respiciendâ, sed qui vocatur eventus considerandus est* (3).

Comment se fixait cette part ? On réunissait en une seule masse tous les biens meubles et immeubles, et de celle-ci on déduisait toutes les dettes du défunt ; on obtenait ainsi l'actif net sur lequel le conjoint avait

(1) L. 9, C., *Sec. nupt.;* l. V, tit. 9.
(2) Just. Nov. XXII, ch. 27.
(3) Just. Nov. XXII, ch. 28.

droit à une part égale à celle de l'enfant le moins prenant.

Enfin, les rédacteurs de la loi *Hâc Edictali*, désirant atteindre sûrement toutes les libéralités excessives, déclarèrent que les donations indirectes, déguisées ou à personnes interposées, seraient nulles pour tout ce qui excédait la quotité disponible entre époux : *omni circumscriptione, si qua per interpositam personam, vel alio quocumque modo fuerit excogitata, cessante* (1).

Sous le nom de personnes interposées, on comprenait simplement les enfants issus d'une précédente union du donateur et qu'il avait sous sa puissance, mais non les enfants communs.

Le conjoint ne pouvait pas prétendre, avons-nous vu, à une part supérieure à celle de l'enfant le moins prenant ; une difficulté se présentait alors au cas où l'époux décédé avait déshérité complètement un de ses enfants.

Dans le principe, le conjoint donataire n'avait droit à rien ; aussi les enfants ingrats, voyant leur père ou leur mère remariés préférer ne pas les exhéréder, plutôt que de se lier à eux-mêmes les mains vis-à-vis de leur conjoint, abusaient-ils de la cruelle alternative dans laquelle se trouvaient leurs parents. C'est pourquoi Justinien décida, dans la loi 10 au Code (*Sec. Nupt.*), que l'exhérédation d'un fils indigne n'aurait plus pour conséquence d'empêcher son auteur de faire une libéralité à son conjoint, libéralité qui serait à l'abri de toute attaque de la part de l'enfant.

Toutefois pour que le père ou la mère remariés, qui n'étaient plus retenus par la crainte d'entraîner leur conjoint dans la déchéance dont ils frappaient leurs enfants, ne fussent pas portés à exhéréder

(1) L. 6, *princ.*, C., *Sec. nupt.*; l. V, tit. 9.

ceux-ci injustement et sans raisons sérieuses, le législateur les obligea à faire connaître les motifs de l'exhérédation.

On rencontre encore dans cette troisième période plusieurs autres dispositions relatives aux seconds mariages et qui toutes dénotent une défaveur marquée à leur égard. C'est ainsi que l'empereur Justin permettait aux époux d'augmenter ou de diminuer la dot et la donation *ante nuptias* pendant le mariage, à moins cependant qu'ils eussent des enfants d'une précédente union (1). Justinien maintient cette législation et, pour défendre au conjoint remarié de diminuer la donation anténuptiale, il se fonde sur ce qu'en lui accordant un tel droit il blesserait les intérêts des enfants du premier lit. En effet, en diminuant la donation, le parent fera rentrer dans le patrimoine commun des biens provenant de son premier conjoint et au partage desquels les enfants du second lit viendront participer en violation du principe posé dans la loi *Feminœ*. Si, au contraire, l'action en réduction n'est intentée qu'au décès de l'époux donateur les biens retranchés seront dévolus exclusivement aux enfants du premier lit (2).

Cette déchéance était commune aux personnes des deux sexes ; on en trouve plusieurs autres spéciales aux femmes.

Les empereurs Constance et Constantin, dans une constitution rendue en 349, et qui forme la loi 7 au Code (*De rev. donation*), déclarèrent la mère remariée déchue du droit de demander la révocation pour cause d'ingratitude des donations faites aux enfants du premier lit. *His solis matribus, quœ non in secundi matrimonii fœdus nupserint, sed unius tantum matri-*

---

(1) L. 19, C., *De Donat. ante nuptias* ; l. V, tit. 3.
(2) Just. Nov. XXII, ch. 31, *Ut liceat augere vel diminuere dotem.*

monii sunt, revocandorum donationum..... ita decer-
nimus facultatem (1). Ils craignaient que l'influence
du second mari, plus encore que la conduite de ses enfants, ne poussât la mère à cette mesure extrême.

Justinien, dans sa *Novelle* XXII, chapitre 35, maintient cette déchéance, mais il y apporte trois exceptions. La révocation sera possible si l'enfant a attenté
à la vie de sa mère, *circa vitam ipsam insidians ma-*
tri, s'il a porté sur elle des mains impies, *manus infe-*
rens impias, ou a tenté de lui faire perdre toute sa
fortune, *circa substantiæ totius ablationem agens ad-*
versus eam.... (2).

Enfin, dans le chapitre 36 de la même *Novelle* XXII,
Justinien défend à la femme remariée de se parer des
honneurs et des titres dignitaires qu'a pu lui conférer sa première union. Elle a manqué au respect
dû à la mémoire de son mari défunt, elle ne doit pas
continuer à jouir de la considération à laquelle il lui
a fait prendre part : *quæ enim priorum oblita est non*
rursus ex prioribus adjuvabitur (3).

Quelle appréciation donner de la législation des
empereurs chrétiens.

Il faut reconnaître que cette troisième période a réa-
lisé un progrès immense dans la réglementation des
seconds mariages. Sans les interdire complètement, car
ils les reconnaissaient utiles pour les mœurs et pour
la famille, les empereurs chrétiens ne les permirent
qu'en assurant, avant tout, les droits des enfants nés
de la première union. Ils ont concilié les besoins de la
politique avec les principes de la nouvelle religion.

Leur législation, pleine de sagesse et de prudence,
a reçu l'approbation des siècles et se trouve consacrée
dans notre Code civil français.

(1) L. 7 au Code *De revocandis donationibus ;* l. VIII, tit. 56.
(2) Just.*Nov.* XXII, ch. 35, *Si mulier res quas.....*
(3) Just. *Nov.* XXII, ch. 39, *Ut secundo marita copulata mulier.*

PREMIÈRE PARTIE

PRÉAMBULE HISTORIQUE

Avant de passer à l'étude du Code civil, c'est-à-dire du droit actuel, il nous faut examiner les quelques législations intermédiaires qui ne sont plus du droit romain, et ne sont pas encore notre droit français. Nous étudierons donc les lois des Barbares qui ont envahi la Gaule, de là nous passerons au droit féodal, au droit canonique, au droit coutumier, et enfin au droit intermédiaire.

§ I. — LOIS BARBARES

Les Gaulois. — Nous n'avons que peu de renseignements sur les Gaulois, en ce qui concerne les seconds mariages ; on peut même dire qu'ils nous manquent complètement. Etait-ce l'unité ou la multiplicité des épouses qui était pratiquée en Gaule ? Nous n'en savons rien. César, dans un passage, nous dit que si on soupçonne un crime, on met les *épouses* à la torture, et si le fait est reconnu on les fait périr sur un bûcher. Le pluriel employé par l'auteur des *Commentaires* a permis de croire que la polygamie était admise ; puis, dans un autre passage, il nous dit que les Gaulois juraient de ne plus revoir *leur épouse* avant d'avoir traversé en vainqueur les lignes ennemies. Le singulier dont il s'est servi ici a fait supposer que les Gaulois repoussaient la multiplicité des épouses.

Les Germains. — Chez les Germains, la plupart des hommes n'avaient qu'une seule épouse ; mais il n'y avait là rien d'obligatoire, il était permis d'avoir plusieurs femmes si on pouvait les entretenir ; c'est Tacite lui-même qui nous l'apprend : *Singulis uxoribus contenti sunt, exceptis admodum paucis qui non libidine sed ob nobilitatem plurimis nuptiis ambiuntur* (1).

La veuve devait se laisser ensevelir avec son mari ou se jeter sur son bûcher avec ses esclaves et ses chevaux, si elle ne voulait pas être méprisée de tous et passer sa vie dans le déshonneur (2). Tacite nous montre les Germains moins cruels ; d'après lui on n'exigeait pas de la femme un dévouement pareil, on ne lui demandait que la fidélité au souvenir de son mari et l'abstention des secondes noces. « Si, dit-il, une femme a pris un époux, elle ne doit former avec lui qu'un seul corps et qu'une seule vie, *quo modo unum corpus unamque vitam.* »

Passons maintenant à des législations sur lesquelles nous avons plus de détails.

Les Visigoths. — Les Barbares, surtout dans les provinces méridionales, adoptèrent en partie les lois romaines qui y étaient en vigueur. Nous trouvons dans la législation des Visigoths le *Bréviaire d'Alaric*. C'est sous le règne d'Alaric II, ainsi que l'indique son nom, que fut composé ce recueil. Il comprenait seize livres du Code Théodosien et reproduisait presque en entier les lois romaines, et principalement les

(1) César, *De Bell. Gall.* t. VI, ch. 14 et t. VII, ch. 66.
(2) Gide, *Condit. de la femm.*, t. II, ch. 8, p. 229.

lois *Feminœ* et *Hâc Edictali*, relatives aux seconds mariages.

Le *Bréviaire d'Alaric* avait été rédigé pour les sujets Gallo-Romains qui se trouvaient mêlés aux Visigoths. Mais il fallait une législation pour ceux-ci. Aussi voyons-nous apparaître un autre recueil rédigé sous différents rois, commencé à la fin du v⁰ siécle, terminé pendant le courant du vii⁰, et connu sous le nom de *Lex barbara Visigothorum*. Aux principes du droit romain nous trouvons mêlées les règles du droit national. Il y était dit que la femme qui convolait en secondes noces pendant la première année de son veuvage, se voyait privée de la moitié de ses biens et c'étaient ses enfants du premier lit qui en bénéficiaient. Il en était de même pour la veuve qui, dans l'année de la mort de son mari, aurait été infidèle à son souvenir au point d'entretenir des relations coupables avec un homme. Et pour que la femme ne pût échapper à la peine prononcée contre elle, dans le cas où la première union serait restée stérile, la moitié des biens qu'elle devait abandonner revenait aux plus proches parents de son premier mari (1).

Le fait pour la mère de se remarier, même après l'expiration du délai de deuil, lui faisait perdre la tutelle de ses enfants (2); on lui retirait, en outre, l'usufruit qui lui avait été accordé pour une part virile sur les biens de son premier époux (3). La dot reçue par la femme se transforme en usufruit à son profit, les enfants du premier lit en acquièrent la nue-propriété.

Les Burgondes. — La législation des Burgondes diffère peu de celle des Visigoths. Comme dans la précédente nous trouvons deux règles spéciales, l'une s'ap-

(1) Liv. III, t. 2, § 1.
(2) Liv. VI, l. 4, § 4.
(3) Liv. IV, t. 2 et 3, § 14.

pliquant aux Burgondes proprement dits, c'est la *lex Burgundiorum*, l'autre destinée aux Gallo-Romains du royaume des Burgondes, nous voulons parler de la *lex Romana Burgundiorum*.

La *lex Burgundiorum* est un recueil de textes dont la première partie est due au roi Gondebaud, d'où le nom de *lex Gombetti* ou *loi Gombette* qui lui fut donné.

Les dispositions de cette loi relativement aux seconds mariages sont les mêmes que celles contenues dans la législation des Visigoths ; à cela rien d'étonnant, ces deux législations étant empruntées au droit romain. Aussi voyons-nous ici la veuve qui se remarie, ayant des enfants de sa première union, perdre l'usufruit des biens que son époux décédé lui avait laissés.

Si la première union est restée stérile, les parents du premier mari et ceux de la femme sont appelés, à la mort de celle-ci, à se partager par moitié les biens qu'elle avait reçus de lui (1).

On le voit, la *loi Gombette* est à peu de choses près la reproduction du *Bréviaire d'Alaric*.

La *lex Romana Burgundiorum*, plus connue sous le nom de *loi Papien*, est, suivant les uns, postérieure à la *loi Gombette*, suivant les autres, antérieure même au *Bréviare d'Alaric*. En tous cas, nous y retrouvons, relativement aux seconds mariages, les mêmes dispositions. On appliquait, dans cette loi, aux Romains les règles de leur propre législation comme on les appliquait déjà aux Burgondes.

Les Francs-Saliens. — Les Francs, établis dans le Nord de la Gaule, n'étaient pas comme les peuplades des provinces méridionales, soumis à une influence aussi directe du droit romain. Aussi en trouvons-nous peu de traces dans leur législation, tandis que nous y

---

(1) Tit. XXIV, §§ 1 et 2.

rencontrons un certain nombre de coutumes germaniques.

La *loi Salique*, dans son titre *De Reipus*, s'occupe des seconds mariages. Qu'était-ce que le *Reipus?* Pour l'expliquer il nous faut parler d'une puissance existant aussi chez les Germains et les Burgondes, que nous retrouvons chez les Francs, et qui s'appelait le *Mundium*. C'était un pouvoir tutélaire appartenant au père sur sa fille et au mari sur son épouse. La femme y était soumise pendant toute sa vie, puisque tant qu'elle était fille elle était sous le *mundium* de son père qui, le jour même de son mariage, s'en dépouillait pour le déposer entre les mains du mari. Celui-ci venant à mourir, elle restait sous la puissance des parents de son conjoint décédé. Le mari achetait et payait le *mundium* au père de sa femme. Ce pouvoir procurait certains avantages à ceux qui l'exerçaient; que ce fut le père, le mari ou les parents de celui-ci, il leur permettait de percevoir les amendes ou *wergheld* prononcées pour injures et offenses à l'égard de la femme (1).

Le *mundium*, qui représentait dans la succession du défunt le prix d'achat que celui-ci avait payé au père et de plus les avantages pécuniaires en résultant, était cédé au mari, à condition qu'il payât une indemnité aux parents de la veuve. Chose bizarre! on ne tenait compte que des parents par les femmes. Le prix de l'indemnité due par le second mari à ceux qui se dépouillaient en sa faveur était fort peu élevé; il devait payer trois sous et un denier. De la modicité du prix nous pouvons conclure que l'achat de la femme était plutôt un symbole qu'une réalité. Voici en quoi consistait la cérémonie constatant la cession du *mundium*: lorsqu'une veuve était demandée en mariage, le futur devait se présenter avec elle et son tuteur, au jour

(1) Laboulaye, *Cond. civile et polit. des femmes*, p. 137, liv. II.

indiqué par le centenier, devant le tribunal de celui-ci. Un bouclier symbolisait la balance. Celui qui devait épouser la veuve se présentait avec trois témoins ou garants ; il apportait trois sous et un denier que trois rachimbourgs pesaient et que l'on donnait à la personne qui avait droit au *Reipus*. Une fois cette formalité remplie, le futur pouvait épouser la veuve. Si, au contraire, il ne s'était pas soumis aux prescriptions de la loi, il devait payer 2,500 deniers, c'est-à-dire soixante-deux sous et demi. Le mariage ne pouvait être légitimement contracté qu'après l'acceptation de trois *solidi* par le créancier du *Reipus*.

Mais à qui était dû le *Reipus*? Non aux héritiers les plus proches du défunt, mais aux parents mâles les plus proches par les femmes : ainsi venait au premier rang le fils aîné de la sœur du défunt, c'est-à-dire son neveu ; au second rang, le fils aîné de la nièce du défunt, c'est-à-dire son petit-neveu ; puis le fils de la cousine maternelle ou petit-fils de la tante maternelle du défunt ; puis, le frère de la mère ; puis, à défaut d'oncle maternel, le frère du premier mari, à condition qu'il n'héritât pas déjà du défunt ; enfin, s'il n'existait pas de frère, le *Reipus* passait jusqu'à la sixième génération à celui des plus proches parents du défunt qui n'était pas déjà son héritier. Passé le sixième degré c'était le fisc qui avait droit au *Reipus* (1).

Toutes ces règles sont encore très inexpliquées dans les détails et sujettes à beaucoup de controverses; mais, au milieu des obscurités qui subsistent, une chose cependant se dégage avec évidence : la défaveur dont étaient entourés les seconds mariages, et l'obligation pour la veuve qui se remariait de se soumettre à une sorte de formalité publique en présence de la tribu.

(1) Davond-Oghlou : *Hist. de la législat. des anc. Germains*, t. I, p. 554 et suiv.

Toutes les restrictions apportées aux seconds mariages proviennent de deux points de vue distincts : celui de l'injure faite au mari défunt; nous le trouvons dans les législations primttives, et la loi Salique en garde la trace; il aboutissait à de véritables dispositions pénales; il va disparaissant de jour en jour; celui de l'intérêt des enfants; nous le rencontrons dans le droit romain et les législations modernes; il n'aboutit qu'à des incapacités juridiques au profit des enfants; il devient de plus en plus prépondérant et aboutira à l'Edit des secondes noces.

Plus tard, certaines dispositions furent ajoutées à la loi Salique, sous le règne de Clovis; elles portent le nom de CAPITA EXTRAVAGANTIA. Le titre VII de ces *Capita* nous révèle une autre institution relative aux secondes noces. C'était la veuve elle-même qui payait une indemnité aux parents du premier époux. Cette prestation, appelée *achasius*, s'élevait au dixième de la dot que la veuve avait reçue de son mari défunt; elle était considérée comme une réparation de l'injure que la femme faisait à la mémoire de son premier mari. De plus, celle-ci devait rendre aux parents du mari le tiers de sa dot, certains meubles et notamment le lit nuptial qu'il lui était par là interdit de souiller en y introduisant un nouvel époux. Il en était ainsi s'il n'y avait pas d'enfant issu de la première union (1).

Quant aux enfants du premier lit, la loi ne les avait pas oubliés. Et d'abord, on imposait à la veuve une condition en vue d'empêcher les mariages contractés à la légère : elle devait prendre conseil, avant de convoler en secondes noces, des parents de son conjoint décédé. C'est une conséquence de la défaveur toujours

(1) Laboulaye, *Condit. civ. et polit. des femmes*, p. 164. Observons que l'*Achasius* se cumule avec le *Reipus*, qui subsiste; mais celui-ci tend à devenir symbolique.

croissante avec laquelle les seconds mariages furent considérés. En outre, les enfants issus de la première union pouvaient, à la mort de leur mère remariée, revendiquer la dot qu'elle avait reçue de son premier mari. Elle leur était dévolue de préférence à toutes autres personnes. Dans cette dot rentrait également le *Morgengabe* ou don du matin, que le mari faisait à son épouse le lendemain de la nuit nuptiale (1).

Les dispositions de la *loi Salique* relativement à la dot de la mère qui se remarie, ayant des enfants d'un premier lit, semblent avoir été empruntés au Droit romain. Elles sont les mêmes que celles contenues dans la législation des Burgondes. Les rédacteurs de l'Edit de Clovis paraissent avoir eu connaissance aussi du *Bréviaire d'Alaric*.

Les CAPITA EXTRAVAGANTIA s'occupent encore dans le titre VIII *(De viris qui aliam ducunt uxorem),* du veuf qui veut entrer dans de nouveaux liens. Bien entendu il n'est question pour lui ni de *Reipus*, ni d'*Achasius*, mais les biens qu'il a donnés en dot à leur mère, sont frappés d'inaliénabilité entre ses mains ; il ne peut en disposer au préjudice de ses enfants du premier lit auxquels ils doivent revenir à l'exclusion de ceux du second.

S'il n'a pas d'enfants de sa première épouse, les deux tiers de la dot de celle-ci lui sont acquis, mais il droit restituer l'autre tiers et certains objets mobiliers aux parents de sa femme décédée.

§ II. — DROIT FÉODAL

Il importait aux Seigneurs que les services personnels que leur devaient leurs vassaux soient le moins

---

(1) Pardessus, *Loi Salique*, p. 688.

longtemps possible interrompus. Aussi, pour en arriver là, favorisèrent-ils les seconds mariages et obligè-
rent-ils la veuve du vassal à se remarier parce que,
pendant son veuvage, elle ne pouvait remplacer son
mari et fournir les services d'*ort*.et de *cour* qu'il devait
à son seigneur (1). On allait même plus loin : le seigneur exigeait que la veuve d'un homme-lige ayant
une fille mineure s'engagea sous caution vis-à-vis de
lui à ne pas marier cette fille sans le consulter (2).

De même les Assises de Jérusalem (ch. 87) nous an-
noncent que la femme qui tient en héritage ou en bail-
liage un fief devant services de corps, se voyait obligée,
si son seigneur la « semond ou fait semondre, de
prendre baron. » Si, au contraire, la veuve tenait le
fief à titre de douaire elle était libre de se remarier ou
de ne pas le faire. Lorsque la veuve devait prendre
époux, son seigneur lui présentait trois prétendants
de sa condition ; elle avait quinze jours pour exercer
son choix ; passé ce délai, si elle ne s'était pas prononcée,
elle était privée de son fief.

La même obligation était imposée à la tenure en vile-
nage (3), car le vilain devait « de grands services de
corps et de bras. »

En ce qui concerne l'homme, il n'y avait pour lui rien
d'obligatoire. Qu'il se remariât ou qu'il restât veuf le
seigneur suzerain n'en souffrait pas, il pouvait toujours
exiger de lui le service militaire.

En Angleterre, jusqu'à la grande Charte, la fille et la
veuve nobles ne jouissaient d'aucune liberté ; il était
aussi bien interdit à l'une de refuser le mariage qu'à
l'autre de rester dans le veuvage, si le seigneur trouvait un parti complaisant qui lui en offrit bon prix (4).

(1) Gide, *Cond. de la femme,* liv. IV, ch. ɪ, p. 396.
(2) *Etablissem. de Saint-Louis,* I, ch. 63.
(3) Gide, *Cond. de la f.,* liv. IV, ch. ɪ, p. 398.
(4) Gide, *Cond. de la f.,* liv. III, ch. 2, p. 284.

M. Laboulaye, dans sa *Condition civile et politique des femmes* (p. 295) nous prévient qu'en Allemagne toute liberté était laissée à la femme et à l'homme. De même qu'ils pouvaient rester dans le veuvage, de même rien ne les empêchait de prendre successivement trois ou quatre époux légitimes.

§ III. — DROIT CANONIQUE

Se basant sur ce que saint Paul autorisait les femmes veuves à se remarier, après la mort de leurs maris, le droit canonique, dérogeant en cela au droit romain, permit aux veuves de se remarier sans observer aucun délai. Il y avait là une erreur dans ce raisonnement. Saint Paul, en effet, permet en principe à la veuve de convoler en secondes noces, mais il n'entend certainement pas par là l'autoriser à violer la loi romaine à laquelle elle était soumise.

Au XIIᵉ siècle, sous le pape Urbain III, on supprima la peine d'infamie que le droit romain prononçait contre la veuve, qui manquant au respect dû à la mémoire de son mari, n'avait pas observé le délai de viduité.

Ne concluons pas de la suppression de cette peine à un encouragement donné aux secondes noces. On se contente simplement de ne pas les interdire, mais nulle part on n'y pousse.

§ IV. — DROIT COUTUMIER

Ici nous nous trouvons en présence de deux législations différentes. Celle des pays de droit écrit et celle des pays de coutume.

I. — Dans les pays de droit écrit, relativement aux seconds mariages, la législation romaine, qui était celle de Justinien, était la seule en vigueur. Aussi voyons-nous, dans certains parlements, la veuve qui convolait à de nouvelles noces, sans attendre l'expiration du délai de deuil, soumise à des peines sévères. Si elle n'était plus frappée d'infâmie comme à Rome, elle n'en restait pas moins incapable de recevoir quoique ce soit par acte de dernière volonté, de donner à son mari plus du tiers de ses biens, enfin de succéder *ab intestat* au delà du troisième degré (1). Lorsque le convol avait eu lieu après l'expiration du délai pendant lequel la veuve devait porter le deuil de son mari, *lugere maritum*, elle était encore soumise aux prescriptions du droit romain contenues dans les lois *Hâc Edictali* et *Feminœ*.

Nous avons vu que les empereurs Gratien, Valentinien et Théodose, dans une constitution qui forme la loi 1 au Code (*De sec. nupt.*), avaient frappé d'infamie la femme qui convolait en secondes noces avant l'expiration du délai de deuil ; cette peine, maintenue par Justinien, n'existait plus dans les pays de droit écrit.

II. — Dans les pays de droit coutumier, on s'inspira un peu de la législation romaine, mais elle fut modifiée par un grand nombre de coutumes. Bien qu'aucune d'elles ne défendit les seconds mariages, ils n'étaient pas vus avec beaucoup de faveur.

Ainsi le fait pour le père ou l'aïeul de convoler en secondes noces suffisait pour leur enlever les gardes noble ou bourgeoise, et l'usufruit légal qui en découlait sur les biens des enfants du premier lit (Cout. de Paris, art. 268.) (2). Il en était de même vis-à-vis de la mère ou de l'aïeule, et la loi se montrait encore plus sévère pour elles, puisqu'elle leur enlevait, en outre, la tutelle ou la curatelle de leurs enfants. Le second

---

(1) Merlin, répert., *Deuil*, § 2.

(2) Merlin, répertoire, *Secondes Noces*, § 1.

mari venant à mourir, la mère ne recouvrait pas la tutelle.

Certaines coutumes cependant ne privaient pas des gardes noble ou bourgeoise le père ou l'aïeul qui s'était remarié. (Cout. de Melun, Troyes.)

La femme qui se livre à la prostitution après la mort de son mari était jugée indigne de conserver la tutelle de ses enfants. C'eût été un exemple trop dangereux pour ceux-ci que l'inconduite de leur mère.

Enfin, si la veuve se remarie sans avoir rendu ses comptes de tutelle, immédiatement, du jour de la célébration du mariage, une hypothèque frappe les biens du nouvel époux, qui répondent alors de la bonne administration de la femme même avant son convol.

Passons maintenant à la capacité de la veuve en ce qui concerne la disposition de ses biens au nouveau conjoint.

Un édit, connu sous le nom d'*Edit des secondes noces*, contient les prescriptions les plus importantes relativement à la capacité de la veuve remariée. Il date de 1560, sous le règne de François II. Il fut rédigé par le chancelier L'Hospital à la suite d'un mariage scandaleux qu'avait contracté avec messire Georges de Clermont une dame Marie d'Alégre, restée veuve avec sept enfants; dans cette union, elle avait fait don à son époux de tous ses biens, ne laissant à ses enfants que leur légitime, un quatorzième pour chacun.

Cet édit eut pour but de diminuer les seconds mariages et de sauvegarder les intérêts des enfants d'un premier lit, en restreignant en leur faveur les libéralités excessives que leur parent remarié voudrait faire au profit de son nouveau conjoint. Le préambule de l'Edit avertit les veuves ayant des enfants que si elles sont recherchées en mariage c'est pour leurs biens et non pour leurs personnes; mais se trompant souvent sur la nature des intentions de leur nouvel époux, elles lui font des dons immenses que, pour excuser ou cacher leur folie, elles décorent du nom de donations faites en faveur du mariage. Elles n'en oublient pas moins les devoirs que la nature leur impose à l'égard de leurs enfants qui voient ainsi leur mère les dépouiller au profit d'un étranger qui n'est la plupart du temps qu'un ambitieux. De là des querelles et des divisions entre les enfants et leur mère ou son nouvel époux qui détruisent la paix des familles et la force de l'Etat. C'est cet effet désastreux que le législateur a voulu éviter en rédigeant l'Edit des secondes noces.

Cet Edit contenait deux chefs correspondant l'un à la loi *Hâc Edictali*, l'autre à la loi *Feminœ*.

LE PREMIER CHEF s'exprime de la façon suivante : « Ordonnons que les femmes veuves, ayant enfans ou « enfans de leurs enfans, si elles passent à de nou- « velles noces, ne pourront, en quelque façon que ce « sòit, donner de leurs biens, meubles, acquêts, ou « acquis par elles, d'ailleurs que de leur premier mari, « ni moins leurs propres, à leurs nouveaux maris, « père, mère, ou enfans desdits maris, ou autres per- « sonnes qu'on puisse présumer être par dol ou fraude « interposées, plus que l'un de leurs enfans, ou enfans « de leurs enfans; et, s'il se trouve division inégale de « leurs biens, faite entre leurs enfans ou enfans de « leurs enfans, les donations par elles faites à leurs « nouveaux maris, seront réduites et mesurées à la « raison de celui qui aura le moins. »

L'Edit, ainsi que nous venons de le voir, ne restreignait que la volonté de la veuve ayant des enfants ou des petits enfants de sa première union, mais un arrêt de 1587 (18 juin) étendit la restriction aux hommes qui, témoignant trop de faiblesse vis à vis de leur nouvelle épouse, pouvaient être assimilés à des femmes (1). Le

(1) Pothier, *Contrat de Mariage*, n° 350.

conjoint, veuf avec enfants ou descendants, ne pouvait pas disposer au profit de son nouvel époux de plus d'une part d'enfant le moins prenant; et cette part ne pouvait pas s'étendre au-delà, même s'il y avait eu plusieurs conjoints successifs. Et pour qu'on ne put pas tourner la prohibition en faisant la donation au père ou à la mère du conjoint dans la succession desquels celui-ci retrouverait les objets donnés, l'Edit déclarait ces personnes incapables de recevoir en les présumant interposées.

La part d'enfant le moins prenant servira encore de mesure pour réduire même les avantages que les époux se seront faits par contrat de mariage. La réduction de toute donation quelle qu'elle soit se fera de plein droit.

Je reviendrai plus loin, à propos de l'art. 1098 sur les dispositions contenues dans ce premier chef.

LE SECOND CHEF est ainsi conçu : « Au regard des « biens à icelles veuves acquis par *dons et libéralités* « de leurs défunts maris, icelles n'en peuvent et n'en « pourront faire part à leur nouveau mari, ainsi elles « seront tenues de les réserver aux enfants communs « d'entre elles et leur mari, de la libéralité desquels « iceux biens leur sont advenus; le semblable voulons « être gardé ès-biens qui sont venus aux maris par « *dons et libéralités* de leurs défuntes femmes, telle- « ment qu'ils n'en pourront faire don à leur seconde « femme, mais seront tenus de les conserver aux « enfants qu'ils auront eus de leur première. »

Par ces mots « dons et libéralités » le rédacteur de l'Edit a voulu entendre non seulement les donations ordinaires que l'un des époux a faites à son conjoint pendant la durée du mariage, mais encore les avantages directs ou indirects qui lui sont venus des conventions matrimoniales de son premier mariage. C'était, en effet, par contrat de mariage et en vue de la future union que les époux se faisaient la plupart du temps les libéralités les plus importantes, et en outre c'était une donation de ce genre qui avait motivé la rédaction de l'Edit des secondes noces.

On supposait que l'époux donateur ne s'était dépouillé en faveur de son conjoint qu'à la condition que ses enfants retrouveraient les biens donnés dans la succession du survivant. C'était une véritable substitution que la loi voulait faire respecter malgré même le désir contraire du prémourant ; elle ne disparaissait que si les enfants du premier lit étaient tous décédés au moment du second mariage du conjoint.

L'Edit des secondes noces se terminait ainsi : « N'entendons par ce présent notre Edit, bailler auxdites femmes, plus de pouvoir et liberté de donner, et disposer de leurs biens, qu'il ne leur est loisible par les coutumes des pays auxquelles par ces présentes n'est dérogé, etc... »

Malgré la précaution prise par le rédacteur de l'Edit et qui prouve qu'il n'avait été rédigé que pour les pays où la capacité de donner reconnue à la femme était trop étendue, la plupart des coutumes trouvant fort sages les dispositions de l'Edit, les préférèrent aux leurs et se les approprièrent lors de leur réformation, ainsi que nous allons le voir dans un instant.

Pour en finir avec le droit coutumier, il nous faut dire deux mots du délai de viduité dans les différentes provinces. Dans la plupart d'entre elles la veuve qui, ne respectant pas le culte dû à son mari défunt, convolait en secondes noces avant l'expiration du délai de deuil, n'était punie d'aucune déchéance ; dans d'autres au contraire, bien que la loi n'infligeât aucune peine à la veuve dans le même cas, les parlements ne se gênaient guère pour lui enlever les dons et libéralités que son précédent époux pouvait lui avoir faits par contrat de mariage. Le parlement de Dijon a rendu plusieurs arrêts en ce sens; le dernier date du 30 juillet 1743.

Observons toutefois que si dans la plupart des coutumes, on se montre moins sévère que la loi romaine à l'égard de la femme qui se remarie dans le délai de veuvage, et si on ne la frappe plus d'infamie, on n'épargne pas la femme qui, foulant aux pieds son honneur et celui de ses enfants, oubliant tous ses devoirs envers la mémoire de son époux décédé, s'adonnait à l'inconduite et à la débauche (1).

Influence de l'Édit des secondes noces sur les coutumes

Les dispositions de cet Edit avaient paru excellentes à la plupart des coutumes, aussi, lors de leur réformation se les étaient-elles appropriées. Certaines d'entre elles, comme celle de Paris par exemple, renchérirent sur la rigueur de l'Edit. Les moins sévères défendirent à la femme qui se remariait d'avantager son second mari au delà d'une part d'enfant le moins prenant. Celle de Valois (art. 134) interdit même sans distinction à la femme de faire à son nouvel époux aucun avantage au delà du tiers de ses immeubles. Les autres, plus sévères, défendirent à la femme de disposer au préjudice de ses enfants du premier lit de tous les gains et avantages résultant de sa précédente union et même de sa part dans les conquets de la première communauté. (Cout. de Paris, art. 279.) La coutume ne tenait donc aucun compte de la façon dont ces biens avaient été acquis. Bien que, en effet, ces conquets étaient la plupart du temps le fruit des travaux communs des époux, la loi ne considérait pas comme des biens personnels à la femme la moitié

---

(1) Merlin, rép., *Deuil*, § 2.

à laquelle elle avait droit. Elle ne pouvait pas comme le mari en disposer à son gré, et ce pouvoir même accordé à celui-ci lui fut bientôt retiré. Un arrêt du 4 mars 1697 l'assimila à la venue au point de vue de la capacité de disposer des acquets de communauté.

Observons toutefois que ces biens réservés aux enfants du premier lit ne leur appartenaient pas à eux seuls, on appelait à leur partage les enfants issus des mariages postérieurs.

En Bourgogne, les anciennes coutumes ne portaient pas de déchéances en cas de secondes noces, même en matière de bail et de tutelle. Ce n'est qu'à la suite de l'Edit de 1560 et sous son influence, qu'on introduisit dans la coutume des dispositions restrictives en cette matière. Et encore, dans les Parlements, comme chez les auteurs, la tendance fut-elle d'interpréter l'Edit dans un sens plutôt restrictif et de le réduire à son minimum d'application (1).

§ V. — DROIT INTERMÉDIAIRE

La période intermédiaire s'étend de 1789 à 1804, c'est-à-dire jusqu'à la rédaction du Code civil. Nous ne sommes plus à une époque où les seconds mariages étaient regardés comme quelque chose d'infâmant; bien loin de là, le législateur qui avait organisé le divorce, et par suite une nouvelle cause de dissolution du mariage, devait, pour être logique, faciliter autant que possible les secondes unions, afin de ne pas obliger ceux qui avaient obtenu le divorce à rester perpétuellement dans le veuvage.

C'est ce que fit la loi du 20 septembre 1792.

(1) Bouhier, *Coutumes*, t. I, p. 112, art. 13.

L'assemblée législative avait admis le divorce pour trois causes : 1° pour incompatibilité d'humeur ou de caractère; 2° pour cause déterminée; 3° par consentement mutuel.

Cette loi de 1792 régla en même temps les conditions auxquelles était soumis le nouveau mariage des époux divorcés.

Observons qu'il était toujours loisible à ces époux de se réunir et de se remarier ensemble, sans qu'il soit nécessaire pas plus pour la femme que pour l'homme d'observer aucun délai. Mais il n'en était plus de même si un des anciens conjoints voulait s'unir à un étranger. On tenait compte alors de la cause qui avait motivé le divorce pour savoir si les époux devaient observer un délai et quelle était la durée de ce délai. Si le divorce avait été prononcé pour incompatibilité d'humeur ou de caractère ou sur consentement mutuel, les époux ne pouvaient se remarier qu'après l'expiration d'une année; s'il s'agissait d'un divorce pour cause déterminée, le mari n'avait aucun délai à observer et pouvait de suite convoler en secondes noces; la femme, au contraire, ne pouvait se remarier qu'au bout d'un an. Ce délai était porté à cinq ans, lorsque la femme avait fondé sa demande en divorce sur l'absence de son mari.

Deux années après, en l'an II, la loi du 8 nivôse est promulguée; elle fait une faveur aux deux époux; pour le mari, elle supprime le délai d'un an et lui permet de se remarier immédiatement; pour la femme, elle restreint la durée du délai qu'on lui imposait, d'un an elle le fait descendre à dix mois. Cependant s'il est prouvé que le mari a quitté son domicile et abandonné sa femme depuis dix mois, sans avoir eu de relations avec elle dans cet intervalle, la femme peut se remarier aussitôt le divorce prononcé.

Quatre mois après paraît la loi du 4 floréal an II; elle permet aux époux divorcés de se remarier immédiatement, le mari sans aucune condition, la femme sous la condition de présenter un acte de notoriété publique établissant qu'il y a dix mois qu'elle ne vit plus avec son mari, qu'elle n'a plus aucune relation avec lui, en un mot qu'elle est séparée de fait d'avec lui. Faute de cet acte, la femme, pour éviter la confusion de part, devra attendre pour se remarier l'expiration d'un délai de dix mois.

Le législateur, tout en empêchant autant que possible la *turbatio sanguinis*, voulait faire disparaître les obstacles nombreux que l'ancien droit mettait à la célébration des secondes noces. Mais s'il atteignait facilement son deuxième but, à savoir favoriser les seconds mariages, il n'en était pas de même du premier, c'est-à-dire éviter la confusion de part. Il arrivait, en effet, très souvent que la veuve, bien qu'ayant à différents intervalles des relations cachées avec son mari, trouvait sans peine des personnes qui se prêtaient facilement à la confection de l'acte de notoriété.

La même année une loi qui avait suivi de quelques jours celle du 2 nivôse et qui fut promulguée le 17 du même mois s'occupa encore des seconds mariages. Elle portait dans son article 12 : « Est réputée non écrite « toute clause impérative ou prohibitive insérée dans « les actes passés même avant le décret du 5 septem- « bre 1791 lorsqu'elle est contraire aux lois et aux « bonnes mœurs, lorsqu'elle porte atteinte à la liberté « religieuse du donataire, de l'héritier ou du légataire, « lorsqu'elle gêne la liberté qu'il a soit *de se marier* « *ou de se remarier même avec des personnes dési-* « *gnées*, soit d'embrasser tel état, emploi ou profession « (etc...) » Cependant la jurisprudence s'efforçait de maintenir autant que possible, certaines clauses qui, sans se trouver en contradiction flagrante avec cet

7

art. 12 n'en avaient pas moins pour résultat de mettre obstacle aux secondes unions (1).

. L'art. 61 du même décret déclara non avenues toutes les lois, coutumes et prescriptions relatives à la transmission des biens par succession ou donation. Si les époux n'avaient pas d'enfants, la loi leur permettait de s'avantager selon leur gré ; mais s'ils avaient des enfants, leur capacité de disposer était restreinte, ils ne pouvaient plus se donner réciproquement que l'usufruit de moitié de leurs biens.

L'Edit des secondes noces et les lois romaines où il avait été puisé étaient abolis ; et pour favoriser d'une façon excessive les seconds mariages, on avait perdu de vue l'intérêt des enfants du premier lit. Ce danger ne fut pas de longue durée, car les rédacteurs du Code civil qui le constatèrent et voulurent l'éviter, ne manquèrent pas de modifier à ce sujet la législation intermédiaire.

---

(1) Paris, 18 niv. an xii, Liv. IV, 2, 104.— Arrêt de Cass. 1 fruct. an viii; Merlin, rép., *Viduité*.

DEUXIÈME PARTIE

DROIT ACTUEL

Les rédacteurs du Code civil se trouvaient en présence de deux législations qui avaient vu d'un œil bien différent les secondes unions : d'une part l'ancien droit et, à certaines époques, le droit romain qui traitaient les seconds mariages avec défaveur ; d'autre part le droit intermédiaire qui au contraire les encourageait au détriment même des enfants issus de la première union. Il fallait faire un choix. Les rédacteurs, reconnaissant des avantages et des inconvénients dans les deux législations qui leur semblèrent trop absolues, prirent dans chacune les dispositions qui leur parurent conformes au droit et à l'équité, et rejetèrent celles qui leurs parurent en opposition avec nos mœurs et les principes de la législation moderne. Lorsque les besoins de la société, c'est-à-dire l'intérêt public, ou ceux des particuliers, c'est-à-dire l'intérêt privé le demandaient, ils créèrent et ajoutèrent quelques dispositions nouvelles que nous constaterons,

D'après les divers discours prononcés au Tribunal et au Corps législatif (1), il est facile de voir que le

(1) Fenet, xii, p. 621 et 573.

Législateur n'a eu qu'un but : protéger les intérêts des enfants issus de la première union, empêcher les pères et mères qui se remarient ayant des enfants de manquer aux devoirs que leur paternité leur impose ; passé cela il regarde d'un œil indifférent les seconds mariages, il ne veut ni les encourager ni y mettre obstacle.

Réunissant sous deux titres différents toutes les dispositions relatives à la matière des seconds mariages et qui se trouvent éparses dans notre Code civil, j'adopterai la division suivante.

Titre I. — Conditions de validité des seconds mariages et conséquence de l'inobservation de ces conditions.

Titre II. — Effets des seconds mariages.

TITRE I

~~~~~~

CHAPITRE I

Conditions de validité des seconds mariages

Laissant de côté les conditions qui sont communes aux premiers et aux seconds mariages et qui ne rentrent pas directement dans notre sujet, je n'étudierai que celles imposées spécialement à la personne qui veut se remarier. Parmi celles-ci une est commune à l'homme et à la femme, c'est la dissolution de la première union, une autre est particulière à la femme, c'est le délai de viduité, établi en vue d'éviter la confusion de part, la *turbatio sanguinis*.

SECTION I

Condition commune à l'homme et à la femme:
Dissolution du premier mariage

« On ne peut contracter un second mariage avant la « dissolution du premier, » dit l'art. 147 du Code civil. La polygamie étant considérée comme contraire aux principes de la morale, au caractère du mariage, est bannie de notre législation. C'est un crime des plus dangereux pour l'ordre social, aussi est-elle punie des travaux forcés à temps (art. 340 Code pénal.)

La prohibition de l'art. 147 est générale et frappe tous les Français sans tenir compte de la religion à laquelle ils appartiennent, sans s'occuper si cette religion autorise ou non la multiplicité des épouses. Bien plus, il ne serait pas permis à un étranger sectateur d'un culte admettant la polygamie, soumis à une législation qui la reconnait, de venir en France demander à un officier de l'état civil de célébrer un mariage alors qu'il a déjà une ou plusieurs épouses. La polygamie, en effet, est contraire à l'ordre public français, et la loi personnelle de l'étranger qui le suit en dehors de son pays, ne peut s'appliquer ici, parce qu'elle porterait atteinte à cet ordre public. Au contraire, si c'est un Français qui veut se marier dans un pays où la polygamie est reconnue par la loi, il ne le pourra pas; sa législation personnelle le suit à l'étranger et, ne reconnaissant pas la multiplicité des épouses, la punissant même, met obstacle à la célébration de son second mariage avant la dissolution du premier.

Il faut donc que le conjoint soit libre de tout lien conjugal pour que la loi lui permette de contracter une nouvelle union.

Cette question d'application du statut personnel en ce qui touche la dissolution du premier mariage a donné et donne encore lieu en matière de divorce a des difficultés très délicates et très intéressantes. Je vais en dire quelques mots.

Avant la loi du 27 juillet 1887, on se demandait si l'étranger légalement divorcé dans son pays pouvait contracter mariage en France du vivant de son premier conjoint.

Quelques auteurs et arrêts soutenaient la négative. Le divorce, disaient-ils, ayant été aboli chez nous, l'étranger restait, aux yeux de la loi, engagé dans les liens de son premier mariage et était dans l'impossibilité d'en contracter un second (art. 147, C. Civ.) On ne pouvait lui appliquer sa législation personnelle, car elle consacrait une institution que notre loi considé-

rait comme contraire à l'ordre public et aux bonnes
mœurs (1).

Depuis plusieurs années la doctrine et la jurisprudence admettaient l'affirmative. Les partisans de cette
opinion répondaient que l'ordre public et les bonnes
mœurs n'étaient pas atteints puisque le mariage de
l'étranger avait été légalement dissous par les tribunaux de son pays ; il était, par conséquent, dans le
même cas qu'un Français dont l'union aurait été rom-
pue par la mort de son conjoint. D'ailleurs, rien dans
la loi de 1816 ne révélait la pensée de refuser l'effet
d'une dissolution légale aux divorces qui seraient régulièrement prononcés entre étrangers par les tribunaux de leur pays.

La Cour d'Amiens avait même été plus loin et, dans
un arrêt du 15 avril 1880, elle avait reconnu à l'étranger légalement divorcé le droit de se remarier, même
lorsque son premier mariage aurait été contracté avec
une Française. En effet, celle-ci a perdu, par son
mariage, sa nationalité d'origine (art. 19, C. Civ.) qu'elle
ne recouvre pas de plein droit après la dissolution de
son mariage. Celui-ci reste donc dissous même aux
yeux de la loi française, et on ne doit pas traiter cette
femme autrement qu'une étrangère (2).

Aujourd'hui que le divorce est rétabli en France, la
question inverse se reproduit pour l'étranger dont la
loi personnelle prohibe le divorce. Cet étranger pourrait-il, en se faisant naturaliser Français en vue uniquement de faire prononcer son divorce en France,
chercher à faire fraude à sa législation personnelle?

(1) Demante, t. I, p. 45, note 1. — Paris, 28 mars 1848, D. P. 1848,
II. p. 80. — Paris, 4 juill. 1859, II, p. 153.

(2) Demol. t. I, nᵒ 101. — Aubry et Rau (4ᵉ éd.), t. V § 469, texte et
note 10. — Laurent, t. I, nᵒ 93. Cass. 10 décembre 1845. Dev. 1846, I,
100. Cass. 21 juin 1858. Dev. 1858, I, 265. — Cass. 28 fév. 1860. Dev.
1860, II, 196.

Et la loi française pourrait-elle favoriser cette atteinte au statut personnel de l'étranger ? Pourrait-on dire, en d'autres termes, que la loi permettant actuellement le divorce est d'ordre public et que les tribunaux ne peuvent reconnaître l'existence d'une loi étrangère prohibitive du divorce ?

De droit commun, on doit faire aux étrangers, surtout en matière d'état et de capacité, application de leur loi personnelle. Ce principe ne souffre d'exception qu'au cas ou la législation étrangère porterait atteinte à l'ordre public de la nation à laquelle les tribunaux saisis du procès appartiennent. Il s'agit donc de savoir si, en France, le divorce est une institution d'ordre public. Si la réponse est affirmative, nos tribunaux français devront repousser l'application de la loi étrangère prohibitive du divorce ; si au contraire, on admet la négative, ils devront la reconnaître. Pour ma part, je me range à la dernière opinion. En effet, pour qu'une institution soit d'ordre public, il faut qu'elle s'impose à tous les citoyens. Or, nous voyons qu'en France le divorce n'est obligatoire pour personne, nous trouvons, au contraire, à côté de lui la séparation de corps qui s'offre à ceux dont la conscience voit dans le mariage un lien indissoluble.

En appliquant à un étranger sa loi personnelle prohibitive du divorce les tribunaux ne porteront pas plus atteinte à l'ordre public que s'ils prononçaient la séparation de corps entre deux français.

La question s'était posée sous le Code civil avant la loi de 1816. La Cour de cassation, dans un arrêt du 25 février 1818, a déclaré que « la loi du 20 septem- « bre 1792 qui avait établi le divorce en France ne « pouvait être invoquée par un étranger, même rési- « dant en France, mais marié en pays étranger, sous « l'empire de lois canoniques prohibant le divorce (1). »

(1) Cass., 25 février 1818 ; Sir., 1818, II, 30.

Depuis le rétablissement du divorce par la loi du 27 juillet 1884, la question s'est posée à nouveau. Il s'agissait de deux époux Autrichiens, appartenant au culte catholique, auxquels leur loi nationale défend le divorce, et dont l'un d'eux, la femme, avait introduit contre son mari, une instance en divorce devant le tribunal de la Seine.

Ce tribunal, se fondant sur ce que la loi autrichienne ne reconnaît pas le divorce entre époux catholiques, se déclara incompétent. (Tribunal de la Seine, 16 juillet 1886. *Recueil périodique et critique de la jurisprudence française et belge en matière de divorce et de séparation de corps,* par G. Smets. (Janvier 1887, n° 1, page 10.)

Examinons quelles sont les causes de dissolution du mariage. L'art. 227 du Code civil nous en indique trois. « Le mariage, dit-il, se dissout :

1° Par la mort de l'un des époux ;

2° Par le divorce légalement prononcé ;

3° Par la condamnation devenue définitive de l'un des conjoints à une peine emportant mort civile.

Je suivrai l'ordre adopté par le Code, mais comme la mort civile a été abolie par la loi du 3 mai 1854, je n'en dirai que quelques mots.

Enfin, je consacrerai un paragraphe à l'annulation du mariage, car bien qu'elle ne soit pas un véritable mode de dissolution, elle produit, sous certains rapports, des effets analogues.

§ I. — Dissolution du mariage par la mort de l'un des époux

La loi interdit à toute personne qui se dit veuve de convoler en secondes noces sans rapporter la preuve légale et certaine de la mort de son conjoint. Comment se fera cette preuve ? Le plus souvent en présentant à l'officier de l'état civil l'acte constatant le décès de son premier époux (1). Un acte de décès est nécessaire, un acte de notoriété n'est pas suffisant.

L'art. 46 apporte une exception à ce principe; il suppose que, par suite de circonstances fortuites, de cas de force majeure, il a été impossible de dresser des actes de l'état civil, ou que les registres ont été détruits, perdus, par exemple à la suite d'une inondation, d'un incendie; dans ces hypothèses, après avoir fait la preuve, tant par titres que par témoins, de la perte, de la destruction ou de la non existence des registres, les naissances, mariages et *décès* pourront être prouvés tant par les registres et papiers émanés des père et mère décédés, que par témoins. Cette exception empêchera les intéressés de souffrir d'un cas de force majeure (art. 46, C. Civ.)

En outre, je ferai ici deux observations.

Iᵉʳ Observation. Il peut arriver qu'on ait été dans l'impossibilité de se procurer l'acte de décès de certaines personnes mortes par suite d'accidents et dont on n'a pas pu retrouver les corps. Que faire alors ? devra-t-on refuser à l'époux survivant la faculté de se remarier, parcequ'il ne pourra pas représenter à l'officier de l'état civil l'acte de décès de son conjoint ?

Agir ainsi, ce serait se mettre en opposition avec les idées des rédacteurs du code, qui, sans encourager d'une façon bien évidente les seconds mariages, ne veulent cependant pas y mettre obstacle. Il paraît juste dans les cas d'inondation, d'incendie, d'engloutissement, de suppléer au silence du Code qui ne donne pas de règles à ce sujet, en appliquant par analogie l'art. 19 du Décret du 3 Janvier 1813 relatif aux éboulements. A cette époque, frappé des accidents qui se renouvelaient fréquemment dans les mines, et des complications qui s'en suivaient lorsque les conjoints des victimes res-

(1) Avis du Conseil d'Etat du 17 germinal, an xiii.

tées au fond de l'abîme demandaient à se remarier, le législateur rendit un décret dans lequel après avoir ordonné (art. 18) aux maires et autres officiers de police de se faire représenter les corps des ouvriers qui auront péri par accident dans une exploitation et de ne permettre leur inhumation qu'après que le procès-verbal de l'accident aura été dressé, il ajoute : « Lorsqu'il y aura impossibilité de parvenir jusqu'au lieu où se trouvent les corps des ouvriers qui auront péri dans les travaux, les exploitants, directeurs et autres ayant-cause seront tenus de faire constater cette circonstance par le maire ou autre officier public, qui en dressera procès-verbal et le transmettra au procureur de la République, à diligence duquel, et sur l'autorissation du tribunal, cet acte sera annexé aux registres de l'état civil (art. 19). »

Ce procès-verbal, dressé conformément à la loi et par qui de droit, constatant que tels individus étaient dans la mine, est soumis à assez de formalités (vu du procureur, autorisation du tribunal, annexion sur les registres), pour qu'il puisse efficacement remplacer l'acte de décès et en tenir lieu en toutes circonstances. On pourra donc l'appliquer aux accidents de même nature et dans lesquels il a été impossible de retrouver les corps des personnes décédées.

2ᵉ OBSERVATION. — Pour les femmes des militaires, des marins, elles devront aussi prouver la mort de leur mari par l'acte de décès dressé conformément aux articles 86, 87 et 96 du Code civil.

Voyons maintenant quels empêchements a pu créer relativement à un second mariage l'existence d'un premier actuellement dissous.

Outre les personnes que l'on ne pouvait pas déjà épouser en premières noces, il s'en trouve encore d'autres que le premier mariage a rendu alliées au degré prohibé du conjoint survivant et avec lesquelles par conséquent il ne peut pas contracter mariage. Chaque époux devient l'allié des parents de l'autre et ce lien juridique qu'on appelle l'alliance met obstacle au mariage de ceux entre lesquels il existe, à l'infini s'il s'agit d'alliés en ligne directe, jusqu'au degré de frère et de sœur, s'il s'agit d'alliés en ligne collatérale (art. 161 et 162, C. civ.). Le mariage entre le beau-frère et la belle-sœur, autrefois prohibé par le législateur de 1804, est permis aujourd'hui (L. du 16 av. 1832), à la condition toutefois d'avoir obtenu une dispense.

Une question se pose tout naturellement ici : on se demande quels effets produira sur l'alliance un mariage qui a été annulé?

Deux hypothèses peuvent se présenter ici.

Examinons d'abord la plus fréquente, celle où l'un des époux au moins était de bonne foi en se mariant, puis nous passerons à celle où les deux époux étaient de mauvaise foi.

1ʳᵉ HYPOTHÈSE. — L'un des époux était de bonne foi.

Le mariage, bien qu'il ait été annulé, a produit néanmoins des effets civils vis-à-vis de l'époux de bonne foi, au point de vue de certains droits, tels que droits de puissance paternelle, droits de succession, droit d'hypothèque légale (si c'est la femme qui a été de bonne foi). Il est bien difficile alors de diviser les effets du mariage et de dire par exemple qu'il les a tous produits, excepté ceux relatifs à l'alliance.

Si on nous objecte que nous traitons moins favorablement l'époux de bonne foi que celui de mauvaise foi, nous répondrons que si celui-ci supporte certains effets qui ne lui sont pas avantageux, il est largement compensé par les autres effets que nous avons énoncés plus haut et dont seul il peut profiter.

Si les deux époux étaient de bonne foi, le mariage produira les mêmes effets à l'égard des deux.

2e HYPOTHÈSE. — Les deux époux étaient de mauvaise foi.

Aucun des effets qu'avait produits le mariage ne subsiste. Les soi-disant époux sont censés avoir vécu en concubinage. Malgré les arguments très sérieux, je le reconnais, invoqués par ceux qui prétendent qu'il y a une alliance *sui generis* dans ce cas, malgré les raisons de morale qu'ils font valoir en déclarant que le système opposé aboutirait à faire épouser par le mari la fille de la personne avec laquelle il a vécu en concubinage, nous pensons qu'il n'y a pas d'alliance puisqu'il n'y a pas eu de mariage. Il est vrai que notre doctrine peut entraîner des conséquences fâcheuses, mais nous ne pouvons que les regretter si nous ne voulons pas méconnaître la loi qui ne contient aucun texte édictant un empêchement; et en matière de mariage, le motif même le plus fort ne permet pas à l'interprétation d'en créer un seul (1).

Il est bien entendu que l'alliance étant un effet du mariage, on n'est pas l'allié d'une personne qui, durant le temps du mariage, n'était pas la parente de notre conjoint.

Je suppose, par exemple, que j'aie épousé Secunda, fille unique de Primus et de Prima. Elle meurt, puis quelques mois après Prima met au monde une autre fille, Tertia. Pourrais-je plus tard épouser Tertia ?

Il n'y aurait pas de difficulté si Tertia était née plus de dix mois après la mort de sa sœur, je ne serais pas son alliée; en effet, je ne puis l'être que par ma première femme, or, elle était morte non seulement avant la naissance, mais encore avant la conception de Tertia.

Si au contraire, Tertia était conçue lors de la mort de sa sœur; si, par exemple, elle est venue au monde

(1) Demol., III, n° 112.

trois mois après le décès de celle-ci, pourrai-je encore me marier avec elle ?

L'affirmative me semble devoir être admise. Et d'abord, il est impossible de nous opposer l'adage : « *Infans conceptus pro nato...* »; on ne peut l'invoquer que dans l'intérêt de l'enfant. Or, ici il n'y a pas intérêt pour Tertia à restreindre le nombre des personnes avec qui elle peut se marier. En outre, l'enfant n'ayant pris une existence véritable que le jour de sa naissance, il semble que si à cette époque le mariage était dissous, elle n'a jamais été mon alliée et je dois pouvoir l'épouser sans aucune dispense. Les deux personnes n'ayant pas coexisté, le lien de parenté n'a pu se former entre elles.

§ II. — Dissolution du mariage par le divorce.

En 1804, les rédacteurs du Code civil se trouvaient en présence de deux législations bien différentes entre lesquelles il fallait faire un choix. L'ancien droit, d'un côté, qui repoussait le divorce et n'admettait que la séparation de corps; le droit intermédiaire qui, dans la loi du 20 septembre 1792, proscrivait la séparation de corps et n'admettait que le divorce.

Le législateur prit un moyen terme entre le rigorisme de l'ancien droit, et l'esprit de réaction violente et passionnée de la période révolutionnaire; il admit donc le divorce et la séparation de corps. Il voulait ainsi accorder une égale protection à tous les Français quelles que soient leurs croyances. Il craignait qu'en imposant à tous les citoyens, sans distinction de culte, le principe de l'indissolubilité du mariage, parce qu'il est consacré par la religion catholique à laquelle appartient la majorité des Français, on ne l'accusât d'aboutir à l'oppression de la minorité par la majorité. En admettant le divorce et la séparation de corps, il veut respecter toutes les religions et ne blesser aucune conscience. A ceux appartenant à un culte déclarant le mariage dissoluble de demander le divorce, à ceux auxquels leur conscience et leur religion disent : « le mariage est indissoluble, » de se contenter de la séparation de corps. »

En 1814, la Charte avait déclaré la religion catholique religion de l'Etat; or, celle-ci n'admet pas le divorce ; par conséquent, pour mettre la loi civile en harmonie avec elle, on rendit la loi du 8 mai 1816 dont l'art. 1 s'exprime ainsi : « Le divorce est aboli. »

Cet état de choses dura jusqu'à la loi du 27 juillet 1884 qui rétablit le divorce avec quelques modifications dans les causes et dans la procédure.

Le divorce est prononcé pour trois causes :

1. Adultère de l'un des époux.

2. Excès, sévices ou injures graves.

3. Condamnation de l'un des époux à une peine afflictive et infamante.

Je n'examinerai pas en détail chacune des causes du divorce ; mais je me contenterai, pour ne pas sortir de mon sujet, d'étudier les questions qui se rattachent directement aux seconds mariages, à savoir les nouveaux articles 295 et 298

1re QUESTION. — *Article 295*. — L'art. 295, modifié par la loi du 27 juillet 1884, déclare que « les époux divorcés ne pourront plus se réunir si l'un ou l'autre a postérieurement au divorce contracté un nouveau mariage suivi d'un second divorce. »

Cette disposition a besoin d'être développée. L'ancien article 295 déclarait que les époux divorcés pour quelque cause que ce fut, ne pouvaient plus se réunir. Lors de la rédaction de la loi de 1884, on se demanda s'il fallait maintenir ou non la disposition ancienne.

L'article primitif du premier rapport de M. de Marcère présenté à la Chambre des Députés était ainsi conçu : « Les époux qui divorceront, pour quelque cause que ce soit, ne pourront plus se réunir si l'un ou l'autre a, postérieurement au divorce, contracté un nouveau mariage. Au cas de réunion des époux... »

Cette rédaction fut adoptée sans discussion à la première délibération, mais au Sénat, ce projet fut l'objet de vives critiques.

Les uns voulaient que l'on donnât dans tous les cas aux époux le droit de se réunir. Agir ainsi, disaient-ils, c'était favoriser la réconciliation et venir en aide aux époux catholiques, qui ayant oublié un instant que leur religion repoussait le divorce, s'étaient laissé entraîner à le demander, mais voulaient, en se réunissant, réparer ce qu'ils regardaient comme une faute.

En outre, il se peut que le cœur de l'époux coupable, dont la conduite a motivé la prononciation du divorce, s'ouvre au repentir, et que son conjoint, dont le temps a calmé l'irritation, consente à lui pardonner : pourquoi alors défendre aux époux de se réunir ? La Société ne peut qu'y gagner.

« Tout le monde reconnaît, disait M. Baragnon au Sénat, dans la séance du 7 juin 1884, que le divorce est une extrémité très regrettable, qu'il est très fâcheux pour les enfants, que c'est un très grand mal, mais un mal nécessaire pour en éviter un plus grand. Eh bien ! si les époux divorcés se réconcilient, si, se rappelant d'anciens souvenirs, si, ramenés par leurs enfants, qui ont grandi et ont conquis sur eux plus d'influence, ils veulent se réconcilier, reprendre leur ancienne existence, où est le mal ? »

D'autres, au contraire, partisans du projet primitif adopté par la Chambre des députés, soutenaient que les époux ne pouvaient plus se réunir si l'un d'eux avait, postérieurement à la prononciation du divorce, contracté un second mariage.

Pour concilier les deux partis, M. Naquet proposa de ne prohiber la réunion des époux qu'au cas où le second mariage contracté par l'un d'eux aurait été dissous par le divorce. A titre de transaction entre les partisans et les adversaires du projet on ajouta les mots « suivi d'un second divorce » à la fin de l'article primitif qui fut alors définitivement adopté (1).

En principe donc, la réunion des époux est permise qu'ils soient restés libres tous les deux ou que l'un ou l'autre ou tous deux s'étant remariés, leurs nouveaux conjoints soient décédés. Si cette réunion a lieu, c'est un second mariage que les époux contractent et, par suite, une nouvelle célébration est nécessaire. Par exception, la loi défend aux nouveaux époux de se réunir dans le cas où le second mariage contracté par l'un d'eux a été dissous par le divorce. Quel est le motif de cette exception ?

Le législateur n'a pas voulu que les époux puissent ainsi se jouer des lois et enlever au mariage et au divorce tout le caractère sérieux qui leur est essentiel. Il ne fallait pas qu'ils se servissent du divorce pour tenter s'ils ne seraient pas plus heureux dans une autre union, puis l'essai n'ayant pas répondu à leur attente, qu'ils revinssent ensuite reprendre la vie commune (2).

Cependant, à notre avis, cette exception n'est pas exempte de critiques. Ne serait-il pas préférable, dans l'intérêt des enfants issus du premier mariage, de permettre la réunion des époux dans cette hypothèse. Si, en effet, les malheurs qu'à pu éprouver pendant sa se-

---

(1) On ne distingue pas si le second divorce a eu pour cause la condamnation du nouveau conjoint à une peine afflictive et infamante.

(2) Remarquons qu'au cas de mort de l'époux, les mêmes dangers n'étaient pas à craindre. Il n'est pas probable, en effet, que le conjoint qui s'est remarié ait compté sur la mort de son nouvel époux pour se réunir au premier. Ce n'est pas là, du reste, un évènement dont on dispose librement.

conde union l'époux remarié, et qui ont motivé sa demande en divorce, lui ont ouvert les yeux et l'ont ramené à de meilleurs sentiments à l'égard de son premier conjoint : pourquoi lui refuser le droit de se réunir à lui.

Nul danger d'ailleurs n'est à craindre, puisque les nouveaux époux ne pourront plus divorcer, excepté dans le cas d'une condamnation de l'un d'eux à une peine afflictive et infamante (art. 295, alinéa final).

Et, du reste, n'est-ce pas au contraire encourager les époux à se jouer du divorce que de leur défendre de se réunir. Ne vaudrait-il pas mieux favoriser leur réconciliation et ne plus leur permettre ensuite de divorcer, que de les laisser tous deux de leur côté contracter un troisième mariage, dont ils demanderont peut-être plus tard au tribunal la dissolution, pour se choisir un quatrième conjoint avec lequel ils pourront encore divorcer. N'est-ce pas là se faire un jeu du divorce et en même temps du mariage ; et cependant nulle part la loi n'interdit un pareil résultat, nulle part elle ne limite pour les époux la faculté de divorcer et de se remarier avec des tiers.

Observons qu'il est nécessaire qu'il y ait eu un divorce prononcé entre les nouveaux époux. Une séparation de corps ne suffirait pas. Je suppose, par exemple, que l'un des conjoints divorcés se remarie : une séparation intervient ensuite entre lui et son nouvel époux ; quelque temps après celui-ci meurt, rien ne peut alors empêcher la réunion des anciens conjoints. Il n'en serait plus de même si la mort était intervenue après la conversion du jugement de séparation en jugement de divorce.

La réunion sera encore admise au cas où le second mariage de l'un des époux divorcés a été l'objet d'une annulation, encore que la bonne foi des nouveaux conjoints ait produit les effets attachés au mariage putatif.

2ᵉ Question. — *Article 298.* — L'ancien article 298 s'exprimait ainsi : « Dans le cas de divorce admis en justice pour cause d'adultère, l'épouse coupable ne pourra jamais se marier avec son complice. La femme adultère.... »

Lors de la discussion de la loi du 27 Juillet 1884, cette disposition avait paru immorale, car, disait-on, elle perpétuera le scandale qui cesserait de suite si on permettait à l'époux coupable de se marier avec son complice. Aussi ne trouva-t-elle pas grâce devant la Chambre des députés qui en avait voté la suppression.

Mais au Sénat, elle eut plus de partisans, on la trouvait au contraire éminemment morale ; elle empêchera que la faute qui a occasionné la prononciation du divorce ne reçoive sa récompense. Elle fut donc rétablie.

La prohibition de l'art. 298 reste debout même après la mort du conjoint outragé. La loi, en effet, ne distingue pas, ce n'est pas à nous de le faire : *ubi lex non distinguit, nec nos distinguere debemus.*

Il n'y a pas là une mesure prise exclusivement dans l'intérêt de l'époux outragé ; c'est au contraire une mesure d'ordre public, qui devra s'appliquer même au cas où le divorce n'a pas été la suite immédiate de l'adultère, mais n'aura été obtenu qu'après une séparation de corps, conformément au nouvel article 310. Il en sera de même dans l'hypothèse où le divorce aura été prononcé pour adultère contre chacun des époux. Si on donnait pour base à la prohibition de l'art. 298 l'intérêt exclusif du conjoint innocent, il faudrait déclarer que dans ce cas l'un ou l'autre des époux pourrait s'unir à son complice après la mort de son ancien conjoint.

§ III. — **Dissolution du mariage par la mort civile.**

Autrefois la condamnation à une peine emportant mort civile entraînait la dissolution du mariage de la personne condamnée. La loi du 31 mai 1854 abolit la mort civile mais conserva les droits acquis aux tiers. Ainsi que le conjoint du condamné fut ou non engagé dans d'autres liens au moment de la promulgation de la loi, il conservait toute sa liberté et pouvait se remarier soit avec son ancien époux soit avec une autre personne.

§ IV. — **Annulation du mariage.**

La seule existence d'une cause de nullité n'est pas suffisante pour rompre de plein droit le mariage qui en est entaché. Cette cause doit être portée devant un tribunal qui constatera si elle est suffisamment établie et déclarera alors le mariage annulé. Jusque là l'officier de l'état civil prié par l'un des conjoints ou par tous les deux de procéder à la célébration d'un second mariage soit des deux époux entre eux, soit de ceux-ci avec des tiers, devra refuser son ministère.

Chacun des époux recouvre, une fois le mariage annulé, la liberté de contracter une nouvelle union, sauf bien entendu pour la femme l'obligation de respecter les dix mois de viduité prescrits par l'art. 228 du Code civil, ainsi que nous le verrons plus loin.

Les époux d'ailleurs ont la faculté de se remarier entre eux s'ils le jugent à propos et dans ce cas il semble que la femme ne sera pas tenue d'observer le délai de viduité, puisqu'en épousant son ancien conjoint elle rend la confusion de part impossible. Les époux n'auront demandé alors l'annulation de leur première union que pour purger le vice dont elle était infestée et mettre la seconde à l'abri de toute atteinte. Observons toutefois que les anciens conjoints ne pourront pas se remarier entre eux si l'empêchement sur lequel était fondée la nullité n'a pas disparu ; la raison, en effet, qui a fait annuler le premier mettra encore obstacle à la célébration du second.

SECTION II.

Condition spéciale à la femme. — Observation des dix mois de viduité.

L'homme devenu veuf peut se remarier quand il lui plait ; aucun délai ne lui est imposé.

Dans le projet du Code on avait proposé d'obliger le mari à garder un veuvage de trois mois avant de pouvoir convoler en secondes noces. Cambacérès combattit cette proposition en faisant observer qu'elle était gênante pour l'homme et sans avantage pour la morale publique, et la fit effacer du projet. L'ignorance de l'homme pour tout ce qui concerne les soins à donner aux enfants surtout s'ils sont en bas âge, nécessitait pour lui la suppression de tout délai de viduité.

Il fallait lui permettre de s'associer de suite une compagne qui sera toujours plus à même que lui de s'occuper des enfants. Aussi, n'ont-ils imposé un délai qu'à la veuve.

« La femme, dit l'art. 228, ne peut contracter un nouveau mariage qu'après dix mois révolus depuis la dissolution du mariage précédent. »

Cette prohibition existait déjà en droit romain où nous avons vu le délai fixé d'abord à dix mois, puis porté ensuite à douze par une constitution des empereurs Gratien, Valentinien et Théodose (1), en 380 ap.

_____

(1) L. 2, Code, *Secundis Nuptiis.*

J.-Ch. Le législateur de 1804 a repris l'ancien délai de dix mois, admis aussi par l'ancien droit.

Deux motifs peuvent rendre compte de l'existence de ce délai : l'un est fondé sur l'intérêt social, l'autre sur la morale et l'honnêteté publiques.

1° *Motif d'intérêt social.* — Les rédacteurs ont voulu, par ce délai, éviter la confusion de part, la *turbatio sanguinis*, qui aurait été à craindre si on avait permis à la femme veuve de convoler en secondes noces, immédiatement après la dissolution du premier mariage. A qui eut appartenu l'enfant né plus de 180 jours après la célébration du second mariage, et moins de 300 jours après la dissolution du premier, c'est-à-dire après le décès du mari? Pouvait-on s'en rapporter aux présomptions de la loi? Outre qu'elles sont bien souvent en désaccord avec la réalité, dans notre hypothèse les deux présomptions légales se combattent l'une l'autre. C'est pour éviter ce conflit et le doute qui en résulte au sujet de la paternité que le législateur a imposé à la femme un veuvage de dix mois, qu'il considère comme celui de la plus longue gestation et après l'expiration duquel, il n'y aura plus de confusion de part possible.

2° *Motif de morale et d'honnêteté publiques.* — Le législateur a pensé qu'il y aurait un danger pour les mœurs à permettre à la femme veuve de se remarier trop précipitamment après le décès de son premier mari. Aussi a-t-il maintenu l'obligation du délai de dix mois même dans le cas où un délai moindre eût été suffisant pour obvier à la *turbatio sanguinis*. Si, par exemple, la veuve accouche quelques mois ou quelques jours après la mort de son mari. Il n'y aura certes pas de doute possible sur la paternité à laquelle il faudra rattacher l'enfant. Malgré cela, là veuve est encore obligée, pour se remarier, d'attendre l'expiration du délai de dix mois.

A Rome, on était moins rigoureux, et dans des cas aussi simples, lorsque la confusion de part était matériellement impossible, on autorisait la femme à contracter un second mariage. Sous l'empire de notre Code, les termes absolus de l'art. 228 ne nous permettent pas d'adopter la solution du droit romain. La loi ne distingue pas, il n'appartient pas à l'interprête de le faire.

Peu importe la cause de dissolution du mariage, l'art. 228 devra s'appliquer. Mais de ce qu'il ne parle que de la dissolution du mariage, faut-il permettre à la femme dont le mariage a été annulé, de convoler de suite en secondes noces sans attendre l'expiration d'aucun délai. Je pense que dans le cas d'annulation comme dans celui de dissolution la femme doit observer le délai de viduité. En effet, le législateur a voulu par ce délai éviter la confusion de part. Or cet inconvénient est aussi à craindre et aura des conséquences aussi fâcheuses dans l'hypothèse où le mariage est annulé que dans celle où il est dissous. Suppléons au silence de la loi par son esprit, et bien qu'aucun texte n'étende la prohibition de l'art. 228 à l'annulation du mariage, nous déclarerons que le délai de viduité s'applique ici à la femme. D'ailleurs, aucun doute ne pourrait s'élever au cas où la femme aurait été de bonne foi en contractant le mariage plus tard annulé. Celui-ci a produit vis-à-vis d'elle tous ses effets civils; la présomption de paternité auquel le mariage putatif peut servir de base, comme un mariage valable, verrait son effet anéanti si on permettait à la femme de se remarier immédiatement après l'annulation du premier mariage; la fiction de la loi ne serait pas complète si on n'imposait pas un délai à la femme putative. J'irai même plus loin et je dirai que dans le cas où les deux époux étaient de mauvaise foi, la prohibition de l'art. 228 doit encore s'appliquer. La con-

fusion de part est tout aussi à craindre que dans l'hypothèse précédente; et ne peut-on pas encore faire
reposer la présomption de paternité sur la simple
existence de fait qu'a eu le mariage (1)?

---

(1) Demante, art. 228, n° 311 bis I. Cet auteur prétend qu'il faut faire
dépendre cette question des circonstances, et laisser aux tribunaux le
soin de déclarer si le délai doit être ou non observé.

CHAPITRE II

Çonséquences de l'inobservation de ces conditions.

Examinons les conséquences qui pourront résulter de l'inobservation des conditions nécessaires pour la validité des seconds mariages, c'est-à-dire de l'inobservation des articles 147, 295, 298 et 228 du Code civil.

SECTION I

Inobservation de l'article 147.

L'art. 147 déclare que l'on ne peut pas contracter un second mariage avant la dissolution du premier, celui-ci étant valable, le second est nul, d'une nullité absolue et perpétuelle, c'est-à-dire que tout individu y ayant intérêt et le ministère public peuvent la proposer et qu'elle ne se couvre ni par le temps ni par la ratification.

Le premier mariage serait-il entaché de nullité, il n'en ferait pas moins obstacle à la célébration d'un second ; c'est un empêchement prohibitif, tant que le tribunal n'a pas statué sur l'annulation.

Mais il n'en serait plus de même si la première union manquait d'une condition indispensable à son existence, par exemple, si deux personnes s'étaient contentées d'échanger leur consentement en présence de leurs ascendants ou d'un officier public autre qu'un officier de l'état civil. Il n'y a pas eu de {mariage dans ce cas ; la loi ne verrait là qu'un concubinage, qui ne pourrait produire aucun effet civil du mariage proprement dit, et, par suite, incapable de mettre obstacle à la célébration d'une seconde union.

Si le premier mariage était annulable, sa présence ne suffirait pas pour rendre nul le second. Le législateur a prévu le cas : « Si, dit-il dans l'art. 189, (Code civil,) les nouveaux époux opposent la nullité du premier mariage, la validité ou la nullité de ce mariage doit être jugée préalablement. » Il était inutile de briser la nouvelle union avant que les tribunaux se soient prononcés sur le vice qui entachait la première. Si, en effet, les juges déclarent le premier mariage annulé, la cause de nullité qui entachait le second disparaissant, il faudra immédiatement permettre la célébration d'un mariage qu'on aura brisé quelques jours auparavant. Mieux valait donc respecter la deuxième union jusqu'à ce que les juges aient statué sur la première. Le premier mariage est-il annulé, le deuxième se trouvera par là même valable et produira tous les effets civils qu'y attache la loi ; le tribunal reconnaît-il, au contraire, la validité du premier, le second est nécessairement nul.

Qui a compétence pour former opposition au mariage d'une personne en se fondant sur ce qu'elle est déjà engagée dans les liens d'une précédente union ?

L'art. 172 nous indique en premier lieu le conjoint de l'une des parties contractantes.

Il fallait bien reconnaître à un époux dont le conjoint se propose de convoler en secondes noces le droit de défendre son titre. C'est certes le premier intéressé à former opposition au mariage projeté.

Le père, et à défaut du père, la mère, et à défaut du père et de la mère, les aïeuls ou aïeules peuvent s'opposer au mariage de leur enfant et descendant déjà uni à une autre personne.

Quant au ministère public on ne s'accorde pas sur le droit qu'il faut lui reconnaître.

Supposons maintenant que le second mariage ait été célébré malgré l'existence d'une première union valable, et voyons quelles personnes auront le droit de l'attaquer.

« Tout mariage, dit l'art. 184, contracté en contra-« vention aux dispositions contenues dans les art. 144, « 147, 161, 162 et 163, peut être attaqué soit par les « époux eux-mêmes, soit par tous ceux qui y ont inté-« rêt, soit par le ministère public. »

1° **Les époux eux-mêmes**. — La loi les met en première ligne et elle entend parler du bigame aussi bien que de son conjoint.

Quant à ce dernier on comprend très bien que le législateur lui ait permis d'attaquer le mariage qu'il a contracté avec une personne déjà engagée dans les liens d'une précédente union, surtout si, étant de bonne foi, il a ignoré l'existence de celle-là.

Mais on va plus loin, fut-il de mauvaise foi, c'est-à-dire eût-il su que son conjoint était déjà marié, il a encore le droit d'agir.

Quant à l'époux bigame, il semble que la loi devrait lui enlever le droit d'attaquer son nouveau mariage, et de se prévaloir ainsi de sa faute. Ce droit paraît surtout exhorbitant, lorsqu'il attaque son second mariage, alors que le premier est dissous. Il ne peut plus être considéré comme bigame à ce moment-là. Si le législateur lui conserve ce droit, c'est qu'il a voulu autant que possible faire disparaître ces unions scandaleuses. Il n'a pas seulement tenu compte en cette occasion de l'intérêt de l'époux coupable, mais aussi de celui de la société toute entière, dont la tranquillité et même l'existence réclament une semblable mesure. Des mariages de cette sorte troublent trop ouvertement la morale publique pour pouvoir être maintenus.

D'ailleurs l'art. 184 est formel ; il déclare que l'action appartient aux époux eux-mêmes ; or, cette expression comprend aussi bien le bigame que son nouveau conjoint.

Mais, pourrait-on nous objecter, l'art. 186 retire bien aux parents ayant consenti au mariage de leur enfant impubère, le droit d'agir en nullité, pourquoi ne pas appliquer la même solution au bigame. A cela, je répondrai que si le législateur, dans l'art. 186, prend soin de déclarer non-recevable l'action des parents dans ce cas, il la confère, au contraire, formellement aux époux dans l'art. 184. Il craignait peut-être qu'en n'agissant pas ainsi on appliquât] au bigame le principe : *Nemo auditur propriam turpitudinem allegans,* et qu'on lui refusât le droit d'agir en nullité (1).

2° **Par tous ceux qui y ont intérêt.** — Sont compris sous cette dénomination générale :

I. — *L'époux dont le conjoint a contracté le second mariage.* — L'action s'ouvre pour lui du jour de la célébration de la seconde union, car c'est de ce jour qu'on veut le dépouiller de son titre d'époux, c'est de ce jour que ses droits et ses intérêts sont lésés. Aussi l'art. 188 lui confère-t-il le droit d'agir du vivant même du conjoint qui était engagé avec lui (2).

II — *Les Ascendants.* — Ce mot comprend les père, mère et autres ascendants des deux époux légitimes et du conjoint du bigame.

Leur qualité d'ascendants leur suffit pour intenter l'action en nullité ; il n'est pas nécessaire qu'ils aient, comme les collatéraux, un intérêt né et actuel. En effet, l'art. 187 déclare les ascendants non-recevables

---

(1) Demol.: t. III, n° 380 ; Marc, *Sur l'art. 184* ; Dur., t. II, n°ˢ 315, 316, 324 et 826 ; Cass., 25 février 1818 ; Sir., 1819, I, p. 41.

(2) Demol., l. III, n° 308.

dans un cas particulier, c'est donc qu'en général l'action leur est ouverte sans aucune condition.

Observons toutefois que leur droit reste le même, bien qu'ils aient consenti au second mariage de leur descendant bigame. La bigamie, de même que l'inceste, trouble si gravement l'ordre public que le législateur a dû, afin de la réprimer plus sûrement, accorder même à ceux qui ont favorisé le scandale qui rejaillit sur toute la famille, le droit d'en demander la cessation, si plus tard ils regrettent le consentement qu'ils ont donné.

Enfin, lorsque la loi parle des collatéraux et des enfants nés d'un autre mariage (art. 187) elle exige d'eux un intérêt né et actuel, tandis que nous ne voyons rien de semblable quand elle s'occupe des ascendants. Ils veulent faire respecter l'honneur de la famille et cet intérêt suffit pour qu'elle leur donne l'action en nullité sans aucune autre condition (1).

Les ascendants peuvent agir en nullité contre le mariage de leur descendant, mais une difficulté s'élève au sujet de l'exercice de ce droit. Pourront-ils agir concurremment, c'est-à-dire que le père étant encore vivant et gardant le silence, la mère, et celle-ci restant dans l'inaction, les autres ascendants plus éloignés pourront-ils indistinctement attaquer le mariage ; ou, au contraire, ne doivent-ils intenter l'action que graduellement, en suivant l'ordre dans lequel la loi les appelle à consentir au mariage (art. 148 et suiv.) ou à former opposition (art. 173) ?

Ces deux opinions ont été soutenues.

Les partisans de la deuxième font observer que le droit de demander la nullité du mariage a sa base dans la puissance paternelle dont les prérogatives appartiennent toujours à l'ascendant le plus proche. Le seul

(1) Demol., t. III, n° 301.

et l'unique motif qui a fait accorder ce droit aux ascendants nous force à dire qu'il faudra suivre la hiérarchie établie par la loi dans les articles 148, 150, 173,
186 et 402 (Code civil), et interdire à un aïeul d'exercer
un des attributs de la puissance paternelle si le
père et la mère gardent le silence. Il ne faut pas trop
étendre les droits des ascendants, c'est déjà bien assez
de leur avoir conféré l'action en nullité sans exiger
d'eux aucun intérêt pécunaire. En l'absence d'un
texte formel dérogeant à la hiérarchie établie par le
Code, on doit toujours s'y conformer (1).

La première opinion qui donne aux ascendants le
droit d'agir concurremment me semble préférable.

La nullité pour cause de bigamie, dit-on dans cette
théorie, repose sur un motif purement moral et d'ordre public ; il s'agit ici de sauvegarder les mœurs et
l'honneur de la famille entière ; tous les ascendants, le
père, l'aïeul, le bisaïeul sont également intéressés à
faire cesser une union scandaleuse, et souvent hon-
teuse, qui engendrerait pour eux de déplorables relations de famille et nuirait à leur considération dans la
société. Le législateur l'avait bien compris, et c'est
pour cela que, dans les art. 184 et 191, il s'exprime
d'une façon générale. Il ne dit pas comme dans l'article 173 : « Le père, et à défaut du père, la mère, et à
défaut de père et mère, les aïeuls et aïeules. » C'est
donc que, dans notre hypothèse, il confère indistinctement à tous les ascendants le droit d'agir en nullité et
ne les oblige pas de rester dans l'inaction si l'ascendant
plus proche garde le silence (2).

III. *Le conseil de famille.* — Le droit du conseil de
famille ne prend naissance qu'autant qu'il n'y a pas
d'ascendants. Ce droit est conféré au conseil de famille

---

(1) Demol., t. III, n° 303 ; Demante, t. II, n° 317.
(2) Marc, t. II, *Sur l'art. 184*, 3°. Aubry et Rau, t. v, § 461, note 19.

par l'art. 186, aux termes duquel le père, la mère, les ascendants et *la famille* qui ont consenti au mariage d'un impubère, ne sont pas recevables à en demander la nullité. Par ce mot famille on entend le conseil de famille. Il semble que si la loi donne toujours au conseil le droit d'agir en nullité lorsqu'il n'a pas consenti au mariage d'un impubère, il est impossible de lui refuser l'action lorsqu'il se trouve en présence d'un mariage entaché de bigamie, vice beaucoup plus grave que le défaut de puberté (puisque contrairement à celui-ci, il ne peut jamais se couvrir), et danger plus sérieux pour l'ordre social (1).

Mais, nous objecte-t-on, les art. 184, 187 et 191, qui déterminent les personnes pouvant proposer les nullités absolues ne mentionnent pas le conseil de famille. Ce silence de la loi s'oppose à ce que nous donnions à celui-ci le droit d'attaquer le second mariage du bigame.

Observons d'abord que les termes de l'objection sont trop généraux. On prétend que le conseil de famille ne peut pas agir lorsqu'il s'agit d'une nullité absolue : et cependant l'art 186 lui donne le droit d'attaquer le mariage d'un impubère s'il n'y a pas consenti ; il lui reconnaît donc bien le droit d'attaquer une nullité absolue, puisque la nullité basée sur le défaut de puberté est absolue quoique temporaire ; sa seconde qualité ne lui enlève pas la première. Cette action en nullité peut être intentée par toute personne qui y a intérêt et par le ministère public, ne sont-ce pas là les caractères de la nullité absolue. Le conseil de famille qui attaque le mariage d'une personne pour défaut d'âge se fonde donc sur une cause de nullité absolue, contrairement à la théorie de ceux qui nous ont fait l'objection.

(1) Demol., t. III, n° 304.

En outre, si on s'appuie pour refuser l'action en nullité au conseil de famille sur ce que les articles 184, 187 et 191 ne le mentionnent pas, ne devrait-on pas, pour être logique, refuser aussi aux ascendants le droit d'agir dans le cas des art. 184 et 187 parce que ces articles ne les désignent pas expressément, et ne leur accorder l'action que dans le cas où la loi la leur confère formellement, comme dans l'art. 191 où, après avoir parlé des époux eux-mêmes, on mentionne les père et mère et les ascendants? Personne cependant ne va jusque là ; bien que l'art. 184 ne mentionne pas expressément les ascendants, on n'a jamais songé à leur dénier le droit d'agir dans les hypothèses prévues par cet article.

III. *Les collatéraux et les enfants issus d'un précédent mariage.* — Ici un intérêt d'honneur et d'affection ne suffit plus comme nous l'avons admis pour les ascendants ; la loi exige un intérêt pécuniaire. La plupart du temps cet intérêt ne prendra naissance qu'à la mort de l'un des époux, qu'au moment où s'ouvrira la succession de ce dernier.

Mais si c'est là ce qui se passe d'ordinaire ce n'est pas pour cela une règle absolue et invariable. Il peut se faire que les collatéraux et les enfants issus d'un autre mariage aient un intérêt pécuniaire né et actuel du vivant même des époux, la validité du mariage pouvant intéresser d'autres successions que celles de ces conjoints. La loi ne subordonne l'exercice de leur action qu'à l'existence d'un intérêt né et actuel ; dès que cette condition est remplie, ils peuvent agir. Si par exemple on suppose que des enfants issus d'un mariage entaché de bigamie soient, par suite de la renonciation ou de l'indignité de l'époux bigame, appelé de leur chef à une succession ; les collatéraux de celui-ci, ou les enfants nés de son premier mariage, seront recevables, même de son vivant, à demander la nullité de la seconde union, afin, s'ils réussisent dans leur action, d'écarter les enfants du second lit.

Qu'on ne vienne pas nous opposer, en ce qui concerne les enfants issus d'un autre mariage, le respect que l'art. 371 leur impose à l'égard de leur père et mère. Ce serait aller plus loin que le législateur : nous sommes en présence d'un époux, soit le père, soit la mère, qui a violé tout principe de morale, qui a commis un crime portant atteinte à l'ordre social, et en faveur duquel on ne doit pas sacrifier les intérêts des enfants qui n'ont rien à se reprocher et trouvent d'ailleurs dans la loi le droit d'agir (art. 187.) (1).

IV. — *Les Créanciers.* — Un simple intérêt d'argent suffit pour avoir l'action en nullité ; il n'est pas nécessaire d'avoir un intérêt héréditaire ; tous ceux auxquels le mariage du bigame peut porter atteinte ont le droit d'agir, les créanciers du mari comme ceux de la femme. Je m'explique sur ce point par deux exemples :

Les créanciers du mari peuvent avoir intérêt à faire annuler le mariage afin de faire tomber l'hypothèque légale que la femme a sur les biens de son époux.

Les créanciers de la femme peuvent intenter l'action en nullité pour mettre à l'abri de la rescision telle ou telle obligation que celle-ci a contractée envers eux sans l'autorisation maritale.

Ce droit des créanciers d'attaquer le mariage est établi en termes formels par l'art. 184 : « Tous ceux qui y ont intérêt ,» dit-il, peuvent demander la nullité du mariage. Puis le législateur dans l'art. 187, complétant l'art. 184, nous déclare que s'il s'agit des collatéraux ou des enfants issus d'une autre union, il exige que l'intérêt de succession soit né et actuel, c'est-à-dire ait pris naissance par la mort de l'époux. Mais il ne

(1) Demol., T. III, n° 307 ; Marc., *Sur l'art. 187.*

dit nulle part que cet intérêt soit le seul qui puisse efficacement servir de base à une action en nullité.

Si on nous oppose qu'il n'est pas logique de permettre à un créancier de venir pour une somme minime, contester la validité d'un mariage et jeter le trouble dans une famille, je répondrai que bien souvent les créanciers ont des intérêts fort sérieux à soutenir, les sommes qui leur sont dues peuvent être d'une importance considérable. Il serait inique et blessant pour le législateur de laisser croire qu'il a préféré sacrifier des intérêts aussi graves appartenant à des personnes n'ayant rien à se reprocher, plutôt que de briser une union portant atteinte aux bonnes mœurs (1).

3. — **Le Ministère public**. — Les unions immorales et scandaleuses sont une cause de trouble pour la société. Aussi la loi doit-elle s'efforcer de les faire disparaître ; elle en confie la poursuite au ministère public. L'art. 190 qui lui confère ce pouvoir s'exprime ainsi : « Le procureur de la République, dans tous les cas auxquels s'applique l'art. 184... *peut* et *doit* demander la nullité du mariage, du vivant des deux époux, et les faire condamner à se séparer. » Ces deux expressions *peut* et *doit* ont donné lieu à une discussion. D'après les uns, il y a là un devoir pour le ministère public, d'après les autres il n'y a qu'une faculté que la loi lui donne.

1ᵉʳ *Système*. — C'est un devoir pour le Procureur de la République de poursuivre l'annulation du mariage entaché de bigamie. Il ne lui est pas permis de fermer les yeux et de garder le silence en présence d'une union qui blesse si profondément l'ordre public dont il est le défenseur. Ce système semble trouver un

(1) Demol., t. III, nᵒ 305 ; Marc., *Sur l'art. 184* ; Aubry et Rau (4ᵉ édit.). t. V, § 461, note 21.

point d'appui dans l'art. 191. Le législateur, dans cet article, confère au ministère public une simple faculté d'agir en nullité contre un mariage infesté de clandinité. « Tout mariage, dit l'art. 191, qui n'a point été contracté publiquement,... *peut* être attaqué par les époux eux-mêmes... ainsi que par le ministère public. » Nous ne trouvons plus ici les deux expressions de l'art. 190 qui, tout à la fois, donnent un droit au Procureur et lui imposent un devoir. Et cela s'explique facilement. En effet, s'il y a une faute grave à se marier clandestinement, il y a un crime à contracter un second mariage avant la dissolution du premier; et ce crime offense trop ouvertement les bonnes mœurs et blesse trop gravement l'ordre social pour que le ministère public ne soit pas obligé de le réprimer (1).

2° *Système.* — On fait ici une distinction. D'après les partisans de cette opinion à laquelle je me range, le mot *doit* ne s'applique qu'aux expressions *du vivant des époux*. Les rédacteurs du Code n'ont pas voulu que le ministère public fût obligé d'agir toujours et dans tous les cas. Une faculté lui est conférée mais s'il veut en user il *doit* le faire lorsque les deux époux sont encore existants, car si l'un deux est décédé le mariage dont l'existence était une cause de scandale et de trouble pour la société a disparu, entraînant avec lui toutes ses fâcheuses conséquences. Le droit du ministère public tient pour ainsi dire le milieu entre celui des collatéraux et celui reconnu au conjoint du bigame. Plus étendu que celui des collatéraux ne pouvant en général agir qu'après la mort de l'un des époux, il est moins large que celui du conjoint qui, s'ouvrant du jour de la célébration du second mariage, lui est conservé même après la mort des nouveaux époux.

(1) Demante, T. I, n° 272.

Enfin le premier système rend absolument inutile le mot *peut* de l'art. 190. En effet, si le ministère public doit agir il est évident qu'il le peut. Le législateur ne lui aurait pas imposé un devoir, en lui refusant la faculté de l'accomplir. Il était donc bien plus naturel de dire tout simplement : le Procureur de la République doit agir ; s'ils ne l'ont pas fait c'est que les rédacteurs du Code voulaient établir la distinction proposée par le second système (1).

Telle est la sanction civile que la loi édicte contre le crime de bigamie ; mais elle ne s'est pas contenté de frapper de nullité le mariage entaché de ce vice, elle prononce encore des peines sévères contre l'époux bigame et contre l'officier de l'état civil qui aura célébré le mariage. « Quiconque, dit l'art. 340 du Code pénal, étant engagé dans les liens du mariage, en aura contracté un autre avant la dissolution du précédent, sera puni de la peine des travaux forcés à temps.

« L'officier public qui aura prêté son ministère à ce mariage, connaissant l'existence du précédent sera condamné à la même peine. »

Le législateur se montre sévère vis-à-vis du bigame, mais sa manière d'agir se justifie facilement. Le bigame, en effet, a la plupart du temps abandonné son

---

(1) Demol., III, n° 311 ; Aubry et Rau (4° éd.), t. V, § 461, note 23.

Le ministère public peut agir en nullité de mariage du vivant des époux seulement, mais pourrait-il agir en validité de mariage. Je suppose, par exemple, qu'un tribunal de première instance déclare nul un mariage qui a été porté devant lui ; le Procureur de la République pourra-t-il, se fondant sur ce qu'il croit le mariage valable, trancher appel du jugement en premier ressort ?

Si on reconnaît au ministère public le droit d'agir en nullité lorsque l'ordre social est troublé par un mariage qui blesse les bonnes mœurs, il faut, pour être logique, lui conférer le droit d'interjeter appel ; si, au contraire, on ne lui reconnaît le droit d'agir que dans les cas spécifiés par la loi, il ne pourra pas former appel.

conjoint, s'est abstenu de lui donner de ses nouvelles afin de se faire oublier, et afin qu'on ne vienne pas gêner ses projets ; puis en se remariant, il viole la foi qu'il avait jurée à son premier époux, et toujours il emploie la fraude à l'égard du second soit en lui laissant croire qu'il est célibataire ou veuf, soit en le lui persuadant par un mensonge, si celui-ci a quelques doutes. En tous cas il cause un préjudice considérable à son second conjoint.

Observons que la bigamie ne peut exister et par suite la peine être prononcée qu'autant que le premier mariage, sur l'existence duquel on base la poursuite, est valable. Si donc le prétendu bigame dont on attaque l'union oppose la nullité de son premier mariage, il faudra que cette nullité soit jugée préalablement, l'art. 189 le déclare formellement.

Quel sera le juge compétent pour statuer sur la question de nullité.

D'après le droit commun établi dans l'article 3 du Code d'instruction criminelle « l'action civile peut être poursuivie en même temps et devant les mêmes juges que l'action publique. » Nous trouvons une application de ce principe dans l'article 198 du Code civil en matière de mariage. Cet article nous parle, en effet, de la preuve d'une célébration légale d'un mariage acquise par le résultat d'une procédure criminelle.

Toutefois ce principe n'est pas absolu. Une exception s'y trouve apportée par l'art. 326 du Code civil, en matière de question d'état. Cet article, d'après les uns, ne s'applique pas à toute espèce de réclamation d'état, mais simplement à la filiation ; ce qui le prouve, c'est la place qu'il occupe dans le Code au titre *De la paternité et de la filiation;* il se trouve ainsi limité par les articles qui l'entourent et par les raisons particulières qui l'ont fait établir. D'après d'autres, au contraire, il est applicable à toutes les questions qui intéressent la constitution de la famille.

Doit-on faire rentrer dans la règle ou dans l'exception la question de nullité du mariage accessoire à la question de bigamie? Il est certain qu'à défaut de texte il faudrait suivre la règle : le juge de l'action est aussi le juge de l'exception. Mais il y a un texte, l'art. 189 ; quelle en est la portée et la conséquence? A cette question trois systèmes :

1er *Système.* — L'art. 189 ne se réfère qu'à l'ordre des procédures et ne tranche pas une question de compétence. Dans les deux cas, c'est-à-dire que ce soit le premier ou le second mariage qui soit argué de nullité, on devra appliquer le droit commun et faire statuer par la juridiction criminelle.

Tout d'abord l'art. 326, sur lequel la jurisprudence s'appuiera pour enlever la compétence aux tribunaux criminels, dans l'hypothèse où c'est le deuxième mariage qui est argué de nullité, ne se réfère pas à toutes les questions de réclamation d'état, mais seulement à celles de filiation.

En outre, la juridiction criminelle, par cela seul qu'elle est saisie de la connaissance du crime, est compétente pour apprécier tous les faits élémentaires qui le composent, et pour prononcer sur toutes les exceptions proposées par l'accusé comme moyen de défense, notamment sur la validité du mariage attaqué qui est la condition essentielle du crime de bigamie. Pourquoi d'ailleurs refuser à la juridiction répressive la connaissance de cette exception, puisqu'en principe elle est compétente pour statuer sur la validité du mariage (art. 198, C. civ.)? Si, comme le fait la jurisprudence, on lui donne compétence pour trancher la question de validité du second mariage, on ne voit pas quelle serait la raison de la lui retirer à l'égard du premier. Pourquoi entraver ainsi le cours de la justice? La société, l'accusé lui-même sont intéressés à ce qu'on tranche en même temps la question principale et les questions accessoires et accidentelles.

L'art. 189 nous dit bien que la question préjudicielle de la validité ou de la nullité du premier mariage doit être jugée préalablement, mais il ne détermine par là que la marche de la procédure et ne s'occupe pas de la compétence. Cet article, d'ailleurs, ne prévoit pas notre cas, mais celui où l'on demande, *au civil*, la nullité d'un mariage pour cause de bigamie. Si on objecte que les tribunaux criminels vont alors, contrairement à l'art. 326, trancher une question de filiation, les partisans de cette opinion répondent que l'art. 198, *in fine*, permet aux tribunaux de statuer sur une question d'état incidemment à une procédure criminelle : «.... l'inscription du jugement sur les registres de l'état civil assure au mariage tous les effets civils, tant à l'égard des époux *qu'à l'égard des enfants issus de ce mariage* (1). »

2° *Système.* — L'art. 189 tranche implicitement la question de compétence, mais seulement en ce qui touche la nullité du premier mariage, et laisse sous l'application du droit commun la question de nullité du second. C'est le système de la jurisprudence : elle distingue donc si c'est le premier ou le second mariage qui est argué de nullité.

Est-ce le premier ? La compétence étant enlevée à la juridiction criminelle par l'art. 189, la Cour d'assises devra surseoir jusqu'à ce que le juge civil, seul compétent pour statuer sur les questions d'état (art. 326, C. Civ.) se soit prononcé sur l'exception invoquée par le bigame, exception qui, dans cette hypothèse, constitue une question préjudicielle. Ce n'est

---

(1) Demol., t. V, n° 276, *tert*, et t. III, n° 331; Bertauld, *Questions préjudicielles*, n° 86; Bornier, *Traité es preuves* (4° Ed.), t. I, n°ˢ 233 et 235.

pas dans ce mariage que gît le crime, la juridiction répressive ne saurait en connaître. Il est de principe, en effet, que toutes les fois qu'un accusé oppose pour sa défense un fait ou un acte purement civil qui, supposé vrai ou envisagé comme il le présente, détruit toute idée de crime et sur lequel il s'élève des contestations, le juge criminel ne peut prononcer ni sur ce fait, ni sur cet acte, et doit en renvoyer la connaissance au juge civil.

Est-ce le second ? La juridiction criminelle sera compétente pour apprécier la validité de ce second mariage qui constitue, en effet, le corps même du délit dont la connaissance lui est déférée; c'est sur lui que repose l'accusation, c'est lui que l'exception tend à mettre à néant.

Ce système, dit-on, est conforme au texte de l'article 189, qui, même en matière civile, veut que la nullité *du premier mariage soit préalablement jugée*, tandis qu'il n'existe aucune disposition en ce sens relativement au second (1).

On avait encore été plus loin, et on avait distingué si la nullité était absolue ou relative. Au premier cas, la Cour d'assises devait surseoir et renvoyer devant les tribunaux civils; au second, elle pouvait statuer elle-même. Mais cette distinction qui fut toujours repoussée par la doctrine ne tarda pas à être abandonnée (2).

3e *Système.* — L'art. 189 n'est que l'application de l'article 326 au mariage, et exige le renvoi au civil sans qu'il y ait à distinguer entre la nullité du premier mariage et celle du second. Toutes les questions concernant la validité du mariage sont préjudicielles et, par conséquent, de la compétence des tribunaux civils.

---

(1) Dalloz, Rép. alph., *Bigamie*, 33 ; Cass., 25 juillet 1811 ; Sir., 1813, I, 390 ; Cass., 16 juin 1826, D., 1826, I, 267.

(2) Thémis, t. I, p. 229 et 230.

Le principe que le juge de l'action· est aussi le juge de l'exception, dit-on, dans ce système, n'est formellèment écrit nulle part. On ne l'a établi qu'en vue d'éviter les inconvénients qui résulteraient de la division des procédures, mais on ne doit plus l'appliquer dès que son application ferait naître des inconvénients plus graves que ceux qu'il est destiné à prévenir. Or, quels inconvénients plus graves que ceux pouvant résulter par exemple de la contrariété de jugements toujours possible dans les deux premiers systèmes.

Une question de validité de mariage n'échappe-t-elle pas, d'ailleurs, par sa nature même à la compétence des juges criminels ? Les difficultés qu'elle soulève ne pourraient pas toujours être résolues par eux.

L'art. 326 bien que placé au titre, *De la paternité et de la filiation*, s'applique à toutes les questions qui intéressent la constitution de la famille. Il pose le principe de la compétence exclusive des tribunaux civils en matière de réclamation d'état, auquel l'art. 198 apporte une exception que nous ne devons pas étendre.

Quant à l'argument de Demolombe basé sur l'intérêt qu'a l'accusé à ce qu'on tranche en même temps la question principale et les questions accessoires, il est sans fondement. En effet, si l'accusé a intérêt à ce que le cours de la justice ne soit pas retardé, il doit tenir encore plus à ce que l'exception soulevée par lui soit examinée et jugée par des juges compétents..

C'est à ce troisième système que je me rangerai de préférence.

Si le premier mariage est annulé il ne peut plus y avoir de poursuite contre le prétendu bigame ; son second mariage étant valable produira tous les effets que la loi lui reconnaît. Les enfants issus de cette union seront légitimes, quant à ceux issus de la première leur légitimité dépendra de la bonne ou de la mauvaise foi de leurs auteurs.

Si, au contraire, les tribunaux prononcent la nullité du deuxième mariage, les enfants qui en seront issus seront adultérins, puisqu'un de leurs auteurs est déjà engagé dans les liens d'une précédente union.

Mais ici les art. 201 et 202 nous forcent d'apporter une restriction à ce que nous venons de dire des enfants nés de la seconde union du bigame.

Le mariage annulé cesse bien de produire ses effets pour l'avenir, cependant par une fiction de droit il est réputé avoir été valable dans le passé et jusqu'au jour du jugement qui l'a annulé : il faut l'assimiler à un mariage valable qui viendrait à se dissoudre.

Le législateur, dans les art. 201 et 202, prévoit deux cas :

Ou les nouveaux époux ont été de bonne foi, par exemple s'ils ont cru tous deux que le premier mariage du conjoint bigame était dissous ;

Ou bien l'un des époux seulement était de bonne foi, le bigame connaissant seul l'existence de sa première union.

Observons que dans un cas comme dans l'autre les enfants jouissent de la qualité de légitimes et des prérogatives qui y sont attachées telles que : droit de demander des aliments à leurs parents, à celui de bonne foi comme à celui de mauvaise foi (art. 202 et 203, C. civil) ; droit à une réserve (art. 913) ; droit de succéder à tous les deux (art. 745), mais l'époux de mauvaise foi ne leur succède point.

1er *Cas.* — Les deux époux ont été de bonne foi.

Ils bénéficient de tous les effets civils produits par un mariage valable tels que : droit de puissance paternelle avec tous les attributs que la loi y attache sur la personne et les biens des enfants (art. 371-387) ; droit de succéder à leurs enfants (art. 746-749) ; droit pour la

femme putative d'invoquer l'hypothèque légale de l'art.
2121 contre les tiers qui ont traité avec son mari. De
même l'époux de bonne foi peut invoquer les conventions matrimoniales, si bon lui semble.

2° *Cas.* — L'un des époux est de mauvaise foi.

Le mariage ne produit ses effets civils qu'à l'égard
de l'époux de bonne foi. Seul il a les droits que confère
la légitimité sur la personne et les biens des enfants.

Une question se pose ici.

Comment faudra-t-il liquider les deux communautés
résultant de deux mariages successifs contractés par
un bigame sous le régime de la communauté légale, à
supposer que celui des deux mariages qui se trouve
nul puisse produire les effets d'un mariage putatif.
Prenons une hypothèse. Supposons Primus successivement marié à Prima et à Secunda, celle-ci étant de
bonne foi. La seconde union, entachée de bigamie, est
annulée ; Prima après la condamnation de son mari
demande la séparation de corps, et comme celle-ci
entraîne la séparation de biens, il faudra liquider les
deux communautés : l'une étant dissoute par l'annulation du mariage, l'autre par la séparation de biens.
Comment procédera-t-on à cette liquidation ?

Le système admis par la majorité des auteurs est le
suivant. Prima prendra la moitié de la communauté
au jour de la dissolution, car pour elle la communauté
a duré jusqu'à cette époque, le crime de son mari
n'ayant pu porter atteinte à ses droits. Mais avant de
partager la communauté par moitié elle devra en
déduire les apports de Secunda et une somme proportionnelle aux apports de celle-ci dans les acquêts
produits depuis le second mariage ; ainsi Secunda ne
perdra rien, protégée qu'elle est par sa bonne foi.

Secunda prendra aussi la moitié de la communauté,
telle qu'elle est composée au jour de l'annulation de
son mariage, après, bien entendu, en avoir déduit les

apports de Prima et une part proportionnelle dans les acquêts produits avec cet apport.

Je supposerai par exemple que Primus et Prima lors de leur mariage avaient apporté chacun 10,000 fr.; la communauté se compose donc de 20,000 fr. Pendant la durée de celle-ci, ils ont mis de côté 10,000 fr. C'est à cette époque, alors que la communauté se compose de 30,000 fr., que Primus se marie avec Secunda qui lui apporte aussi 10,000 fr.; et, comme pendant la première communauté, les nouveaux époux mettent de côté 10,000 fr. pendant la seconde.

Nous avons au moment de l'annulation du deuxième mariage une communauté qui comprend 50,000 francs d'actif net et qu'il faudra partager. Quelle sera la part de chacune des deux femmes et quelle sera celle du mari ?

Pour déterminer la part de Prima sur ces 50,000 francs, on commencera par en déduire les 10,000 francs d'apports de Secunda, et comme celle-ci est entrée en ménage au moment où la communauté se composait de 40,000, dont elle avait apporté le quart, il faudra encore déduire des 50,000 francs le 1/4 des 10,000 francs d'acquêts réalisés pendant la seconde communauté, c'est-à-dire 2,500 fr. La première femme prendra donc la moitié de 50,000 — 12,500 soit 18,750 francs.

Liquidons maintenant la seconde communauté et déterminons la part de Secunda. Elle aura aussi droit à la moitié de la somme qui restera des 50,000 francs après en avoir déduit, 1° l'apport de Prima, c'est-à-dire 10,000 francs, 2° la part de celle-ci dans les acquêts réalisés pendant la première et la seconde communauté, c'est-à-dire 5,000 francs pendant la première et 3,750 pendant la seconde. Le mari, en effet, au moment de la célébration du second mariage, n'a pu mettre cet apport et cette part des premiers acquêts dans la société qu'il formait avec Secunda. Celle-ci aura donc la moitié de 31,250 soit 15,625 francs.

Le mari prendra également 15,625 francs. Bien qu'ayant apporté dans les deux communauté sa part se trouve moindre que celle de la première femme ; il est lésé, nous le reconnaissons, mais la lésion, qui peut-être considérée comme la punition de sa faute, n'est pas d'une importance suffisante pour faire admettre une autre opinion (1).

SECTION II

Inobservation de l'article 295.

Le nouvel article 295 défend aux époux divorcés, dont l'un d'eux a contracté une nouvelle union, et a fait prononcer une seconde fois son divorce, de se remarier entre eux.

Si on suppose que les anciens époux, ne tenant aucun compte de la prohibition de l'art. 295, trompent l'officier de l'état civil ou s'entendent avec lui pour faire procéder à la célébration de leur nouvelle union, quel sera le sort de celle-ci ? Le législateur n'ayant conféré à personne le droit d'attaquer le mariage contracté en violation de l'article 295, celui-ci restera valable. Il n'y aura, dans la prohibition de l'art. 295 comme dans celle des art. 298 et 228 du Code civil, qu'un empêchement prohibitif. La nullité du mariage n'est, en effet, édictée nulle part, et on ne peut, les nullités étant de droit étroit, suppléer à la loi en supposant une sanction aussi sévère.

Qu'on n'objecte pas que la société, lésée par la célébration de ce mariage et intéressée à faire cesser cet état de choses défendu par la loi, peut intervenir par l'organe de son défenseur, le ministère public. Je demanderai en quoi une semblable réunion porte atteinte

(1) Bordeaux, 18 mai 1852, D., P. 1853, II. p. 228.

à l'ordre social ? Les époux ont divorcé, l'un d'eux après s'être marié avec une tierce personne, demande à nouveau le divorce, et, basant son action sur des motifs graves, l'obtient une seconde fois. Poussé alors par de sages conseils, et par l'intérêt des enfants nés de sa première union, auxquels le divorce fait malheureusement une situation si déplorable, propose, après sérieuses réflexions, à son ex-conjoint de se réunir. Si celui-ci accepte, en quoi la société va-t-elle se trouver lésée par cette réunion des anciens époux. En rien assurément ; j'irai plus loin : elle y gagnera plutôt qu'elle n'y perdra dans la majorité des cas.

D'ailleurs, alors même que ce mariage porterait atteinte à la société, il faudrait encore un texte formel pour donner le droit d'agir au ministère public. C'est ainsi que l'art. 184 lui confère expressément l'action en nullité dans les cas de bigamie (art. 147), et d'inceste (art. 161, 162 et 163) ; si donc le législateur a pris soin de donner au Procureur de la République, le droit d'attaquer le mariage dans des hypothèses ou il y a non-seulement une violation de la loi, mais un crime, assurément dans celles sur lesquelles il garde le silence, il faudra refuser l'action au ministère public.

SECTION III

Inobservation de l'article 298.

L'art. 298 a été modifié par la loi du 27 juillet 1885 sur le divorce. Toute la deuxième partie de l'ancien article a disparu.

Le législateur de 1884 s'exprime en ces termes : « Dans le cas de divorce admis en justice pour cause d'adultère, l'époux coupable ne pourra jamais se marier avec son complice. » (Art. 298 modifié.)

Voyons quelles conséquences résulteraient de l'inobservation de l'art. 298. Supposons donc qu'une femme Prima, par exemple, intente une action en divorce contre Primus, son mari, en se fondant sur l'adultère commis par celui-ci avec une complice du nom de Secunda. Elle réussit dans sa demande et le divorce est prononcé. Mais quelques mois après Primus épouse sa complice Secunda. Qui pourra attaquer ce mariage contracté en fraude de la loi? Le Code est muet à ce sujet.

Si l'on remarque qu'une semblable union blesse profondément la morale et cause un scandale qui peut porter atteinte aux bonnes mœurs et à l'ordre social dont le ministère public est le défenseur, on pourrait être tenté de dire que le Procureur de la République peut agir en nullité contre une pareille union.

Mais nous le savons, en matière de mariage, les nullités ne se suppléent point; on ne peut en créer par interprétation, et l'action ne peut être intentée que dans le cas où la loi la confère expressément et formellement; là ou il n'y a pas de texte on ne peut baser une action même sur un motif tiré de l'honnêteté publique.

Il n'y a donc dans l'art. 298 qu'un simple empêchement prohibitif, c'est-à-dire que si l'officier de l'état civil a célébré le mariage du divorcé avec son complice, cette union est inattaquable, et l'officier public ne serait passible d'aucune peine; l'art. 194 du Code pénal qui le punit d'une amende de 16 à 300 francs ne peut pas s'appliquer ici, puisqu'il ne prévoit pas la même hypothèse (1).

Cette question est très importante au point de vue pratique. La solution que je lui donne, avec la majorité des auteurs, rend presque impossible l'application de l'art. 298. Et, en effet, lorsqu'une personne divorcée veut se remarier, elle n'a qu'à présenter à l'officier

(1) Demol., t. III. n° 339. — Aubry et Rau (4e éd.), t. V, § 463, note 9.

public un extrait de la transcription sur les registres de l'état civil du jugement qui a prononcé le divorce. Or, ce jugement, à moins qu'il n'yait eu auparavant une condamnation correctionnelle prononcée contre l'époux coupable et son complice, ne mentionne pas le nom de ce dernier. Et il ne devait pas le faire, puisque, intervenant entre le mari et la femme qui sont en instance de divorce, il est *res inter alios acta* à l'égard du complice. La plupart du temps le jugement sera basé sur ce qu'il résulte des faits que Primus, je suppose, a entretenu des relations adultérines avec la nommée X... ou Y... Que ce même Primus veuille plus tard épouser sa complice, celle que le jugement de divorce désigne sous les initiales X ou Y. Qui pourra le lui empêcher? Personne, assurément, puisque rien n'établit que sa future épouse soit celle désignée dans le jugement par les initiales employées.

L'époux outragé pourrait-il demander que le complice fût assigné comme partie jointe à l'instance? Je ne le crois pas ; rien n'oblige un tiers à faire partie d'un procès dans lequel s'agite une question principale à laquelle il est complètement étranger.

D'un autre côté, aucun texte n'impose aux juges de ne mentionner dans leurs jugements que les noms des parties en cause ; aussi, bien qu'ils ne le fassent pas dans les cas de séparation de corps, si le demandeur en divorce réclame l'insertion du nom du complice dans les considérants du jugement, je pense que le tribunal est libre de faire cette désignation, sans toutefois y être contraint.

En supposant que le nom du complice fût mentionné dans le jugement, pourrait-on, en se fondant sur cette mention, faire une opposition valable devant l'officier de l'état civil? Contrairement à l'opinion admise par la cour de Bruxelles, dans un arrêt du 19 juin 1861

(Pasic. 1862, 2, 250) (1), nous croyons que la désignation du nom du complice dans le jugement ne pourra servir de base qu'à une opposition officieuse. Nous savons que le nombre des oppositions officielles, est rigoureusement déterminé dans le chap. 3 du titre V du Code civil. Or, à ce chapitre, nous ne trouvons rien qui se réfère à l'hypothèse que nous examinons.

Toutefois, remarquons-le, il faudrait que l'opposition ait pour fondement la désignation du nom du complice dans le jugement, et non pas simplement dans le procès-verbal dressé à la suite du flagrant délit. En effet, ce n'est pas seulement l'adultère qui forme obstacle au mariage, c'est le divorce qui en est la conséquence ; si donc le jugement est muet sur le nom du complice, comment prouver que le divorce a eu pour cause les relations qui ont existé avec la personne désignée dans le procès-verbal ou avec une autre.

Si on se place dans l'hypothèse d'une condamnation correctionnelle, il semble que le nom du complice étant alors publiquement révélé, il serait bon dans l'intérêt du respect de la loi de former opposition au mariage. Cette solution, certes, serait excellente si le législateur de 1884 avait désigné les personnes qui pourront dans ce cas s'opposer au mariage. Mais il n'en a rien fait, et il est difficile, en face de ce silence de donner compétence à qui que ce soit : les personnes auxquelles la loi concède le droit de former opposition étant aussi strictement déterminées que les causes mêmes d'opposition. L'époux outragé n'a évidemment pas le droit de s'opposer à la célébration du mariage

---

(1) D'après cet arrêt, un jugement qui prononce un divorce pour « adultère de la femme et qui désigne le complice, mais dans ses motifs « seulement, peut servir de base à l'effet d'admettre l'opposition d'un « officier de l'état civil à un mariage qu'on voulait contracter au mépris « de l'art. 298 (C. civ.). »

de son ancien conjoint ; il n'est plus, comme l'exige l'art. 172 du Code civil, « *engagé par mariage avec la partie contractante* » sa première union ayant été dissoute par le divorce.

Quant aux parents ne serait-ce pas dépasser les intentions du législateur que d'étendre leurs droits à cette hypothèse. En ce qui concerne le ministère public, la question est difficile à résoudre à cause de l'incertitude qui règne sur l'étendue de son action en matière civile (1).

Et si on suppose que le nom du complice soit mentionné en entier dans le jugement et que, malgré cela, l'officier public trompé par l'époux divorcé, ou de connivence avec lui, procède à la célébration du mariage de celui-ci avec son complice, l'union sera pleinement valable puisque, comme je l'ai dit plus haut, la loi ne confère à personne le droit d'en demander l'annulation.

L'art. 298 s'applique-t-il à la séparation de corps ? En d'autres termes, l'époux adultère contre lequel la séparation de corps a été prononcée, peut-il, après la mort de son conjoint, épouser son complice ?

Dans un premier système, on prétend que l'art. 298 s'étend au cas de séparation de corps. En effet, disent les partisans de cette opinion, les causes qui servent de fondement à une séparation de corps sont les mêmes que celles sur lesquelles on peut motiver une demande de divorce : les mêmes causes doivent produire les mêmes effets.

En outre, il est de règle en doctrine et en jurisprudence de compléter par le titre du divorce, ce sur quoi le Code ne s'est pas expliqué au titre de la séparation de corps.

Enfin, le scandale n'est-il pas aussi grand et aussi à

(1) Laurent, t. II, n° 387 *Comp.* Demol., t. III, n° 151, p. 240.

craindre dans l'hypothèse de séparation de corps que dans celle de divorce ? N'est-il pas, dans l'une comme dans l'autre, aussi contraire à la morale et à l'ordre public de voir l'adultère devenir le conjoint de son complice et cela sous l'égide et la protection de la loi (1) ?

Malgré tous les arguments de logique interprétation et de morale sur lesquels repose le système précédent, je crois devoir me ranger à l'opinion de ceux qui n'admettent pas que l'art. 298 s'applique à la séparation de corps.

Observons d'abord que la situation n'est pas la même dans les deux cas. S'il est défendu au conjoint divorcé de se marier avec son complice, c'est pour réprimer le désordre des époux et punir le conjoint coupable. Si on avait permis à la personne contre laquelle le divorce a été prononcé d'épouser immédiatement son complice, n'était-ce pas combler ses vœux et récompenser sa faute ? N'était-ce pas en un mot donner une prime à l'inconduite ?

Mais il n'en est plus de même au cas de séparation de corps ; elle ne dissout pas le mariage, ce qui force l'époux séparé à attendre, pour se remarier, la mort de son premier conjoint. On ne peut pas dire que l'espérance d'épouser immédiatement son complice a pu l'entraîner au crime. La faute qu'il a commise à l'égard de son époux reçoit sa punition, bien loin de lui profiter comme cela aurait lieu au cas de divorce.

L'argument principal de ce second système consiste à dire qu'il ne nous est pas permis de créer une pénalité ne se trouvant pas dans la loi. Ce qui n'est pas défendu est permis et l'interprète n'a pas le droit d'étendre les peines d'un cas à un autre, si le législateur ne l'a pas fait. Il y a là une véritable punition

(1) Delvincourt, t. I, p. 64.

pour l'époux contre lequel le divorce a été prononcé.
N'est-ce pas, en effet, infliger une peine à quelqu'un
que de limiter sa liberté dans le choix d'un conjoint,
que de lui défendre d'épouser telle ou telle personne ?
Impossible donc d'appliquer la prohibition de l'art. 298
à l'époux séparé de corps. Si après la mort de son
conjoint, il se présente avec son complice à l'officier
de l'état civil pour faire célébrer son mariage,
celui-ci ne pourra refuser de les unir.

SECTION IV.

Inobservation de l'article 228

Il peut arriver qu'une femme, méprisant le respect
dû à la mémoire de son mari défunt, et éludant la prohibition de la loi contenue dans l'art. 228, veuille contracter une nouvelle union avant l'expiration du délai
de deuil. Sans doute, si l'officier de l'état civil la con-
naît, ou s'il apprend par voie indirecte que les dix
mois de viduité ne sont pas expirés, la plupart du
temps il refusera son ministère à un acte fait en violation de la loi. Mais il est possible aussi qu'il prête
son concours à la célébration du mariage, soit par
connivence avec la veuve ou son futur conjoint, soit
par suite d'une erreur dans laquelle on l'a fait tomber,
par exemple, si la femme lui a présente un faux acte
de décès antidatant la mort de son mari ; quel sera
alors le sort du mariage ainsi contracté ? Pourra-t-on
en demander la nullité ? En d'autres termes, quelle
est la nature de l'empêchement écrit dans l'art. 228 ?

D'après un premier système, le mariage contracté en
violation de l'art. 228, doit être annulé. « La femme ne
peut », dit l'art. 228, n'est-ce pas dire qu'elle est complètement incapable de faire l'acte défendu, et que si,
au mépris de la prohibition à elle faite par la loi, elle

contracte un second mariage, elle fait un acte
nul? Admettre une autre solution c'est refuser toute
sanction à l'art. 228, la loi n'ayant prononcé aucune
autre peine ni contre les époux, ni contre l'officier
public qui a prêté son ministère à la célébration du
mariage.

Il est vrai que nous trouvons dans l'art. 194 du Code
pénal une amende de 16 à 300 francs contre cet officier
public. Mais de ce que le législateur a voulu, lors de la
rédaction du Code pénal, c'est-à-dire quelques années
après celle du Code civil, punir la négligence ou la com-
plicité de l'officier de l'état civil, s'ensuit-il qu'il
ait voulu abroger la nullité établie par l'art. 228 ?
Frappés, sans doute, de la facilité avec laquelle les
officiers publics prêtaient leurs concours à de semblables mariages, les rédacteurs du Code pénal voulurent
mettre un obstacle à la célébration de ces unions, et
pour cela ils punirent d'une amende l'officier public
qui y procédait. Ainsi vivement intéressé lui-même
à ne pas enfreindre la prohibition de la loi, il fera
plus attention, et refusera d'unir les époux dont la
future sera encore dans les délais de viduité. De là à
supprimer la nullité de l'article 228, il y a loin (1).

Un autre système auquel je me rangerai sans hési-
tation et qui est celui de la majorité des auteurs et de
la jurisprudence, soutient que l'inobservation de l'article 228 ne fait pas obstacle à la validité du mariage.

En effet, les nullités ne peuvent pas s'étendre d'un
cas à un autre, et s'il y a une matière où ce principe
doit recevoir une application rigoureuse, c'est assurément dans celle du mariage. Or, le chapitre IV du titre
Du mariage qui s'occupe spécialement des nullités ne
nous parle pas de l'art. 228. Le silence gardé par le
Code ne permet pas à l'interprète de créer des nullités

(1) Delvincourt, t. I, p. 61, note 6; Proudhon, t. I, page 404 et t. II, p. 49.

là où la loi n'en édicte pas. D'ailleurs, si on admet cette nullité, elle restera lettre-morte, puisque personne ne pourra intenter l'action. Nulle part nous ne voyons la loi déterminer les personnes qui pourront agir en nullité ; nulle part elle ne parle du délai pendant lequel l'action pourra être intentée, et ce dernier point eût été cependant très important à fixer, car sans cela cette nullité ne se fût jamais couverte, même par une cohabitation de plusieurs années.

En outre, dans l'ancien droit, la veuve n'était soumise à l'observation d'aucun délai de viduité. Aussitôt le mariage dissous, elle pouvait se choisir un nouvel époux (1). Pourquoi donc le Code civil qui, en matière de nullité de mariage est beaucoup moins sévère que l'ancien droit, aurait-il ici dérogé à sa ligne de conduite et établi, dans cette hypothèse, une peine que l'ancien droit n'admettait pas ?

Enfin, l'absence de sanction à l'art. 228 existe si bien qu'elle avait frappé les Cours d'appel, lorsqu'on leur soumit le projet du Code ; aussi réclamèrent-elles la nullité du mariage comme punition infligée à la veuve et à son conjoint, pour avoir contrevenu à la prohibition de l'art. 228. Lors de la discussion, on fit observer « qu'annuler le mariage eût été trop pour la contravention à une simple loi de précaution, (2) » mais dont l'inobservation ne portait aucune atteinte ni aux bonnes mœurs, ni à l'ordre public. Le législateur de 1804 n'a pas voulu reproduire cette sanction réclamée par les cours ; elle lui a paru trop sévère. Aussi concluons-nous que le mariage célébré en violation de l'art. 228 est pleinement valable (3).

(1) Poth. *Cont. de mariage*, 7ᵉ partie, ch. 1, n° 539.

(2) Locré, *Esp. du C. Cir.*. t. II, p. 379.

(3) Demot., t. III, n° 337 ; Marc., *Sur l'art.* 228 ; Aubry et Rau, (4ᵉ éd), t. V, § 463, p. 82 ; Colmar, 7 juin 1808 ; Sir. 1809, II, p. 168 ; Cass., rejet 29 octobre 1811 ; Sir., 1812, I, p. 46.

Une difficulté se présente ici : on suppose qu'une veuve violant la prohibition de la loi, s'est remariée quelque temps seulement après la dissolution de sa première union, et qu'elle a mis au monde un enfant moins de 300 jours après la mort de son premier mari et plus de 180 jours après la célébration de sa nouvelle union. Lequel des deux maris sera le père de l'enfant?

Les présomptions établies par le législateur dans les articles 312 et 315 du Code civil ne nous sont d'aucun secours ici ; elles attribuent l'enfant aussi bien au premier qu'au second mari. L'impossibilité où nous sommes de les concilier nous force de les repousser. Comment alors trancher la question? Nous en rapporter à l'ancien droit? Mais autant d'auteurs, autant d'opinions différentes.

Pour les uns, il fallait laisser à l'enfant le choix de sa paternité ; pour les autres, examiner avec quel mari l'enfant avait le plus de ressemblance au point de vue physique et moral ; d'autres, voulant faire produire leur effet aux deux présomptions de la loi, prétendaient que l'enfant appartenait aux deux maris. Enfin, quelques-uns dont, la manière de voir est toute différente des précédents, soutenaient que les deux présomptions contraires se neutralisant, l'enfant n'appartenait ni au premier ni au second mari ; il était *quasi sine patre natus.*

Toutes ces opinions sont abandonnées et de nos jours on s'en tient aux deux systèmes suivants :

1ᵉʳ *Système.* — L'enfant doit être présumé appartenir au deuxième mari.

En effet, il est né pendant le second mariage, et c'est la plupart du temps sous le nom du deuxième mari qu'il a été inscrit sur les registres de l'état civil ; dans la société il portera le nom de celui-ci, et sera considéré comme son enfant, car on suppose que si la veuve eût été enceinte à la mort de son premier époux, elle ne l'aurait pas caché. La possession d'état de l'enfant est donc conforme à son acte de naissance; ces deux circonstances ne suffisent-elles pas pour faire admettre la présomption établie dans l'art. 312 du Code civil, devant laquelle devra s'incliner celle de l'art. 315 moins solidement établie? Observons, toutefois, que si l'enfant a intérêt à se prétendre issu des œuvres du premier mari, il aura toujours le droit d'établir sa filiation. Avec cette théorie on ne laisse pas un seul instant en suspens l'état de l'enfant et cela peut avoir pour lui de très grands avantages (1).

2e *Système.* — C'est aux tribunaux à décider à quel mari se rattachera l'enfant.

D'après cette opinion, à laquelle je me range, on tiendra compte des circonstances de fait, on aura recours au témoignage des gens de l'art. Les deux présomptions de la loi sont en conflit, et, étant d'égale force, elles se neutralisent; impossible de faire prédominer l'une des deux sur l'autre. Puisque la loi ne nous donne aucune solution, puisqu'elle garde le silence sur ce point délicat, laissons aux juges le soin d'examiner la question et de la trancher.

Mais tout en tenant compte de l'avis des hommes de science, qui peuvent toujours se tromper, les tribunaux devront dans tous les cas et surtout dans le doute ne pas perdre de vue l'intérêt de l'enfant (2).

Une question se pose ici tout naturellement : la femme étrangère, dont le mariage a été dissous par un divorce ou par la mort de son mari, doit-elle observer le délai prescrit par l'art. 228 du Code civil et que ne lui impose pas sa législation nationale ?

Il me semble qu'il faut appliquer ici le statut personnel de l'étranger. Tant que la femme étrangère n'a

---

(1) Demol., t. III, n°⁵ 93 et 94; Toul., t. I, tit. v, n° 666.

(2) Marc. *Sur l'art.* 228, t. I, p. 549; Aubry et Rau (4ᵉ éd.), t. VI, § 545 *in fine*, note 74, page 51. — Durant.. t. III, n° 63.

pas contracté un deuxième mariage qui lui donne une nationalité nouvelle, elle est étrangère, et doit être régie par son statut personnel; or, ce statut ne lui impose aucun délai pour se remarièr.

D'ailleurs, en suivant la loi de son pays, elle ne blesse pas l'ordre public français. En effet, notre législateur s'est borné à frapper d'une amende l'officier de l'état civil ayant prêté son ministère au mariage d'une veuve qui n'a pas observé les dix mois de viduité ; si l'inobservation de la prohibition contenue dans l'art. 228 eût porté atteinte à l'ordre social, les rédacteurs du Code n'eussent pas manqué de prononcer la nullité de l'union contractée en violation de cet article. Une semblable union étant pleinement valable dans notre législation, c'est que la prescription de l'art. 228 n'est pas une disposition d'ordre public qui oblige l'étranger résidant en France.

APPENDICE

Des effets de l'absence relativement
aux secondes Noces.

L'incertitude de la vie résultant de l'absence aussi prolongée qu'elle soit, même après l'envoi en possession définitif, alors même que la personne absente aurait atteint l'âge de cent ans, ne suffit pas pour dissoudre le mariage, et par conséquent pour permettre à l'époux présent de contracter une nouvelle union. Nulle part dans le code nous ne trouvons de règle expresse et formelle à ce sujet, mais cette solution résulte sans difficulté des conditions imposées à l'époux qui veut se remarier. On exige, en effet, qu'il apporte la preuve du décès de son premier conjoint. Cette preuve, il ne l'aura jamais tant que durera l'absence de celui-ci, car du jour où il pourra la fournir, le doute qui planait sur l'existence de la personne absente disparaissant, l'état d'absence cessera immédiatement ; on ne sera plus alors dans la même hypothèse. Telle est la raison qui a fait proposer au consul Cambacérès de supprimer comme inutile l'art. 26 du projet qui portait : « l'absence de l'un des époux, quelque longue quelle soit, ne suffira point pour autoriser l'autre à contracter un nouveau mariage ; il ne pourra y être admis que sur la preuve positive du décès de l'autre époux. »

L'officier de l'état civil devra refuser son ministère si on lui demande de célébrer le mariage du conjoint d'un absent. Mais il est possible que, trompé par l'époux présent, ou par suite d'une entente coupable avec lui, un officier public unisse cet époux à un nouveau conjoint : cette union peut-elle être attaquée ; et par qui ?

Il est nécessaire de prévoir ici deux hypothèses : celle où l'absence dure encore, celle où elle a cessé.

1re HYPOTHÈSE. — *L'absence dure encore.* Le deuxième mariage est à l'abri de toute atteinte. La première union existe *peut-être* encore, mais on n'annule pas un mariage sur un *peut-être*, sur une incertitude. D'autre part, il est possible que l'absent soit mort, le premier mariage serait alors dissous. D'un côté comme de l'autre il y a un doute ; il est préférable de laisser les choses dans l'état où elles se trouvent, et ne pas enlever aux enfants issus de la seconde union leur qualité de légitimes ; ce serait, du reste, faire bon marché de la paix des familles que de permettre à une personne de venir attaquer une union qui est peut-être à l'abri de toute atteinte. D'ailleurs qui pourrait en demander la nullité ? Ni les nouveaux époux, ni les personnes intéressées, ni le ministère public ne pourraient agir, (art. 139). Si personne n'a le droit d'intenter l'action, le mariage ne pourra pas être annulé.

Le demandeur en nullité, devrait, pour être écouté, prouver l'existence de l'absent, mais alors nous ne serions plus dans l'hypothèse où l'absence dure encore puisqu'elle aurait cessé du jour où l'on saurait que l'absent est encore vivant et le lieu où il se trouve (1).

2ᵉ HYPOTHÈSE. — *L'absence a cessé.* — L'incertitude qui protégeait la seconde union contre l'action en nullité a disparu On sait que celui qui était absent existe, soit parce qu'il est revenu dans son pays, soit parce qu'on a eu de ses nouvelles. Aussi le législateur a-t-il permis d'attaquer le mariage contracté par le conjoint de l'ex-absent. « L'époux absent, dit l'art. 139 (Code civil), dont le conjoint a contracté une nouvelle union, sera recevable à attaquer ce mariage par lui-même ou par son fondé de pouvoir, muni de la preuve de son existence. »

Quels sont le véritable sens et la portée de cette disposition? Doit-on, une fois que l'absence a cessé, ne laisser le droit d'agir en nullité qu'à l'époux bigame et à son fondé de pouvoir, ou doit-on le conférer aux nouveaux époux, aux intéressés et au ministère public, conformément aux art. 184, 187, 188 et 190 du Code civil.

Quatre opinions ont été émises à ce sujet.

1ʳᵉ *Opinion.* — L'art. 139 doit être appliqué littéralement et le droit d'agir ne peut être accordé qu'à ceux auxquels la loi le confère dans cet article, c'est-à-dire au mari seul et à la personne munie de sa procuration; toute autre personne n'a pas qualité pour agir. La validité ou la nullité du second mariage dépendra

---

(1) Cass. 12 août 1828; D. 1828, I. 378; Cass. 21 Juin 1831; D., 1831, I, 201; Cass. 18 avril 1838; Dev., 1838, I, 296.

donc de sa volonté. Rien ne pourra l'empêcher de garder le silence; ainsi il forcera par son inaction les nouveaux époux à rester unis. La loi est trop formelle pour que nous ne l'appliquions pas à la lettre : l'époux seul peut agir et rien ne l'y oblige (1).

Je le reconnais, cette opinion a pour elle le texte de la loi, mais elle consacre une immoralité si dangereuse pour la société qu'on ne peut sérieusement supposer au législateur l'intention de l'avoir admise. Nous verrions, en effet, deux hommes avoir la même épouse, et pouvant tous deux au même titre exiger d'elle la cohabitation; ou deux femmes contraindre le même homme à les recevoir au domicile conjugal. Les enfants issus des deux unions pourraient réclamer le bénéfice de la légitimité.

Ce serait, du reste, si on admettait cette théorie, proclamer le divorce par consentement mutuel défendu par la loi du 27 juillet 1884. Les époux qui seraient fatigués de la vie commune auraient un moyen facile de divorcer : l'un d'eux disparaîtrait pendant quelques années, son conjoint ferait déclarer l'absence, et quelque temps après convolerait en secondes noces. L'époux absent se garderait bien, à son retour, d'attaquer le mariage de son ancien conjoint.

2ᵉ *Opinion*. — Ceux-là seulement auront le droit d'attaquer le mariage contracté par le conjoint de l'absent qui auront pour agir un motif moral; ceux, au contraire, qui ne baseront leur demande que sur un intérêt pécuniaire, se verront refuser l'action en nullité; ainsi le conjoint absent, les nouveaux époux et le ministère public au nom de la société dont il est

(1) Toullier, t. I, nᵒˢ 485, 528 et 529; Vazeille, *Du Mariage*, t. I, nᵒ 225; Laur., t. II, nᵒ 250.

le défenseur, pourront agir, mais les collatéraux et les enfants du premier lit n'auront pas d'action.

Cette opinion se fonde sur la présence, dans la loi, de la disposition de l'art. 139. Pourquoi donner spécialement à l'époux de retour le droit d'attaquer le mariage de son conjoint si on le reconnaissait à tous les intéressés prévus dans l'art. 184 et suivants? le législateur quand il parle des personnes pouvant agir en nullité contre la seconde union, les divise en trois classes : les nouveaux époux, ceux qui y ont intérêt, le ministère public (art. 184). Or, nous avons vu que l'époux au préjudice duquel a été contracté le deuxième mariage rentre dans la catégorie des personnes ayant intérêt. Si, d'après l'art. 139, il est seul recevable à attaquer le mariage, il faut, pour être conséquent et interpréter sainement la loi, refuser aux autres personnes au nombre desquelles il compte, c'est-à-dire aux autres intéressés, le droit d'agir en nullité. Si le législateur n'a pas parlé des nouveaux époux et du ministère public c'est qu'il a considéré leur droit comme incontestable. On ne pouvait, en effet, forcer les nouveaux époux à continuer contre leur conscience le flagrant délit d'adultère résultant de leur mariage, ni contraindre le ministère public à tolérer un scandale aussi dangereux pour la morale et la société. Le but principal de l'art. 139 est donc d'exclure les collatéraux et les enfants du premier lit.

Les partisans de cette opinion croient en trouver la justification dans une phrase de Bigot-Préamneu dans l'Exposé des motifs. Après avoir dit que l'époux de retour a seul le droit d'attaquer le mariage de son ancien conjoint, il ajoute : « La dignité du mariage ne nous permet pas de *le compromettre dans l'intérêt pécuniaire des collatéraux.* »

M. Huguet, dans son discours au Corps législatif, disait à son tour : « Alors des tiers, *des parents colla-*

téraux seront admis à attaquer le second mariage ? Leur donnera-t-on le droit, comme dans l'ancienne jurisprudence, d'interjeter appel comme d'abus de ces seconds mariages, et d'en demander la nullité, *et parce que cette nullité pourrait convenir à l'intérêt de ces collatéraux*, autorisera-t-on des demandes qui pourraient porter un trouble aussi notoire dans les familles ? L'article du projet que je viens de citer *refuse ce droit à ces collatéraux* (1). »

C'est là, je l'admets, une distinction qui se recommande par sa justice et son équité, mais qui se combat par son arbitraire. Telle a été peut-être l'opinion de quelques orateurs du gouvernement et du Tribunat, mais nous ne trouvons rien dans la rédaction définitive de l'article qui nous prouve que ce soit bien là la véritable pensée du législateur.

3° *Opinion.* — Elle est encore plus large que la précédente. Comme celle-ci, elle reconnaît que, durant l'absence, nul, sauf l'absent et son fondé de pouvoir spécial, ne peut attaquer le mariage contracté par le conjoint de la personne absente ; mais une fois celle-ci de retour, ou si on prouve son existence actuelle, l'absence cesse immédiatement, plus de doute : la bigamie existe certainement, l'art. 139 n'est plus applicable, et le droit commun reprend son empire. Ce droit commun est celui des art. 184 et suivants qui confèrent l'action en nullité aux époux eux-mêmes, aux parties intéressées et au ministère public. Il faudra donc combiner les art. 184, 187 et 190, avec l'art. 139.

Cette théorie repose toute entière sur la discussion qui eut lieu au Conseil d'Etat lors des travaux préparatoires à propos de l'art. 139. Cambacérès, critiquant la rédaction des art. 26 et 27 du projet, les deux seuls

(1) Demante, *Cours analyt.*, t. I, n° 177 bis, 11, VII, et *Encyclop. du Droit*, V. *Absence*, n°ˢ 132 et 135.

relatifs au mariage contracté par le conjoint de l'absent, proposa un amendement tendant à dire :

1° Que ce mariage ne pourrait être annulé sous le seul prétexte de l'incertitude de la vie ou de la mort de l'absent;

2° Que si l'absent se représentait, le mariage serait déclaré nul.

On avait décidé que la proposition du consul Cambacérès serait adoptée et que l'art. 139 serait rédigé dans le sens de l'amendement. M. Thibaudeau, qui en fut chargé, s'en acquitta fort mal, car le nouveau texte rapporté par lui et qui fut adopté ne reproduit pas la pensée de Cambacérès. Malgré ce vice de rédaction, la pensée du législateur ressort avec évidence de la discussion; rien n'indique que l'idée émise par Cambacérès ait été abandonnée à dessein par M. Thibaudeau (1).

Ce système qui, dans le cas où l'absence cesse d'une façon ou d'une autre, accorde l'action à toutes les personnes intéressées, a le tort d'être en contradiction manifeste avec l'art. 139 qui ne la confère qu'à l'absent ou à son fondé de pouvoir. C'est introduire une distinction que la loi ne fait pas.

4° *Opinion.* — On distingue si l'absent est de retour ou s'il est encore hors de son pays.

Dans le premier cas, toute personne intéressée peut, soit pendant la vie de l'ex-absent, soit après son décès, suivant les distinctions établies par les art. 184, 187, 188 et 190, attaquer le mariage contracté par son conjoint.

Dans le second, l'action n'est ouverte qu'à lui ou à son fondé de pouvoir, muni de la preuve de son existence; toute autre personne interéssée, le ministère

---

(1) Demol., t. II, n° 264; Dur., t. I, n° 527; Marc., *Sur l'art.* 139, n° 3 Val., *sur Proudhon*, t. I, p. 302, n° 2.

public lui-même, ne serait pas recevable à agir en nullité, quand bien même on offrirait de prouver que l'absent vit encore actuellement, ou que sa mort n'a eu lieu que postérieurement à la célébration du mariage de son conjoint.

C'est qu'en effet, après le retour de l'absent il ne peut plus y avoir de doute sur son existence, tandis que permettre à toute personne intéressée de venir prouver qu'il est encore vivant serait ouvrir la voie à l'erreur ; les moyens plus ou moins concluants que le demandeur en nullité apporterait à l'appui de sa prétention n'étant jamais bien sûrs. Il serait dangereux de faire dépendre le sort d'une union d'éléments de preuve aussi problématiques. Dans l'hypothèse du retour de l'absent la morale et la société toute entière sont vivement intéressées à ce qu'on donne aux personnes comprises dans les art. 184, 187, 188 et 190 le droit d'attaquer le mariage pour faire cesser un état de choses aussi scandaleux.

Cette opinion, comme les deux précédentes, s'efforce de trouver dans les travaux préparatoires du Code civil, la véritable pensée du législateur. Conformément aux discours prononcés au Conseil d'Etat et au Corps législatif, elle écarte l'action des collatéraux, ainsi que le font les partisans de la seconde opinion, mais sans être obligée d'établir une distinction aussi arbitraire que ceux-ci. Elle a l'avantage sur le troisième système de déclarer les intéressés non recevables à agir pendant l'absence de fait quand même ils offriraient de prouver l'existence de la personne qui est absente. C'est que dans ce cas il n'y a aucun scandale, aucune atteinte à la morale, on ne voit pas, comme dans la première opinion, une femme avec deux maris, ou un mari avec deux femmes. Rien n'établit même que l'époux reviendra jamais : à quoi bon alors troubler la paix des familles sans raisons sérieuses ? La loi préfère

se montrer indulgente à l'égard de l'époux qui, las
d'un long veuvage et croyant peut-être son conjoint
décédé, a contracté une seconde union pendant l'absence de celui-ci (1).

C'est à cette dernière opinion que je me rangerai .
sans hésiter.

Une autre question se pose à propos de l'art. 139 :
cet article s'appliquera-t-il au cas de présomption
d'absence, ou simplement au cas de déclaration d'absence ?

Ceux qui soutiennent que l'art. 139 n'est applicable
qu'à l'hypothèse où l'absence est déclarée s'appuient
sur la place qu'occupe dans la loi l'art. 139 et sur une
considération de décence publique. En effet, disent-ils,
l'art. 139 est placé au chapitre traitant de la déclaration
d'absence et non à celui de la présomption d'absence.
En outre, l'art. 139 parle de l'époux *absent;* or, ce mot a
une signification déterminée tout à fait différente de
celle de l'expression *présumé absent.* La loi n'emploie
pas indistinctement ces deux façons de s'exprimer ;
chacune a son sens particulier qui ne convient pas à
l'autre.

Enfin, on craint qu'un époux éloigne à dessein son
conjoint pendant quelque temps et, faisant croire à sa
disparition, ne profite de son absence pour convoler
en secondes noces. On peut à bon droit suspecter la
bonne foi d'un époux qui se remarie avant la déclaration d'absence (2).

Cette théorie ne me paraît pas devoir être admise,
je lui préfère l'opinion contraire d'après laquelle l'art.
139 s'applique à la présomption comme à la déclaration d'absence.

(1) Aubry et Rau (4e éd.), t. I § 159 texte et note 3.
(2) Durant., t. I, n° 526; Proudhon, t. I, p. 300 ; Vazeille, t. I, n° 225
Douai, 16 mai 1837; Dev., 1837, II, 488.

L'art. 139, je le reconnais, est bien placé au chapitre des « Effets de l'absence » mais ce n'est pas là une raison suffisante, pour prétendre que les dispositions contenues dans ce chapitre aient uniquement rapport à l'absence déclarée ; j'en trouve une preuve dans l'art. 122 qui a trait à la présomption d'absence.

En outre le mot *absent* employé par les rédacteurs du Code ne prouve rien, car très souvent ils appliquent ce mot à l'individu qui a disparu de son domicile sans qu'on sache où il est, et sur l'existence duquel on a des doutes : c'est bien là l'état du présumé absent.

Quant à l'objection fondée sur la bonne foi existant la plupart du temps chez le conjoint de l'absent proprement dit et faisant défaut chez celui du présumé absent, elle ne porte pas. En effet, il peut se faire que la bonne foi existe avant que l'absence soit déclarée, par exemple si plusieurs années se sont écoulées avant la déclaration, comme il est possible aussi qu'il y ait mauvaise foi après que l'absence a été prononcée par le tribunal. Le législateur ne tient aucun compte de la bonne ou de la mauvaise foi du conjoint de l'absent ; qu'importe que l'une ou l'autre existe ; du moment qu'il y a incertitude sur la vie de l'absent, l'art. 139 doit s'appliquer. Or, on ignore ce qu'est devenu la personne disparue aussi bien pendant la présomption d'absence qu'après la déclaration. A quoi bon, d'ailleurs, au scandale d'une union trop précipitée, ajouter celui de l'annulation d'un mariage sur la validité duquel on a des doutes, mais qui, protégé par l'incertitude existant au sujet de l'absent, pourra toujours être brisé si celui-ci reparaît.

Un dernier mot sur les effets de l'absence, relativement aux seconds mariages. L'art. 139 nous dit que le mariage du conjoint de l'absent peut être attaqué par l'absent ou par son fondé de pouvoir, muni de la preuve de son existence actuelle. Qu'a voulu dire le

législateur par ces expressions « son fondé de pouvoir. » A-t-il entendu déclarer qu'une procuration générale d'administrerles biens de l'absent suffirait au
fondé de pouvoirpour agir en nullité contre le mariage de l'absent ouveut-il exiger une procuration spéciale ?

Certains auteurs ont prétendu qu'une procuration
générale suffisait, que le fait pour l'absent d'avoir
choisi un mandataire impliquait chez lui l'intention de
lui conférer le pouvoir de faire tout ce qui l'intéressait ;
or, le second mariage est bien pour lui une chose l'intéressant au plus haut point (1).

Que le mandataire administre les biens de l'absent,
qu'il attaque le mariage du conjoint de celui-ci, il doit
justifier du pouvoir qui lui a été confié, mais une condition de plus s'impose à lui dans le dernier cas : il doit
encore prouver l'existence de son mandant. Si on eut
exigé du mandataire une procuration spéciale, celle-ci
n'eut-elle pas établi d'une façon irréfutable que l'absent
était encore vivant ? Dès lors à quoi bon, si on exige
une procuration spéciale, demander au mandataire
qu'il prouve l'existence actuelle de l'absent ? (Art. 139.)

Enfin, dans l'art. 28 du projet du Code (2), on trouvait
ces mots : « muni d'une procuration spéciale. » Dans
la rédaction définitive, ils n'ont pas étémaintenus ;
en les supprimant, les rédacteurs ont eu l'intention
évidente de ne pas exiger du mandataire un pouvoir
spécial pour agir en nullité contre le mariage du
conjoint de l'absent (3).

Cette opinion ne me semble pas fondée. Peut-on
supposer qu'en choisissant un mandataire pour

---

(1) Demol., t. II, n° 265; Val., *Sur Proudhon*, t. I, p. 301, note 1;
Aubry et Rau (4ᵉ éd.), t. I, § 159, note 2; Cass., 21 juin 1831; Dev.,
1831, II, 201; Cass., 18 avril 1838; Dev., 1838, I, 296; Lyon, 3 fév.
1830.

(2) L. 1, t. IV.

(3) Marc., t. I, *Sur l'art. 139*, n° 3; Delv., t. I, p. 52.

s'occuper de ses affaires, l'absent ait songé à lui confier le droit de demander la nullité du mariage que pourrait contracter son conjoint. Ne nous trompons pas sur la véritable pensée du mandant ; en prenant un fondé de pouvoir, il n'a eu assurément en vue que l'administration de ses biens ; ne donnons pas au mandataire des droits plus étendus que ceux dont le mandant a eu l'intention de l'investir.

D'ailleurs, le mandat donné par l'absent ne recevrait pas d'application dans la plupart des cas. En effet, le conjoint présent ne contracte guère un second mariage qu'après la déclaration d'absence et non pendant la présomption. Or, après l'absence déclarée, le pouvoir conféré cesse d'avoir aucun effet, pas plus par conséquent pour attaquer le mariage que pour administrer le patrimoine.

Il faudra donc un mandat spécial pour demander la nullité du mariage, mais il ne suffira pas ; le fondé de pouvoir devra encore fournir la preuve de l'existence actuelle de l'absent. Le législateur l'a ordonné ainsi parce qu'il a pensé que le mandat pouvait être donné par acte sous-seing privé (art. 1985, C. civ.) et qu'un tel acte, s'il prouve bien le pouvoir reçu, n'établit par l'existence de celui qui l'a conféré. A ce mandat, il sera nécessaire de joindre un certificat de vie délivré par un officier public compétent, et constatant l'existence de l'absent.

Si, au contraire, le mandat est donné par acte authentique, le certificat de vie sera inutile. L'authenticité prouve en même temps le pouvoir donné et l'existence du mandant (1).

---

(1) Demol., t. II, n° 263 ; Dur., t. I, n° 524 ; Demante, *Cours analytiq.*, t. I, n° 177 bis ; Toull., t. I, n° 484 ; Aubry et Rau (4° éd.), t. 1, § 159 ; Val., *sur Proudhon*, t. I, p. 304.

TITRE II

EFFETS DES SECONDS MARIAGES

Avant d'étudier les effets des seconds mariages, demandons-nous quelle influence peut avoir sur une seconde union la condition de ne pas se remarier apposée à une libéralité. Sans doute le mariage ne sera pas nul, mais le donataire qui n'aura pas respecté la condition perdra-t-il le bénéfice de la libéralité ?

D'après les uns, la condition est toujours valable et par suite celui qui ne la respecte pas en perd le bénéfice, même si elle est apposée par un donateur autre que le conjoint, par un étranger, à une libéralité faite à un veuf ou à une veuve sans enfants issus de son premier mariage. Nous trouvons déjà cette solution en Droit romain (*Novelle* XXII, ch. 43 et 44). Elle est assez rationnelle et assez équitable pour qu'elle soit encore admise sous l'empire du Code (1).

D'autres auteurs sont plus restrictifs. D'après eux, la condition n'est licite que si elle est imposée à un veuf ou à une veuve ayant des enfants, par son conjoint ou par un parent de celui-ci ; par toute autre personne, elle est réputée non écrite (2).

Un autre sytème a été proposé. Il consiste à déclarer une telle condition toujours illicite parce qu'elle est

---

(1) Proudhon, *De l'usufruit*, I, 409, 410 et 413 ; Toullier, t. V. n° 259 ; Troplong, t. I, n° 248 et 249 ; Cass, 18 juil. 1882 ; Sir., 1823, II, 246 ; Cass., 24 janv. 1828 ; Sir., 1828, I, 105.

(2) Demante, t. III, n° 16 bis, VI ; Duranton, t. VIII, n° 628.

immorale, car elle gêne chez le donataire l'exercice d'une faculté d'ordre public.

Si la condition de ne pas se *marier* est réputée non écrite pour ce seul motif qu'elle ouvre la voie au désordre et à l'inconduite, il doit en être de même de celle de ne pas se *remarier*, car la plupart du temps l'époux veuf, surtout s'il n'a pas de fortune, préferera l'inconduite à la perte du bénéfice de la libéralité à lui faite ; il aimera mieux vivre en concubinage avec une autre personne plutôt que de s'unir avec elle de peur d'être privé de sa donation. La société est vivement intéressée à empêcher ces commerces immoraux et scandaleux (1).

De nos jours, on a adopté une autre opinion. Ses partisans admettent en principe la validité d'une telle condition mais distingent deux hypothèses :

Ou bien le conjoint veuf a des enfants issus de son premier mariage, alors toute personne quelle qu'elle soit peut, en lui faisant une libéralité, lui imposer la condition de ne pas se remarier.

Ou bien le conjoint veuf n'a pas d'enfants ; dans ce cas, on fait une sous distinction : si la condition est imposée par son conjoint, elle est valable ; si, au contraire, elle est imposée par un étranger, elle est réputée non écrite.

En effet, rien dans le Code ne nous autorise a frapper de nullité une clause qui ne porte en rien atteinte à l'ordre public et à la morale sociale. S'il est vrai que dans certains cas on ne peut voir dans une telle clause qu'un caprice original ou une bizarrerie, il est possible aussi que l'époux donateur veuille faire profiter de la libéralité son conjoint seul et ne consente pas à ce qu'il en partage le bénéfice avec une autre personne. Quant au donataire, sa liberté n'est pas le moins du

(1) Taulier, t. IV, p. 323.; Cass, 14 juil. 1858; Dev., 1859, II, 305.

monde entravée : rien ne lui enlève le droit de se remarier, mais s'il le fait, qu'il abandonne les biens qui lui ont été donnés.

Le Code, d'ailleurs, ne voit pas les seconds mariages avec une faveur telle que nous soyons obligés dans tous les cas de considérer comme nulle la clause de ne pas se remarier (1).

Ceci dit, arrivons-en aux effets des seconds mariages· J'examinerai dans quatre chapitres différents les effets des seconds mariages relativement :

A la puissance paternelle (ch. i).

A la dette alimentaire (ch. ii).

A la tutelle (ch. iii).

A la quotité disponible entre époux (ch. iv).

Dans chacun des trois premiers chapitres je distinguerai selon que le premier mariage aura été dissous par la mort de l'un des époux ou par le divorce.

Enfin, dans un premier appendice, j'étudierai la disposition de l'art. 1555 ; et dans un second, les effets du second mariage de deux anciens époux divorcés qui se sont réunis.

---

(1) Demol., XVIII, n° 250; Aubry et Rau (4° éd.), t. VII, § 692, texte et note 14; Cass., Req. rej. 18 mars 1867; Sir., 1867, I, 204.

CHAPITRE I

Effets des seconds mariages relativement
à la puissance paternelle

Parmi les nombreux droits découlant de la puissance paternelle, deux d'entre eux sont restreints ou même supprimés par les seconds mariages des père et mère. Ce sont les droits de correction et de jouissance légale. Quant aux droits de consentir ou de former opposition au mariage des enfants (art. 148 et suiv. et art. 173), de permettre ou d'empêcher l'adoption (art. 346), de garde (art. 374), les seconds mariages n'exercent aucune influence sur eux.

SECTION I

Influence des seconds mariages sur le droit
de correction

Le législateur a donné aux parents le droit de correction comme sanction de la puissance paternelle. Il consiste en ce qu'ils peuvent faire enfermer leur enfant avec le concours de la force publique. Le droit de correction du père est bien plus étendu que celui de la mère. L'exercice de ce droit est sensiblement modifié par le second mariage des parents et d'une manière bien différente suivant que c'est le père ou la mère qui s'est remarié.

§ 1. — Restriction du droit de correction exercé par le père remarié

Le droit du père s'exerce de deux façons : soit par voie d'autorité, soit par voie de réquisition. S'il agit par voie d'autorité, le père n'a qu'à faire connaître au président du tribunal l'intention où il est de faire détenir son enfant. Le président doit déférer au désir du père et cela sans examiner si sa demande est fondée ou non, sans l'interroger sur les griefs qu'il reproche à son enfant et qui l'ont déterminé à agir ainsi. Il est seul juge, sa qualité de père répond assez de ses sentiments et ne permet pas de douter un seul instant que l'intérêt de l'enfant ne soit l'unique raison de sa conduite.

La durée de la détention ne pourra excéder un mois, et le père est toujours maître de l'abréger. (Art. 376 et 379, C. civ.)

Si le père agit par voie de réquisition, il n'est plus juge souverain. Il adresse au président du tribunal une requête contenant les divers griefs qu'il reproche à son enfant, et qu'il invoque pour le faire enfermer. Le président examine les motifs allégués par le père à l'appui de sa demande, les apprécie et juge, après en avoir conféré avec le procureur de la République, s'ils sont suffisants pour motiver l'arrestation de l'enfant. Suivant l'opinion qu'il s'est faite, il accorde ou refuse au père l'ordre qu'il demande (art. 377, C. civ). — La voie de réquisition est seule ouverte dans les quatre cas suivants : si l'enfant a plus de 16 ans (art. 377), s'il a des biens personnels, s'il exerce un métier (art. 382), enfin si le père est remarié (art. 380).

Nous n'examinerons que ce dernier cas qui rentre seul dans notre sujet.

L'article 380 nous dit que le père remarié doit se conformer à l'article 377, pour faire détenir son enfant du premier lit, alors même qu'il serait âgé de moins de seize ans. La présence de la nouvelle épouse et des enfants communs diminue presque toujours la tendresse et l'affection du père à l'égard de ceux issus de son premier mariage. Souvent, en effet, il arrive que la seconde femme voit d'un œil hostile les enfants de celle qui l'a précédée dans la maison conjugale ; elle use alors de l'influence qu'elle peut avoir sur son mari pour le détourner d'agir avec la même impartialité vis-à-vis de tous ses enfants. La présence de la marâtre suffisait pour que le législateur mît en doute la sincérité de la demande du père, et lui retirât le droit exorbitant d'agir par voie d'autorité.

Le père remarié peut-il requérir une détention de six mois contre son enfant âgé de moins de seize ans? A s'en tenir à l'art. 387, le droit du père de requérir une détention de six mois est évident. En effet, cet article déclare que le père remarié doit se conformer, pour faire détenir son enfant, à l'art. 377 qui précisément permet un internement de six mois.

Les abus d'autorité ne sont, d'ailleurs, pas à redouter ; le pouvoir du président du tribunal contrebalancera l'injuste sévérité du père, qui n'est plus dans ce cas le juge souverain de son enfant.

Cette théorie ne me semble pas exacte ; je lui préfère l'opinion de ceux qui refusent au père remarié le droit de requérir une détention de six mois contre son enfant âgé de moins de seize ans. Ne serait-ce pas aller contre le vœu de la loi que de donner un tel droit au père? Qu'a voulu le législateur? Que le père remarié n'ait pas une autorité aussi grande que s'il reste dans le veuvage. Il craint que son nouveau mariage n'ait diminué l'affection qu'il avait pour ses enfants issus du premier lit et ne le porte à se montrer trop sévère à leur égard; c'est pourquoi il a restreint son autorité et ne lui permet plus d'agir que par voie de réquisition. Serait-il admissible de soutenir que le père remarié, contre lequel la loi a jugé bon de prendre des précautions, peut demander une détention de six mois, alors que le père non remarié n'a le droit de faire enfermer son enfant que pendant un mois ? Il y aurait là certainement quelque chose d'illogique. Ce serait retourner contre l'enfant une mesure que la loi a prise en sa faveur.

Enfin, l'art. 380 déclare que le père remarié ne pourra agir qu'*en se conformant* à l'art. 377. Cette expression elle-même, employée par le Code, nous indique la pensée de ses rédacteurs. Ils n'ont voulu parler que des formalités à suivre pour arriver à la détention et non de la durée de celle-ci. Tirer une telle conséquence de l'art. 380 qui ne la contient pas, ce ne serait plus interpréter la loi, ce serait la faire(1).

L'enfant de moins de seize ans, détenu en vertu de l'art. 380, peut-il former appel contre la décision du président du tribunal en adressant un mémoire au Procureur général conformément à l'art. 382.

D'après un premier système, l'enfant détenu sur la réquisition de son père remarié, n'a pas de recours possible au Procureur général. En effet, disent les partisans de cette opinion, le recours n'est admis que pour les deux cas spécialement prévus par l'art. 382, puisqu'il se trouve à la fin de cet article qui ne parle nullement du père remarié.

En outre, lors de la discussion de la loi au Conseil d'Etat, l'art. 12 du projet contenait la disposition qui forme la fin de l'art. 382 du Code civil et parlant du

1) Demol., t. VI, n° 329; Marc., *art. 375-382*, n° 14.

recours de l'enfant. Le Tribunat avait demandé la suppression de cette disposition comme inutile, puisqu'on ne pouvait pas enlever à l'enfant la voie de recours sans un texte formel. C'est là un droit général et absolu qui appartient à tous. Mais le Conseil d'Etat ne tenant aucun compte des observations du Tribunat, ajouta comme deuxième alinéa de l'art. 382 la fin de l'art. 12 du projet (1) ; voulant ainsi indiquer qu'il y avait là une disposition particulière aux cas visés par l'art. 382 (2).

Dans un autre système, auquel je me range, on soutient que le recours appartient à l'enfant dans tous les cas où la détention a lieu par voie de réquisition. Toutes les fois que l'on touche à la liberté individuelle des citoyens, le droit d'appel s'impose, il est essentiellement d'ordre public. Tous les jugements y sont soumis. S'il est permis d'attaquer par cette voie les décisions des Tribunaux où le nombre des juges est la garantie des plaideurs, à plus forte raison doit-on y soumettre les simples ordonnances d'un président.

S'il est un cas, du reste, où le droit d'appel soit utile à l'enfant, c'est assurément lorsque le père est remarié : il est à craindre qu'il n'abuse de sa puissance paternelle et ne transforme son droit de correction en un véritable moyen de despotisme. La loi a donné à l'enfant qui a des biens personnels ou qui exerce un métier, le droit de s'adresser au Procureur général ; le motif qui milite en faveur de l'enfant dans ces deux cas ne se présente-t-il pas avec autant et plus de force lorsqu'il s'agit d'un père remarié? La protection de la loi est encore plus nécessaire ici où nous voyons souvent le père soumis par son nouveau mariage à l'influence regrettable d'une marâtre sans pitié pour

(1) Locré, t. VI, p. 41 et 46.

(2) Duranton, t. III, n° 355; Marcadé, I, *art. 382*, n° 4, 4°; Demante II, n° 127 *bis*.

l'enfant qui n'est pas le sien. Celui-ci court des dangers plus grands, aussi doit-on lui venir en aide en lui permettant d'en appeler au Procureur général.

Quant à l'objection que l'on fonde, dans le premier système, sur la place qu'occupe dans le Code civil la disposition conférant le droit d'appel à l'enfant, nous y répondrons en faisant observer que le législateur en détachant de l'art. 12 du projet ce qui avait trait au droit de recours, pour en faire un alinéa spécial, a voulu indiquer qu'il s'agissait d'une disposition générale s'appliquant à tous les cas où la détention de l'enfant a lieu par voie de réquisition.

Le père remarié, nous venons de le voir, ne peut plus faire détenir ses enfants du premier lit qu'au moyen d'une requête adressée au président; recouvre-t-il, en redevenant veuf, le droit d'agir par voie d'autorité ?

Un grand nombre d'auteurs pensent que le père dans ce cas, n'est plus obligé d'avoir recours à la voie de réquisition. La raison qui avait fait retirer au père le droit d'agir par voie d'autorité a disparu; la belle-mère n'est plus là, on n'a plus à craindre qu'elle n'use de son influence afin de diminuer l'affection du père pour ses enfants du premier lit et le pousse à agir à leur égard avec injustice. Le père a recouvré toute son indépendance, pourquoi ne pas lui rendre tous ses droits. La cause a cessé, l'effet doit disparaître.

Enfin, le texte de la loi vient à l'appui de cette solution. En effet, l'art. 380 nous dit que « si le père est remarié », il est tenu, pour faire détenir son enfant âgé de moins de seize ans, de se conformer à l'art. 377. Le législateur parle du père qui *est remarié* et non du père qui *s'est remarié;* par ces expressions, il nous montre suffisamment qu'il suppose la seconde femme encore existante, car le mari devenu veuf à nouveau n'est plus remarié. S'il avait voulu que le fait seul de convoler en secondes noces enlevât absolument au père le droit d'agir par voie d'autorité, il s'en serait expliqué plus formellement. L'art. 380 est, d'ailleurs, une exception aux principes généraux en matière de puissance paternelle ; cette exception est de droit étroit, et doit s'interpréter dans le sens le plus strict.

L'opinion contraire a mes préférences. Le législateur a enlevé au père dans l'art. 380, le droit d'agir par voie d'autorité ; or, pour lui rendre ce droit dont il a été dépouillé, il faudrait un texte exprès. En avons-nous un ? Non; par conséquent, nous ne pouvons le lui restituer, autrement nous n'interpréterions plus la loi, nous la ferions.

Les expressions : *si le père est remarié,* ne doivent pas, ce nous semble, être entenduesd ans le sens que veut leur donner la première opinion. Le législateur ne distingue pas dans cet article si le père est redevenu veuf, ou si sa nouvelle femme est encore existante ; il suffit qu'il ait convolé en secondes noces pour que la loi n'ait plus en lui une aussi grande confiance ; immédiatement, elle met en doute l'affection qu'il peut avoir vis-à-vis de ses enfants. Et ceci est d'autant plus juste que si l'on doit surtout craindre l'influence de la mère lorsqu'elle existe, ce n'est pas à dire pour cela que tout danger ait disparu dès qu'elle est morte. Il peut y avoir, en effet, des enfants communs, et le mari qui, pendant son second mariage, a toujours été habitué à les préférer aux autres, ne verra pas la plupart du temps son affection se changer tout à coup au décès de sa nouvelle épouse. Sa tendresse a diminué, rien ne prouve qu'elle va renaître plus forte par la disparition de celle qui, presque toujours, exerçait sur lui une influence telle que les effets peuvent s'en faire sentir encore longtemps. Les raisons qui ont inspiré au législateur la disposition de l'art. 380 subsistent donc, même après le décès de la seconde femme, aussi doit-on continuer de l'appliquer (1).

(1) Marc., *Sur l'art. 380*, n° 2; Aubry et Rau (4ᵉ éd.), t. VI, p. 80, § 550.

ARTICLE II. — LE PREMIER MARIAGE A ÉTÉ DISSOUS PAR LE DIVORCE.

Le père divorcé a le droit de correction sur les enfants seuls dont la garde lui a été confiée, sans distinguer si le divorce a été prononcé en sa faveur ou contre lui. Son second mariage ne fait qu'y apporter la restriction que nous avons examinée au cas où le premier mariage est dissous par la mort de l'un des époux.

§ II. — Déchéance du droit de correction encourue par la mère remariée.

ARTICLE I. — LE PREMIER MARIAGE EST DISSOUS PAR LA MORT.

Le père mort, la puissance paternelle est exercée par la mère; mais la loi ne lui a pas accordé des pouvoirs aussi étendus qu'au père; elle s'est montrée plus rigoureuse à son égard. Outre qu'elle lui a refusé la voie d'autorité, elle l'a encore obligée, en agissant par voie de réquisition, de se faire assister des deux plus proches parents paternels de l'enfant (art. 381.)

Mais là ne s'est pas borné la sévérité du législateur. Si la mère s'est remariée, il lui enlève complètement le droit de correction. Cela résulte *a contrario* de l'art. 381 : « La femme survivante *et non remariée* ne peut faire détenir son enfant qu'avec le concours des deux plus proches parents paternels et par voie de réquisition. »

La loi qui avait déjà tant restreint le droit de correction de la mère, ne pouvait plus que le supprimer en cas de convol. D'ailleurs, ce n'aurait pas été elle qui l'aurait exercé; en convolant en secondes noces, elle tombe sous la puissance de son mari dont l'influence est trop grande pour que l'on puisse sans danger pour les enfants laisser le droit de correction entre les mains de la mère.

Il y a cependant une hypothèse où la mère, bien que remariée, peut requérir la détention de son enfant, c'est lorsqu'ayant convoqué le conseil de famille pour lui annoncer son intention de convoler en secondes noces, celui-ci a jugé à propos de la maintenir dans la tutelle. Dans ce cas la mère remariée n'agit plus comme exerçant la puissance paternelle, mais comme tutrice (art. 468 Code civil).

De même que le père en redevenant veuf ne recouvre pas la plénitude de son droit, de même la mère à la mort de son second mari, n'est pas relevée de la déchéance qu'elle a encourue par son convol. Les motifs que nous avons donnés plus haut, s'appliquent ici avec une force égale. Nous trouvons même dans l'art. 386 du Code civil une raison de plus. Nous verrons qu'aux termes de cet article, la mère perd en se remariant l'usufruit légal que la loi accorde aux parents sur les biens de leurs enfants. La mort de son second mari ne fait pas renaître cet usufruit à son profit ; elle en a été privée à tout jamais et quoiqu'il advienne. Or si on admet l'extinction définitive de l'usufruit, pourquoi rendre à la mère sans un texte formel, le droit de correction ? Nous n'avons pas le droit de nous montrer plus généreux que le législateur.

ARTICLE II. — LE PREMIER MARIAGE A ÉTÉ DISSOUS PAR LE DIVORCE

La mère a le droit de correction sur les enfants dont elle a la garde.

Si elle contracte une nouvelle union elle perd son droit de correction ; mais à qui va-t-il passer ? au père ? je ne le crois pas, en lui retirant la garde de l'enfant le tribunal l'en a déclaré déchu, et pour le lui rendre il faudrait un texte exprès, que nous n'avons pas.

SECTIÓN II

Influence des seconds mariages sur la jouissance légale

ARTICLE I. — LE PREMIER MARIAGE A ÉTÉ DISSOUS PAR LA MORT
DÉCHÉANCE ENCOURUE PAR LA MÈRE REMARIÉE

L'art. 384 déclare que le père, durant le mariage, et, après la dissolution de celui-ci, le survivant des père et mère, auront la jouissance des biens de leurs enfants jusqu'à l'âge de dix-huit ans accomplis, ou jusqu'à l'émancipation, qui pourrait avoir lieu avant dix-huit ans. Les revenus appartiennent à l'ayant-droit qui peut en disposer à sa guise, et ne rend compte que des capitaux. Deux hypothèses peuvent se présenter :

Ou bien c'est le père qui survit, et qui convole en secondes noces : il conserve l'usufruit légal après comme avant son second mariage ; son droit reste le même ;

Ou bien c'est la mère qui survit et qui se remarie : la loi dans ce cas lui retire la jouissance des biens de ses enfants (art. 386).

Le législateur n'a pas voulu que la mère convolât en secondes noces, et transportât dans une autre famille les revenus des enfants issus de sa première union. Mais ce motif n'est pas le seul, car s'il a été suffisant à l'égard de la mère pour lui faire encourir une pareille déchéance, il aurait dû l'être à l'égard du père; lui aussi va porter, en se remariant, à sa nouvelle épouse et aux enfants qu'il pourra avoir avec elle, les revenus des enfants du premier lit. Les rédacteurs du Code ont enlevé l'usufruit à la mère remariée parce que, sous la plupart des régimes matrimoniaux, le mari a seul le droit de percevoir les fruits et les revenus appartenant à la femme, et dans

le cas même où la loi ne lui confère pas ce droit, il
en est presque toujours investi en fait par la tolérance
de sa femme. Il pourrait arriver par conséquent que
dans l'usage qu'il ferait des revenus des enfants du
premier lit, il ne tint aucun compte des intérêts de
ceux-ci ; il pourrait, par exemple, consommer ces revenus en prodigalités ou les employer exclusivement
au profit des enfants issus de la seconde union.

Cet inconvénient ne se produit pas si c'est le père
qui se remarie ; bien qu'il prenne une nouvelle épouse,
il n'en conserve pas moins la propriété et l'administration des revenus de ses enfants ; son amour paternel
est un gage qu'il n'en fera pas, malgré peut-être les
sollicitations de sa nouvelle épouse, un emploi contraire à l'affection qu'il doit à ses enfants du premier lit.

Examinons les deux questions qui se sont élevées à
propos de l'usufruit légal.

Nous savons que la mère survivante perd en se remariant la jouissance des biens de ses enfants ; supposons qu'elle redevienne veuve, recouvrera-t-elle alors
pour l'avenir, et du jour du décès de son second mari,
cette jouissance que la loi lui avait retirée ?

Un premier système partant du principe : *cessante
causâ, cessat effectus*, déclare que l'usufruit légal doit
être rendu à la mère. En effet, qu'a voulu le législateur ? Empêcher que la mère n'apporte à son nouvel
époux les revenus de ses enfants du premier lit que
celui-ci détournerait peut-être de leur véritable affecta-
tion : l'entretien et l'éducation des enfants. Le danger
a disparu par la mort du second mari ; la mère va do-
rénavant toucher elle-même les revenus de ses enfants,
et les employer comme elle l'entendra. La précaution
prise par le législateur n'a plus de raison d'être, elle est
inutile, supprimons-la et faisons recouvrer l'usufruit
à la mère redevenue veuve (1).

(1) Taulier, t. I, p. 496.

Je n'admets pas cette théorie et me range à l'avis de ceux qui soutiennent que la mère perd irrévocablement, en se remariant, son droit d'usufruit.

En effet, l'art. 386 déclare que la jouissance *cessera* à l'égard de la mère dans le cas d'un second mariage ; elle est donc éteinte et nous n'avons aucun article qui nous dise qu'elle renaîtra aussitôt après la dissolution du second mariage. Ce ne serait, à proprement parler, qu'une suspension de jouissance ; or, si les rédacteurs du Code l'avaient voulu ainsi, ils n'auraient pas dit : la jouissance *cessera*, mais bien plutôt la jouissance sera *suspendue* pendant la durée de la nouvelle union. Il y a donc pour les enfants un droit acquis que nous ne pouvons leur enlever sans un texte formel. Celui-ci n'existe pas, il ne nous appartient pas de le créer.

Ajoutons, pour terminer, que le danger redouté par le législateur, et qui avait motivé le retrait à la mère de l'usufruit légal, n'a pas complètement cessé d'exister par le décès du second mari. S'il est vrai qu'il n'est plus là pour détourner lui-même de leur destination les revenus des enfants de sa femme, son souvenir est souvent trop vif pour que la veuve, qui maintenant touche ces revenus, n'en fasse pas un usage conforme aux intentions et aux conseils de son dernier conjoint. Et cela est encore plus vrai, s'il existe des enfants du second lit. La mère, presque toujours, aura oublié son premier mari pour donner tout son amour à son nouvel époux, et cette affection se reportera, après la mort de celui-ci, sur les enfants issus de leur union au détriment des autres. Aussi, pense-t-on qu'il serait dangereux de rendre à la mère redevenue veuve l'usufruit que son convol lui a fait perdre (1).

Il est possible que le second mariage de la mère soit annulé, dans ce cas, la jouissance légale de celle-ci va-t-elle renaître.

(1) Demol., t. VI, n° 562 ; Duranton, t. III, n° 386 ; Demante, t. I, n° 131, *bis*.

Cette question a donné naissance à trois systèmes.

1ʳᵉ *Système*. La jouissance légale est conservée à la mère. Le mariage, en effet, a été annulé, il n'a donc jamais existé aux yeux de la loi, et ne doit produire aucun effet : *quod nullum est, nullum producit effectum*. L'extinction de l'usufruit, qu'avait eu pour conséquence la célébration du second mariage, disparaît en même temps que celui-ci, la mère recouvre la jouissance légale des revenus de ses enfants du premier lit. Il n'y a pas à distinguer, dans ce système, si le mariage contracté par la mère était ou non putatif.

2ᵉ *Système*. — Il établit une distinction.

Si le mariage annulé a été contracté de mauvaise foi, il n'a produit aucun effet civil, et la jouissance légale n'a jamais cessé d'appartenir à la mère ; si la veuve a été de bonne foi en contractant sa nouvelle union, celle-ci, en vertu de la fiction de droit établie par la loi, produira les mêmes effets qu'un mariage valable et enlèvera à la mère la jouissance légale. (Art. 386.)

Ces revenus, dont on fera profiter les enfants du premier lit, seront pour eux une compensation à la perte qu'ils éprouveront plus tard, par suite du concours à la succession de leur mère des enfants issus du mariage putatif. Si, au contraire, celle-ci a été de mauvaise foi, elle conserve bien son droit de jouissance, mais les enfants issus de la première union n'auront pas à subir plus tard le concours de ceux issus de la seconde, que leur qualité d'illégitimes fera écarter (1).

Malgré tous ces arguments, nous ne pouvons admettre un système qui traite la femme de mauvaise foi plus favorablement que celle de bonne foi. La mère aurait avantage, d'après cette théorie, à se prétendre de mauvaise foi, pour conserver la jouissance légale que lui avait enlevée son second mariage. Celui-ci a

_____

(1) Duranton, III, nº 587.

existé en fait, malgré la mauvaise foi des époux et malgré son annulation, cette existence suffit pour engendrer certaines conséquences, elle motive, par exemple, la poursuite de l'un des époux pour crime de bigamie, si l'un des conjoints était déjà engagé dans les liens d'une précédente union; en tous cas, on en tient compte en ce qui concerne la filiation. La perte de l'usufruit légal n'est pas un des effets du mariage, mais la punition de la célébration consentie par la femme.

2ᵉ *Système.* — Ce système, auquel je me range, admet que l'usufruit légal s'éteint d'une manière définitive par le second mariage de la mère. En effet, le Code déclare qu'à l'égard de la mère la jouissance légale *cessera dans le cas de second mariage;* il ne fait aucune distinction entre le mariage valable et le mariage annulable. Peu importe si l'union contractée par la mère est plus tard frappée de nullité; peu importe que celle-ci soit de bonne ou de mauvaise foi : elle a consenti à se remarier, la condition exigée par la loi est remplie; il y a eu second mariage, cela suffit pour anéantir l'usufruit légal à l'extinction duquel elle a tacitement donné son consentement.

Il n'y a qu'une hypothèse où la mère, malgré l'annulation de son second mariage, conserve l'usufruit légal, c'est celle où elle aurait fait annuler son union comme ayant été contractée sous l'empire de la violence. Le consentement donné dans de semblables conditions n'existe pas à proprement parler, il est vicié dans son essence et ne peut produire aucun effet. La loi ne devait pas frapper de la peine encourue par la mère qui convole en secondes noces, une femme à laquelle le consentement a été arraché par violence et qui une fois libre, s'empresse de faire annuler une union qu'elle désavoue (1).

_____

(1) Demol., t. VI, nᵒˢ 563 et 564; Marc., t. II, art. 386 et 387, nᵒ 6.

L'époux contre lequel le divorce a été prononcé perd tous droits à la jouissance légale des biens de ses enfants (art. 386, C. civ). Si c'est le mari, l'usufruit appartient à la femme(1), mais elle le perd en convolant en secondes noces (art. 386, C. civ.) ; cependant il ne repasse pas dans les mains du mari à l'égard duquel il est éteint ; si c'est la femme, l'usufruit reste au mari, alors même qu'il se remarierait.

Si le mari vient à mourir, l'usufruit ne retourne pas à la femme bien qu'elle n'ait pas convolé en secondes noces.

L'art. 386 qui a recouvré son plein et entier effet, par suite de l'abrogation de la loi de 1816 déclare que la mère perd l'usufruit légal dans le cas de second mariage. Mais une hypothèse particulière peut se présenter ; je suppose par exemple que la femme divorcée ait recueilli l'usufruit légal et que plus tard, restée libre, elle se réunisse à son premier mari. Celui-ci va-t-il recouvrer l'usufruit qu'il avait perdu? Il semble de prime abord que la perte de la jouissance pour le mari étant dans ce cas le résultat d'une peine prononcée par la loi, les époux ne pourront pas, par l'effet d'une convention privée, revenir sur une déchéance légalement prononcée. Il n'en est rien ; la loi en permettant aux époux de se réunir, leur a donné le droit de se prévaloir ou non des sanctions qu'elle attache à leur divorce. Le mari n'avait perdu l'usufruit que par suite de son divorce, celui-ci cessant, tous ses effets doivent disparaître : *cessante causâ, cessat effectus*. Et d'ailleurs, dans le cas où le mari a, par contrat de mariage, la jouissance des biens de sa femme, il serait bien difficile de l'empêcher de profiter de l'usufruit des biens de ses enfants.

(1) Goirand, p. 201; *Contra* Carpentier, n° 393.

CHAPITRE II

Influence des seconds mariages sur la dette alimentaire

ARTICLE II. — LE PREMIER MARIAGE A ÉTÉ DISSOUS PAR LA MORT DE L'UN DES ÉPOUX

Le législateur a imposé a certaines personnes, à raison de la parenté ou de l'alliance qui les unit, l'obligation réciproque de se fournir des aliments, en cas de besoin. C'est ce qu'on appelle la dette alimentaire.

Les art. 205, 206 et 207 nous indiquent quelles sont les personnes soumises à cette dette :

1° — *Les descendants* à l'infini vis-à-vis de leurs ascendants également à l'infini : l'obligation de l'arrière petit-fils à l'égard de son bisaïeul est aussi forte que celle du fils à l'égard de ses père et mère (art. 205 et 207, C. civ.) ;

2° — *Les ascendants* à l'infini à l'égard de leurs descendants également à l'infini : le bisaïeul est tenu envers son arrière petit-fils comme un père vis-à-vis de son enfant (art. 205 et 207.);

3° — *Les gendres et belles-filles,* vis-à-vis de leurs beaux-pères et belles-mères (art. 206);

4° — *Les beaux-pères et belles-mères* vis-à-vis de leurs gendres et belles-filles.

Les expressions de beau-père et de belle-mère désignent ici le père ou la mère de l'un des conjoints, ceux que le droit romain appelait *socer, socius,* et non le second mari ou la seconde femme de l'un des époux, qu'à Rome on désignait sous les noms de *vitricus* et *noverca* et que nous appelons chez nous *parâtre* et *marâtre*.

Les rédacteurs du Code, considérant que les liens qui unissent les ascendants et les descendants sont trop intimes pour être brisés par une nouvelle union, ont déclaré que la dette alimentaire subsisterait entre ces parents même au cas ou l'un d'eux contracterait un second mariage.

Il n'en est pas de même des alliés en ligne directe énumérés dans l'art. 206; le second mariage qu'ils contractent leur fait perdre dans certains cas leur créance alimentaire. C'est ainsi que, aux termes de l'art. 206, les gendres et belles-filles ne sont plus tenus de fournir des aliments à la belle-mère qui a convolé en secondes noces.

La loi ne frappe de déchéance que la mère, elle garde le silence sur le père, c'est donc que tout en se remariant, il conserve son droit à des aliments. Encore ici nous remarquons entre le père et la mère qui convolent en secondes noces, une différence que nous avons déjà rencontrée à plusieurs reprises. Pour justifier celle existant entre eux, au point de vue de la dette alimentaire, on fait observer que la mère qui se remarie passe dans une autre famille; elle n'a plus rien de commun avec celle de son premier mari, pas même le nom qu'elle quitte pour prendre celui de son nouvel époux ; à celui-ci et aux nouveaux alliés de la femme à subvenir à ses besoins. S'il en eût été autrement on aurait pu craindre que le mari entre les mains duquel on aurait payé la pension alimentaire due à son épouse n'en fît un usage contraire aux intérêts de celle-ci, ou l'employât à la satisfaction de ses plaisirs personnels.

Enfin, la considération la plus forte à mon avis, et qui a décidé le législateur à retirer à la mère remariée le droit de réclamer les aliments même dans le cas où la fortune de son second mari et de ses alliés, ne leur permet pas de lui venir en aide, est la défaveur avec laquelle le législateur a toujours regardé les seconds mariages des veuves. A plusieurs reprises, en effet, nous le voyons frapper de déchéance la femme qui convole en secondes noces dans le cas où, au contraire, il encourage les secondes unions des maris veufs.

L'art. 206 ne parle que de la belle-mère remariée, faut-il étendre sa disposition à la bru qui convole en secondes noces et la déclarer déchue du droit de réclamer des aliments aux père et mère de son premier époux ?

D'après un premier système, le second mariage de la bru ne lui fait pas perdre sa créance alimentaire contre les parents de son précédent mari qui en sont toujours tenus. En effet, disent les partisans de cette opinion, nous ne trouvons dans la loi aucune déchéance prononcée contre elle; or, il ne nous est pas permis de créer une peine que le législateur n'a pas jugé à propos d'édicter à son égard. S'il ne l'a pas fait c'est qu'il a vu d'un œil plus favorable le second mariage de la bru, toujours beaucoup plus jeune que la belle-mère et pour laquelle le veuvage eut peut-être été une charge trop lourde et trop pénible, surtout avec des enfants, la plupart du temps en bas âge. Tenant compte de ces considérations, le législateur n'a pas cru devoir frapper la bru qui se remarie de la même peine que la belle-mère (1).

Presque tous les auteurs repoussent ce système et soutiennent, au contraire, que la bru comme la belle-mère, perd en convolant en secondes noces le droit de réclamer des aliments aux parents de son premier mari. Les motifs qui ont inspiré aux rédacteurs du

(1) Laur., t. III, n° 77.

Code, l'idée de frapper d'une déchéance la belle-mère qui se remarie se rencontrent ici et ne sont pas moins forts. Comme la belle-mère, la bru qui contracte une nouvelle union passe dans une autre famille dont les membres seront tenus de lui fournir des aliments.

Le danger que les rédacteurs du Code ont voulu éviter lorsqu'il s'agissait de la belle-mère, à savoir que le mari, si on conservait la créance alimentaire à la femme, en toucherait le montant, et en disposerait sans contrôle possible, est aussi à craindre ici que dans le cas de second mariage de la belle-mère ; ce sera entre les mains du nouveau mari que la pension sera versée. Pourquoi dès lors, puisque les raisons sont les mêmes dans les deux cas, admettre une solution différente ?

Enfin, le législateur n'avait pas besoin de déclarer expressément que la bru qui se remarierait perdrait sa créance alimentaire, puisqu'il l'avait fait implicitement. L'art. 207, énonçant la règle générale en matière de dette alimentaire, ne nous dit-il pas que les dispositions contenues dans les articles 205 et 206 sont réciproques.

En vertu de cette réciprocité, nous sommes obligés de déclarer que si la belle-mère est déchue, en convolant en secondes noces, de sa créance alimentaire, il doit en être de même à l'égard de la bru qui perdra en se remariant le droit d'exiger des aliments des parents de son premier mari (1).

Une autre question plus importante encore et présentant un plus grand nombre d'applications pratiques, est celle de savoir si la belle-mère qui perd sa créance alimentaire en se remariant, se trouve elle-même déchargée de toute obligation à l'égard de ceux que sa seconde union affranchit de toute dette envers elle. La

---

(1) Demol., t. IV, n° 28 ; Marc., t. II, *Sur l'art. 207*, n° 2 ; Dur., t. II, n° 421 ; Demante, t. I, n° 289 *bis* ; Aub. et Rau (4° éd.), t. V, § 553 texte et note 7.

solution que j'adopterai en ce qui concerne la belle-mère, s'appliquera aussi à la bru qui aura convolé en secondes noces : elle perd sa créance contre sa première belle-mère, reste-t-elle tenue envers elle ?

Un premier système prétend que la dette est éteinte à l'égard de la belle-mère, comme elle l'est à l'égard de son gendre et de sa bru. En effet, dit-on, la loi a posé, dans l'art. 207, une règle fondamentale en matière de dette alimentaire, c'est la réciprocité : « Les obligations résultant des dispositions précédentes sont réciproques, » dit le texte du code. La généralité des termes de l'art. 207 ne nous permet pas de faire une distinction entre les deux alinéas de l'art. 206. Si on admet, et personne ne le conteste, que l'obligation s'éteint de part et d'autre par le décès de l'époux produisant l'alliance, il faut, pour être logique, admettre l'extinction réciproque de la dette dans l'hypothèse du premier alinéa, c'est-à-dire lorsque la belle-mère se remarie. Agir autrement ce serait créer dans la loi des distinctions qui ne s'y trouvent pas.

Un second système, auquel je me range sans hésiter, admet que le convol de la mère ou de la bru leur fait perdre leur créance, mais ne les libère pas de leur dette.

Et d'abord, libérer de la dette alimentaire la belle-mère et la bru qui se remarient serait directement contraire au but du législateur. Il a voulu, en les déclarant déchues de leur créance, les détourner des secondes noces qu'il voit d'un mauvais œil : affranchir la belle-mère et la bru de la dette dont elles sont tenues envers leurs alliés serait les engager à contracter une nouvelle union.

On invoque à tort la réciprocité écrite dans l'art. 207. Nous reconnaissons bien qu'il y a une obligation réciproque entre deux parties ; cette obligation a pris naissance au jour de la célébration du mariage ; la réciprocité a existé dès cette époque ; l'art. 207 a reçu son application. Mais la réciprocité étant de la nature et non de l'essence de la dette alimentaire, rien n'empêche que, l'une des obligations, celle de la belle-mère ou de la bru, disparaissant, l'autre subsiste. Il n'est pas rare, d'ailleurs, de trouver dans le Code des cas où un droit en principe réciproque, se trouve éteint pour l'une des parties, tandis qu'il continue d'exister au profit de l'autre ; nous en avons des exemples dans les art. 299 (modifié par la loi du 27 juillet 1884), 300 et 1518, C. civ.

Le texte de la loi est conforme à cette solution. L'article 206 éteint l'obligation alimentaire pour l'une des parties, mais il la maintient pour l'autre. Si, en effet, cet article décide que la belle-mère qui convole en secondes noces perd sa créance, nulle part, au contraire, nous n'avons un texte qui de son côté prononce l'extinction de la dette de celle-ci. Le législateur ne l'a pas fait, c'est qu'il a pensé avec raison qu'il y aurait une véritable injustice à édicter une telle disposition. Il n'aurait certes pas été équitable que l'une des parties de l'obligation put, par suite d'un fait tout personnel, faire perdre son droit à l'autre, bien que celle-ci fut restée complètement étrangère à l'acte. C'eût été la violation flagrante du principe énoncé dans l'adage : *Res inter alios acta, aliis neque nocere neque prodesse potest* (1).

La créance alimentaire est éteinte pour la mère qui convole en secondes noces (art. 206) et les raisons qui ont inspiré le législateur sur ce point nous ont fait admettre, malgré le silence de la loi, la même solution pour la bru ; mais si elles redeviennent veuves, recouvreront-elles pour l'avenir la créance d'aliments que leur convol leur a fait perdre ? Je ne le crois pas ;

---

(1) Dur., t. II, n° 420 ; Marc., art. 204-207, n° 1 ; Laur, t. III, n° 76 Aubry et Rau (4° éd.), t. VI, § 553, note 6.

la loi, du reste, est formelle en ce qui concerne la belle-mère pour qui le droit aux aliments *cesse*, dit l'art. 206, lorsqu'elle a convolé en secondes noces. Appliquons par analogie de motifs la même déchéance à la bru, nous dirons que l'une et l'autre ont été privées de leur droit, et que nous ne pouvons sans un texte formel faire renaître à leur profit une créance éteinte. Or, ce texte nous manque.

ARTICLE II. — LE MARIAGE A ÉTÉ DISSOUS PAR LE DIVORCE

Le divorce rompt, entre époux, les obligations qui étaient nées du mariage, par suite, le devoir de fidélité, de secours et d'assistance n'existent plus. Cependant, il ne fallait pas qu'un conjoint, alors qu'il se trouvait contraint de demander la rupture d'un lien que l'autre époux avait rendu odieux, fut réduit à la misère quand l'époux coupable vivrait à l'abri du besoin. Aussi lui a-t-on reconnu le droit de réclamer une pension alimentaire au conjoint contre lequel le divorce a été obtenu,

Le fait pour l'époux divorcé auquel la pension a été allouée, de contracter un second mariage, a pour conséquence l'extinction de son droit; au nouveau conjoint qu'il choisit et à la nouvelle famille dans laquelle il entre à pourvoir à ses besoins (1).

(1) Carpentier, n° 374.

CHAPITRE III

Influence des seconds mariages sur la tutelle

Dans une première section, j'examinerai les effets des seconds mariages relativement à la tutelle proprement dite; dans une seconde, les effets de ces mêmes mariages relativement au droit de désigner un tuteur testamentaire.

SECTION I

Effets des seconds mariages sur la tutelle proprement dite

ARTICLE I. — LE PREMIER MARIAGE A ÉTÉ DISSOUS PAR LA MORT DE L'UN DES ÉPOUX

La tutelle est le complément de la puissance paternelle. Le législateur qui avait confié la puissance paternelle au survivant des père et mère, devait aussi lui confier la tutelle des enfants issus du mariage. C'est ce qu'il a fait dans l'art. 390 du Code civil : « Après la dissolution du mariage arrivée par la mort naturelle (ou civile) de l'un des époux, la tutelle des enfants mineurs et non émancipés appartient de plein droit au survivant des père et mère. »

Mais si le survivant vient à se remarier, que deviendra la tutelle, lui restera-t-elle ou passera-t-elle à une autre personne ?

Le second mariage du PÈRE n'a aucune influence sur la tutelle que la loi lui a conférée sur ses enfants : il la conserve de plein droit sans qu'il ait besoin d'aucune confirmation de la part du conseil de famille.

Il n'en est pas de même pour la MÈRE.

Partant de ce principe que le convol de la mère dénote chez elle une affection moins grande pour ses enfants, les rédacteurs du Code se sont montrés plus sévères à son égard (1) : ils lui retirent la tutelle lorsqu'elle se choisit un nouvel époux, mais dans certains cas seulement.

Il avait été un moment question, lors de la discussion du Code, d'enlever complètement la tutelle à la mère remariée. M. Tronchet était encore plus catégorique : considérant que le second mariage du père prouve aussi chez lui une diminution de tendresse pour ses enfants, il voulait qu'on lui enlevât le tutelle de ceux-ci.

Aux partisans de cette opinion un peu exagérée, M. Berlier répondit en faisant observer qu'il serait injuste de priver de la tutelle, à l'avance et dans tous les cas, la mère qui convole en secondes noces. En se remariant, n'est-elle pas la plupart du temps guidée par l'intérêt de ses enfants, surtout s'ils sont nombreux, en bas âge, et si sa fortune ne lui permet pas de subvenir à leurs besoins ; elle cherche dans une nouvelle union une protection pour elle et ses enfants. Elle ne commet donc pas une faute qui doive toujours motiver une déchéance à son égard. Qu'on lui confie la tutelle si on juge qu'elle peut l'administrer ; si elle n'en est pas capable, il est toujours temps de la lui retirer.

Pour le père on redoutait l'injustice ou la méchanceté d'un conseil de famille qui aurait ainsi pu mettre indirectement obstacle à son mariage en le menaçant de lui retirer la tutelle de ses enfants s'il se remariait.

(1) Locré, t. VII, p. 171.

D'ailleurs, on fit observer que pour le père il n'y avait aucun inconvénient à lui conserver la tutelle malgré son convol. En effet, bien que remarié, il conserve toujours la libre gestion de ses affaires, par conséquent ce sera toujours lui qui continuera d'administrer celle de ses enfants; la mère, au contraire, en se choisissant un nouveau mari, tombe sous sa puissance. Ce sera celui-ci qui désormais prendra la direction des affaires de la famille, et en même temps gérera la tutelle des enfants du premier lit de sa femme. Aussi, en présence de cette différence existant entre le mère, devait-on agir avec prudence. C'est ce qu'a fait législateur qui a pris diverses précautions que je vais examiner.

« Si la mère tutrice veut se remarier, dit l'art. 395, elle devra, avant l'acte de mariage, convoquer le conseil de famille qui décidera si la tutelle doit lui être conservée. A défaut de cette convocation, elle perdra la tutelle de plein droit, et son nouveau mari sera solidairement responsable de toutes les suites de la tutelle qu'elle aura indûment conservée. »

Art. 396 : « Lorsque le conseil de famille, dûment convoqué, conservera la tutelle à la mère, il lui donnera nécessairement pour cotuteur le second mari qui deviendra solidairement responsable avec sa femme de la gestion postérieure au mariage. »

Nous trouvons dans l'art. 395 deux précautions prises dans l'intérêt des enfants : 1° l'obligation pour la veuve de convoquer le conseil de famille; 2° la responsabilité du second mari si sa femme ne s'est pas conformée aux prescriptions de la loi.

Après avoir dit à la mère ce qu'elle avait à faire en cas de second mariage, le législateur prévoit deux hypothèses :

Ou bien la veuve tutrice n'a pas tenu compte des prescriptions de la loi ;

Ou bien elle s'y est conformée.

1re Hypothèse. — *La mère n'a pas convoqué le conseil de famille.* — L'art. 395, second alinéa, déclare la mère déchue de la tutelle et son mari solidairement responsables... Mais n'allons pas croire que le mineur va rester alors sans tuteur, et, par suite, sans protecteur. Ce serait lui faire supporter à lui qui est innocent la négligence de sa mère ; la loi n'a pu consacrer une semblable injustice. S'il est vrai que la mère perd de plein droit la tutelle, elle n'en reste pas moins tutrice de fait ; il ne lui est pas permis d'abandonner l'administration des biens de son enfant mineur ; elle doit continuer de gérer jusqu'à la nomination d'un nouveau tuteur. Si elle manque à ce devoir et qu'un dommage soit résulté de sa négligence ou de sa mauvaise volonté, elle et son nouveau mari seront tenus de le réparer ; si, par exemple, elle a omis de faire un acte conservatoire, intéressant le patrimoine du mineur, tel que le renouvellement d'une inscription hypothécaire, la notification d'un commandement pour interrompre une prescription, ils seront tous deux responsables de cette mauvaise administration.

De ce que la mère est déchue légalement de la tutelle, il s'en suit pour le mineur le droit d'attaquer les actes relatifs à la gestion des biens et qui sont postérieurs au second mariage de la veuve, c'est-à-dire à la perte de la tutelle. Mais la nullité de ces actes ne peut faire l'objet d'une opposition que de la part du mineur ; les tiers avec lesquels la mère a contracté n'ont qu'à se reprocher d'avoir agi avec imprudence en traitant avec elle ; à eux de se renseigner si elle était encore tutrice ou si elle ne l'était plus ; la publicité donnée au mariage leur facilitait cette tâche ; s'ils ne l'ont pas fait, à eux aussi de supporter les conséquences de leur imprudence. Mais qu'arrivera-t-il si les tiers ont fait leur possible pour savoir avec qui ils traitaient, et s'ils n'ont pu y arriver, par suite de la fraude de la mère pour cacher son second mariage et faire croire à la réalité de son titre de tutrice ? Leur ignorance est excusable dans ce cas, puisqu'ils n'ont rien à se reprocher. Pourront-ils alors demander la nullité de l'acte passé avec la mère tutrice de fait ou opposer cette nullité lors des poursuites du mineur ?

Cette solution semble contraire aux principes du droit commun, en vertu duquel les tiers qui ont traité avec un mandataire agissant en dehors des limites de ses pouvoirs, ne peuvent se prévaloir de la nullité à l'encontre du mandant, puisque celui-ci a droit de ratifier (art. 1998, 2°) (1). La mère serait ici assimilable à un mandataire.

Mais, quand bien même on eût admis que les tiers puissent opposer la nullité d'un acte passé avec un mandataire excédant ses pouvoirs, ce ne serait pas le cas ici ; la mère, tutrice de fait, n'est pas assimilable à un mandataire excédant ses pouvoirs, mais à un mandataire dont le mandat est révoqué. Alors le droit commun se trouve dans les art. 2005-2009. Par l'application de ces articles, la nullité des actes faits par la mère tutrice de fait n'aurait pu être opposée aux tiers de bonne foi, ignorant la déchéance de la tutelle. Mais il est difficile d'admettre, au cas de second mariage, que l'ignorance des tiers puisse être justifiable ; voilà pourquoi les auteurs n'appliquent pas, en principe, les articles 2005-2009, et permettent au mineur d'opposer la nullité.

La conséquence de l'admission de la bonne foi ou de l'excuse d'ignorance, devrait être par conséquent de rendre le mineur inhabile à opposer la nullité (2).

D'ailleurs les précédents de la jurisprudence sur

---

(1) Laurent, t. XXVIII, n° 65, cp. aussi, n° 59 et 69.

(2) Aubry et Rau, t. I, § 99 bis, note 30 et § 88, note 7.

cette question sont assez curieux à noter. Ils témoignent de certaines oscillations en sens contraire, à la suite desquelles les auteurs et les cours sont arrivés à la solution mixte qui prévaut aujourd'hui.

La première décision judiciaire avait été en faveur de la nullité radicale des actes faits par la mère qui avait indûment conservé la tutelle : donc nullité opposable même par les tiers. La tutrice de fait était assimilée à un mandataire apparent qui n'aurait jamais eu de pouvoirs (1).

Puis allant à l'extrême opposé, la jurisprudence décida que les actes de la mère tutrice de fait étaient valables dans les termes et les limites où se trouveraient valables les actes du tuteur légitime; par conséquent, la nullité ne pourrait pas être opposée même au nom du mineur (2).

Enfin, en 1822, la cour de Limoges rend un arrêt par lequel elle défend aux tiers d'opposer la nullité. Mais ici il n'est plus question du mineur ; et bien que les considérants soient encore conçus en termes absolus, un peu comme ceux de la cour de Turin, on peut croire que l'origine de la distinction adoptée par la jurisprudence actuelle se trouve déjà dans cet arrêt (3).

La vérité me semble se trouver dans l'idée suivante : que la mère a accepté quant à elle la situation de tutrice et que les tiers l'ont également acceptée comme tutrice; donc à son propre égard et à l'égard des tiers, la mère doit être traitée comme tutrice, si le mineur veut se prévaloir de cette qualité.

Mais à l'égard du mineur la tutelle de fait ne peut

(1) Nîmes, 19 prairial an XIII : Sirey, 1re sér., t. 2, II, p. 59.

(2) Turin, 25 juin 1810 : Sirey, 1re sér., t. 3, II, p. 296. (Note sur l'ancien droit en cette matière.)

(3) Limoges, 17 juil. 1822 : Sirey, 1re sér., t. 7, II, p. 98; cp. Cass. 28 mai 1823; Sirey, 1re sér., t. 7, I, p. 251.

être une tutelle qui s'impose à lui ; il peut donc dénier à sa mère cette qualité de tutrice, soit quant à elle, soit vis-à-vis des tiers. Et alors la mère ne reste plus qu'une simple gérante d'affaires dont les actes à l'égard du mineur sont valables uniquement dans les conditions et limites de la gestion d'affaires (1).

Quant à la théorie qui permettrait aux tiers d'assimiler la tutrice de fait à un faux mandataire n'ayant jamais eu de pouvoirs, je la crois inadmissible (2).

La mère est déchue de la tutelle, va-t-elle se trouver affranchie de l'hypothèque légale qui grevait ses immeubles ? Oui, disent les uns ; la femme n'est plus une véritable tutrice, elle n'est plus qu'un administrateur des biens du mineur ; or, l'art. 2121 ne frappe d'hypothèque que les biens du tuteur ; ceux du gérant d'affaires n'y sont pas soumis, et c'est là précisément la qualité de la mère remariée (3).

Cette solution ne me semble pas juste et je lui préfère la négative. En effet, l'art. 395, *in fine*, parle de *tutelle indûment conservée ;* ces expressions nous prouvent suffisamment que l'administration de la mère remariée n'est pas une simple gestion d'affaires, et en second lieu que la tutelle n'a pas pris fin, puisqu'elle est *conservée.* Le fait d'avoir indûment conservé la tutelle ne doit pas être pour la mère une cause de diminution de responsabilité. Il ne faut pas la traiter plus favorablement que la femme qui s'est conformée aux prescriptions de la loi. La mère est une véritable tutrice et comme telle doit voir ses biens soumis à l'hypothèque légale.

Enfin, ne serait-il pas dangereux pour les intérêts du mineur de supprimer la responsabilité de la mère lorsque précisément l'utilité s'en fera le plus sentir,

(1) Cp. Aubry et Rau, t. I, § 88, notes 6 et 8.
(2) Cp., Laurent, t. XXVIII, n° 69.
(3) Durant., t. IX, p. 312.

c'est-à-dire au moment où, se croyant affranchie de toute hypothèque, elle n'apportera plus à la gestion des biens de son enfant des soins suffisants, au moment où l'influence du nouveau mari sera le plus à redouter pour le mineur ?

D'ailleurs, si on reconnaît, comme on le fait généralement, que la mère déchue de la tutelle légale pour n'avoir pas convoqué le conseil de famille peut être investie par celui-ci de la tutelle dative, il faudra admettre, avec le système de M. Duranton, que l'hypothèque légale du mineur existant jusqu'au jour de la célébration du second mariage, s'éteindra depuis ce moment jusqu'à la convocation du Conseil de famille pour reprendre vie à la suite de sa délibération. De telle sorte que si la mère, dans une intention frauduleuse, constitue dans cet intervalle des hypothèques au profit des tiers ; celles-ci, inscrites de suite, se trouveront primer la seconde hypothèque légale du mineur. Un système qui a un résultat aussi étrange et peut produire des conséquences aussi dangereuses pour les intérêts des mineurs, doit être repoussé (1).

Le mari est responsable de « toutes les suites de la tutelle indûment conservée, » dit l'art. 395 *in fine ;* mais pourquoi cette sévérité vis-à-vis de lui à qui la loi n'impose aucune obligation ? Il est coupable de n'avoir pas veillé à ce que sa future épouse convoque le conseil de famille. Les femmes sont plus ignorantes de la loi que les hommes, c'était donc à lui à prendre garde que les prescriptions de celle-ci ne soient pas enfreintes.

Cette raison n'eût peut-être pas suffi pour faire incomber au nouvel époux une responsabilité aussi lourde ; mais ce qui a déterminé le législateur à agir ainsi, c'est l'ingérence habituelle de celui-ci dans l'ad-

_____

(1) Demol., t. VII, n° 120, p. 64 ; Marc., t. II, n° 186 ; Tropl., *des Priv. et Hyp.;* t. II, 426 ; Aubry et Rau (4° édit.), t. II, § 264 bis, note 13 ; Cass, 15 décembre 1825 ; D. ; 1826, I, 55.

ministration des biens de l'enfant né du premier mariage de sa femme. La plupart du temps, en effet, ce sera lui qui aura géré les affaires du mineur, en administrant celles de la famille.

L'art. 395 *in fine*, doit recevoir son application quel que soit le régime matrimonial sous lequel les nouveaux conjoints se sont mariés.

Demandons maintenant jusqu'où s'étendra la responsabilité que la loi fait assumer au nouvel époux. Va-t-elle embrasser la gestion antérieure et la gestion postérieure au mariage, ou se bornera-t-elle à cette dernière, c'est-à-dire à celle à laquelle le second mari a pris part ?

Dans un premier système on soutient que le mari n'est responsable que de la gestion postérieure à son mariage. On s'appuie pour défendre cette opinion sur les travaux préparatoires, sur le texte de la loi et sur des raisons d'équité.

Le droit romain (1) et l'ancien droit (2) se montraient d'une sévérité excessive à ce point de vue ; aussi les rédacteurs du Code civil ont-ils voulu diminuer la responsabilité qui auparavant incombait au mari. C'est dans ce but que l'art. 8, qui est l'origine de notre article 395 du Code civil, après avoir enlevé la tutelle à la mère qui se remarie sans avoir convoqué le conseil de famille, ne rendait le mari solidairement responsable que de l'indue gestion qui aurait eu lieu *depuis le nouveau mariage*. Et l'art. 9, devenu plus tard notre art. 396, déclarait qu'au cas où la tutelle serait conservée à la mère par le conseil de famille, le second mari, son cotuteur, deviendrait solidairement responsable avec sa femme de *la gestion postérieure au mariage* (3).

(1) L. 6, Code : *in quibus causis*.
(2) Poth., *Hyp.*, ch. I, sect. I, art. 3.
(3) Fenet., t. X, p. 596 et 597.

Dans les deux cas, la responsabilité du mari était la même ; elle se bornait à la gestion à laquelle il avait participé. Cependant, on fit observer au Tribunat que la rédaction de l'art. 8 visait bien l'hypothèse de l'indue gestion, mais laissait sous silence celle du défaut de gestion. Or, il fallait aussi rendre le mari responsable de ce défaut de gestion qui parfois pouvait être plus préjudiciable au mineur qu'une mauvaise administration. Aussi avait-on demandé que, pour éviter toute équivoque, on rédigea de la façon suivante la fin de l'article : « et son mari sera solidairement responsable avec elle depuis le nouveau mariage. » Mais lorsqu'au Conseil d'Etat on rédigea définitivement l'art. 395 du Code civil, on voulut faire droit aux observations du Tribunat ; on changea la dernière phrase de la disposition ; on inséra dans l'art. 395 les mots « toutes les suites » dans l'intention d'étendre la responsabilité du mari non seulement au cas de mauvaise gestion mais à celui du défaut de gestion, et on supprima les expressions « depuis le nouveau mariage, » qui se trouvaient dans l'art. 8 du projet. La disparition de ces quelques mots dans la rédaction définitive est plutôt un oubli de la part des Conseillers d'Etat, qu'une intention bien marquée de changer d'opinion.

Le texte de la loi n'est pas en opposition avec ce système. L'art. 395 dit, en effet : « que le mari sera solidairement responsable de toutes les suites de la *tutelle indûment conservée?* » Or à quel moment cette tutelle a-t-elle été indûment conservée ? Du jour du mariage. Jusqu'à cette époque, la tutelle était parfaitement légale, et ce n'est pas de celle-là que le législateur veut parler ; dans l'art. 395 il se réfère à la tutelle de fait qu'on reconnaît à la mère, remariée sans convocation du conseil de famille, jusqu'à la nomination d'un véritable tuteur.

Il serait, d'ailleurs, contraire à la raison et à l'équité

de rendre le mari responsable d'une gestion à laquelle il est resté tout à fait étranger.

Avant la célébration du mariage, le mari n'avait aucune puissance sur celle qui est devenue sa femme, et par conséquent ne pouvait pas mettre obstacle à sa mauvaise administration. Peut-être même, si les fautes remontent un peu haut, ne connaissait-il pas encore la mère du mineur au moment où les actes préjudiciables ont été accomplis : les mettre à sa charge serait une injustice que le législateur n'a pu consacrer (1).

Un second système auquel je me range, déclare le mari responsable même de la gestion antérieure au mariage, et pour cela il se fonde sur les motifs suivants.

En droit romain nous trouvons une théorie analogue dans la loi 6 au Code *(in quibus causis);* l'ancien droit l'avait reproduite. A cette époque, on admettait la maxime : « Qui épouse la veuve, épouse la tutelle. » Dans le cas où la mère tutrice s'était remariée sans avoir fait nommer un nouveau tuteur, rendu ses comptes de tutelle et payé le reliquat, les biens du mari garantissaient hypothécairement le mineur de tout ce qui pouvait lui être dû « tant pour le passé que pour l'avenir (2). »

L'art. 8 du projet présenté au Tribunat et modifié sur les observations et la demande de celui-ci, ne rendait le mari responsable que de la gestion postérieure à son mariage. Mais les mots « depuis le nouveau mariage » ayant été retranchés après discussion, l'intention des rédacteurs ne peut plus faire l'objet d'un doute ; ils ont voulu remplacer la responsabilité restreinte de l'art. 8 par une responsabilité plus étendue.

(1) Demol., t. VII, n° 127; Dem., t. II, n° 144 *bis*, IV.
(2) Domat., l. II, t. I, n° 37.

Enfin, ne crions pas de suite : à l'injustice ! Cette sévérité du législateur qui de prime abord semble excessive, s'explique très bien. Le mari qui n'a pas engagé sa femme à convoquer, avant leur mariage, le conseil de famille, s'est rendu coupable de négligence et a pu causer un préjudice au mineur. En effet, le conseil de famille n'étant pas convoqué, ignorant même la plupart du temps le second mariage de la veuve, n'a pu examiner les comptes de la tutelle que celle-ci ne lui a pas présentés ; il lui a été, par suite, impossible de prendre connaissance de l'état de la tutelle et d'assurer, par des mesures convenables, l'intérêt du mineur. Le mauvais état des comptes de la tutelle était peut-être la raison du silence et de la réserve de la mère ; on suppose alors que le mari était de connivence avec elle.

L'abstention du mari peut encore avoir eu pour effet d'éviter à la mère tutrice de payer le reliquat de son compte de tutelle ; il y a présomption que le mari a voulu profiter de cette fraude et bénéficier d'une somme qui, en définitive, aurait dû revenir au mineur. Or, si plus tard la mère se trouve incapable de payer ce qu'elle aurait dû restituer au jour de son mariage, il est juste que le mari, complice de la faute, en supporte solidairement les conséquences. Dans un cas comme dans l'autre, le mari doit se reprocher une faute, et c'est pour le punir de sa négligence ou de sa fraude que la loi étend sa responsabilité, non seulement à la gestion postérieure, mais encore à celle antérieure au mariage bien qu'il n'y ait pas participé.

Cette solution est admise par la majorité des auteurs et suivie par la jurisprudence (1).

L'art. 395 déclare le mari responsable de toutes les

_____

(1) Dur., t. III, 426 ; Marc., t. II, *Sur l'art. 395*, n° 2 ; Aubry et Rau (4° éd.), § 99 *bis*, texte et note 26 ; Caen, 22 mars 1860 ; Sir., 1860, II, 610 ; Dij.; 16 Juin 1862 ; Sir., 1862, II, 486.

suites de la tutelle, mais il ne nous dit pas s'il sera traité comme un tuteur et, par suite, si ses biens seront soumis à l'hypothèque légale.

D'après une première opinion, le mari est affranchi de l'hypothèque. Il n'est pas plus tuteur de fait qu'il ne l'est de droit; il ne l'est pas en droit, nous le savons, puisque nulle part la loi ne lui donne ce titre : il ne peut se le conférer à lui-même ; il ne l'est pas en fait, car en gérant lui-même les affaires du mineur avec celles de la famille, il n'a agi qu'au nom de la mère, et non au sien propre ; il ne le pouvait pas, du reste, puisqu'il n'avait pas qualité pour cela. Le législateur n'a voulu, en rendant le second mari responsable des suites de la tutelle, que le punir en quelque sorte de la faute qu'il a commise en s'associant à la négligence ou à la fraude de sa femme, mais aucun texte dans le Code ne lui donne la qualité de tuteur; or, c'est à ce titre que la loi attache l'hypothèque légale; s'il fait défaut, celle-ci ne saurait être admise.

Dans une deuxième opinion, à laquelle je crois devoir me ranger, on soutient que les biens du mari sont frappés d'hypothèque.

Cette solution, puisée dans le droit romain, est admise par la jurisprudence. Elle se fonde sur le texte et l'esprit de notre loi.

La responsabilité du mari est identique à celle de la mère : « Le nouveau mari sera solidairement responsable... » Or, si comme je l'ai admis, les biens de la mère, tutrice de fait, sont frappés d'hypothèque, son second époux qui est son cotuteur de fait, et que cette qualité rend responsable, doit aussi voir ses immeubles grevés d'hypothèque : on donne ainsi une sanction efficace à la responsabilité du nouvel époux :

(1) Marc, *sur l'article 395,* n° 2; Dur., t. IX, n° 312; Delv., t. I, p. 103; Val., *sur Proudhon,* t. II, p. 290, n° 7.

Enfin, si la loi a reconnu utile de garantir le mineur contre l'administration de la mère, cette garantie doit à plus forte raison lui être donnée contre le second mari qui, la plupart du temps, gèrera la tutelle à la place de sa femme (1) :

La mère qui s'est remariée sans convoquer le conseil de famille perd la tutelle, mais qu'arrive-t-il si elle provoque la convocation postérieurement à son mariage?

Le deuxième alinéa de l'art. 395 la déclare déchue de la tutelle si elle n'a pas obéi aux prescriptions contenues dans le premier; or, ici la condition exigée est remplie : la mère a perdu le titre de tutrice malgré la convocation tardive du conseil de famille faite à sa requête.

La tutelle légale a pris fin, le conseil va nommer un nouveau tuteur ; pourra-t-il choisir la mère? Oui, assurément; nul texte dans le code ne lui enlève ce droit en déclarant la mère incapable d'exercer la tutelle dative. L'art. 445 (C. civ.) dit, il est vrai, que « tout individu qui aura été exclu ou destitué d'une tutelle ne pourra être membre d'un conseil de famille, » et à plus forte raison être réélu tuteur; mais on ne peut pas s'appuyer sur ce texte pour enlever à la mère le droit d'être nommée tutrice de son enfant. La déchéance encourue par la femme, en vertu de l'art. 395, n'est pas une destitution analogue à celles prévues par les art. 443 et 444 et auxquelles s'applique l'art. 445. Il serait dur, en effet, d'infliger à la femme une punition aussi sévère pour une faute qui n'est peut-être imputable qu'à son ignorance. Et si le conseil de famille vient, en la choisissant pour tutrice, à prouver qu'il la juge excusable, il faut considérer la nomi-

(1) Demol., t. VII, n° 128; Cass., 14 décembre 1886; D. 1837, I, 86; Cass., 27 juin 1877; D. P., 1878, I, 412.

nation comme régulière aux yeux de la loi. D'ailleurs l'application rigoureuse de l'art. 445 nous conduirait à une conséquence absurde : on arriverait à dire, ce qui est insoutenable, que la mère, déchue de la tutelle pour n'avoir pas convoqué le conseil de famille avant de contracter son second mariage, est incapable à la mort de son nouveau mari d'être tutrice des enfants issus de leur union. Une telle conséquence suffit pour faire rejeter l'opinion de ceux qui voudraient enlever au conseil de famille le droit de conférer la tutelle à la mère qui l'a perdue.

Une seule différence existera : de tutrice légitime, la mère sera devenue tutrice dative (1).

Si la mère remariée et ayant perdu la tutelle légale, est nommée tutrice par le conseil de famille, celui-ci doit-il lui adjoindre le second mari comme cotuteur, ainsi que le prescrit l'art. 396 au cas où la mère est maintenue dans la tutelle légitime? On a soutenu que la tutelle n'étant pas ici conservée à la mère, mais lui étant déférée, on n'était plus dans l'hypothèse de l'art. 396; nulle part la loi n'oblige le conseil de famille à adjoindre à la mère son mari comme cotuteur; il n'est donc pas tenu de le faire (2).

Quant à moi, je préfère l'opinion contraire. Tout en reconnaissant que l'art. 396 ne prévoit pas notre hypothèse, on doit rechercher dans quel but le législateur a obligé le conseil de famille à associer à la mère maintenue dans la tutelle (art. 396) son nouvel époux comme cotuteur. Il a voulu protéger l'intérêt des enfants. N'ignorant pas la supériorité de l'homme sur la femme en ce qui concerne la gestion d'un patrimoine; sachant très bien que si c'est la femme qui agit elle-même en sa qualité de tutrice, elle ne le fait

---

(1) Dur., t. III, n° 427; Metz, 20 avril 1820; Sir., 1821, II, 330.

(2) Marc., t. 11, art. 442, n° 8.

que sur les conseils de son mari qui administre ainsi
indirectement les biens du mineur; il a préféré forcer
le conseil de famille à nommer le mari cotuteur de sa
femme, et le rendre responsable de sa gestion; de
cette manière son intérêt personnel étant en jeu, et
ceux du mineur garantis par l'hypothèque légale, il
apportera plus de soins à son administration tutélaire.

Toutes ces raisons militent avec tout autant, si ce
n'est plus de force, lorsque la mère en se remariant
n'a pas rempli les formalités prescrites par la loi :
les intérêts des enfants sont les mêmes, et l'inter-
vention du second mari est aussi nécessaire (1).

2ᵉ Hypothèse. — *La mère a convoqué avant son
mariage le conseil de famille qui l'a maintenue dans
la tutelle.*

La mère convoque le conseil de famille et lui fait
connaître l'intention où elle est de se remarier,
ainsi que le nom de son futur époux. Le conseil, examine si l'union projetée ne sera pas préjudiciable aux
enfants, et, devant nécessairement confier la cotutelle
au mari qui gérera le patrimoine du mineur, il tiendra
compte de sa moralité, de ses capacités et de la réputation dont il jouit comme administrateur de biens. Si
le conseil juge qu'il n'y a aucun inconvénient, que,
loin de là, il y a avantage pour les enfants à laisser la
tutelle à la mère avec son nouveau mari comme
cotuteur, il la lui conserve; si, au contraire, il y voit
le moindre danger pour l'intérêt des enfants, alors il

___

(1) Demol., t. VII, nᵒ 131.

Je ferai remarquer que l'obligation imposée à la veuve qui se remarie
est rarement observée. La plupart du temps, les futurs époux ne con-
naissent pas la loi; le mari ne se doute même pas de la responsabilité
que son union va lui faire assumer, et n'ayant personne pour l'en aver-
tir, contracte presque toujours mariage avec une veuve sans qu'il ait
aucune convocation du conseil de famille; celle-ci n'en conserve pas
moins la tutelle. La pratique est sur ce point en opposition avec les
prescriptions du Code.

lui retire la tutelle et la confère à une autre personne.

Examinons d'abord le cas le plus rare et qui nous
demandera le moins de développements, c'est-à-dire
celui où le conseil écarte la mère de la tutelle ; il n'est
pas tenu alors de faire connaître les raisons de sa
décision. Qu'on ne vienne pas, invoquant l'art. 447
(C. civ.), demander que le conseil motive sa délibération ; il n'est pas, en effet, question ici d'une destitution
ordinaire que le conseil ne peut prononcer que dans
les cas spécialement prévus et limitativement déterminés par les art. 443 et 444 ; mais d'une appréciation
discrétionnaire que la loi lui a conférée et pouvant
porter sur les causes les plus multiples telles que la
moralité ou le caractère du futur mari. Le conseil
n'est plus tenu de donner les motifs qui l'ont déterminé à retirer la tutelle à la mère ; l'intérêt de l'enfant
est son unique guide.

Le conseil de famille est seul juge et juge souverain
dans ce cas ; sa décision n'est susceptible d'aucune
voie de recours de la part de la mère. Le législateur
devait l'ordonner ainsi s'il voulait laisser au conseil sa
liberté d'appréciation. Il eût été contraint de faire
connaître ses motifs et de les soumettre à l'examen
et au contrôle des tribunaux, si l'on eût permis à la
mère d'en appeler de la délibération. Ce ne serait plus,
d'ailleurs, le conseil de famille, mais le juge qui con-
serverait ou enlèverait la tutelle à la mère, contrairement à la prescription de l'art. 396 (1).

Observons que si la mère, après le décès du second
mari, réclame la tutelle de ses enfants du premier lit,
que le conseil de famille lui a enlevée lors de son
convol, celui-ci peut la lui rendre ; aucun texte ne fait

---

(1) Demol., t. VII, n° 140 ; Cass., 17 novembre 1813.; D. *Rec. alp.*
t. XII, V° *Tutelle*, p. 722, n° 4 ; Montpellier, 13 juin 1866 ; Dev., 1867,
II, 114.

obstacle à cette solution; cependant on pourrait, il semble, la contester. En effet, le tuteur qui a remplacé la mère lors de son second mariage, ne se trouve dans aucun des cas d'exclusion ou de destitution prévus par les art. 443 et 444, et ayant été nommé purement et simplement il peut s'opposer à ce qu'on lui retire la tutelle qui lui a été conférée.

Arrivons-en maintenant au cas où la tutelle est conservée à la mère qui a régulièrement convoqué le conseil de famille avant de se remarier.

La mère reste tutrice légale, mais la loi oblige le conseil à lui adjoindre son mari comme cotuteur. Les rédacteurs du Code n'ignoraient pas que ce serait le nouveau mari qui administrerait les biens du mineur en même temps que ceux de la famille; laisser la femme seule tutrice aurait eu pour résultat de la rendre seule responsable d'une gestion que, en droit, elle devait elle-même prendre en mains, mais dans laquelle, en fait, son mari se serait toujours immiscé. Et en admettant même que le mari ne s'ingérât en aucune façon et laissât la mère agir seule, il était à craindre que l'influence des conseils de celui-ci ne préjudiciât aux enfants nés de la première union. On évita tous ces dangers en forçant le conseil de famille à associer les deux époux dans la gestion tutélaire, et à les rendre solidairement responsables. La délibération qui maintient la mère dans la tutelle doit *nécessairement* contenir en même temps la nomination de son mari comme cotuteur.

Ce titre que la loi lui confère a pour conséquence :

1° De lui donner un pouvoir d'administration;

2° De le rendre solidairement responsable avec sa femme de la gestion postérieure au mariage (art. 396);

3° De grever ses biens, comme ceux de la mère, de l'hypothèque légale (art. 2121);

4° De l'obliger à rendre ses comptes de tutelle au moment où celle-ci prendra fin (art. 469); et jusqu'à ce qu'il l'ait fait, il ne pourra passer aucun traité avec le mineur devenu majeur (art. 472), et rien recevoir de lui par acte entre-vifs ou par testament (art. 907, C. civ.) (1).

Nous venons de voir que le conseil de famille peut conserver la tutelle à la mère remariée, mais peut-il, en se basant sur l'intérêt des enfants, restreindre ses pouvoirs et ceux de son nouveau mari au point de vue de la gestion de la tutelle ?

Le conseil de famille, disent quelques auteurs, peut imposer à la mère certaines conditions, par exemple :

1° Fixer la somme à laquelle devra s'élever la dépense annuelle du mineur, ainsi que celle de l'administration de ses biens (art. 454) ;

2° Obliger le second mari à remettre à certaines époques, au subrogé-tuteur, des états de situation (art. 470).

On se fonde, pour soutenir cette opinion, sur ce que le conseil de famille est souverain appréciateur des intérêts du mineur ; les mesures qu'il prend peuvent être dictées par la prudence. Le nouvel époux, bien que n'étant cependant pas un administrateur incapable, peut être encore jeune, et n'avoir pas une expérience suffisante des affaires pour lui confier des pouvoirs trop étendus.

Enfin, lorsqu'il s'agit d'un tuteur datif, le conseil de famille puise dans la loi (art. 454 et 470), le droit de restreindre ses pouvoirs d'administration ; or, la tutelle dans laquelle la mère a été maintenue, sans être une tutelle dative proprement dite, n'est plus la tutelle purement légale ; le conseil de famille pouvait la lui enlever : en la lui conservant, c'est pour ainsi dire une nouvelle investiture qu'il lui a conférée. Et s'il en est ainsi à l'égard de la mère, si la nature de la tutelle qui lui est laissée peut faire l'objet d'une contestation, il n'en est pas de même de celle du second mari. A coup sûr, à son égard la tutelle est dative. L'art. 396 le déclare for-

(1) Metz, 18 janvier 1821; J. du Pal, t. XVI, p. 321.

mellement : « il (le conseil) lui *donnera* nécessairement pour cotuteur le second mari. » Si le conseil peut limiter les pouvoirs d'administration du mari qui, en fait, gère lui-même, il doit en être de même vis-à-vis de la mère (1).

Certains auteurs vont plus loin : partant de ce principe qui n'est pas toujours vrai en droit : « Qui peut plus peut le moins », ils déclarent que le conseil de famille peut, dans l'intérêt du mineur, imposer à la mère et à son cotuteur toute condition qui lui semblera avantageuse à l'enfant ; par exemple, il lui défendra de toucher des capitaux hors la présence du subrogé-tuteur qui pourra en surveiller l'emploi. Si le conseil, dit-on, peut retirer à la mère qui se remarie la tutelle de ses enfants mineurs, à plus forte raison peut-il lui restreindre ses pouvoirs d'administration (2).

Ceux qui reconnaissent au conseil de famille un droit de restriction aussi étendu, s'accordent avec les partisans de la première opinion sur un point : c'est lorsqu'il s'agit de donner par analogie à la mère, en vertu de l'art. 507 du Code civil, le droit de se pourvoir devant les tribunaux contre la décision du conseil de famille.

D'après un troisième système, le conseil de famille n'a qu'un droit : conserver ou enlever la tutelle à la mère ; s'il la lui conserve, il s'interdit par là même toute condition modificative ou restrictive des pouvoirs d'administration de la mère. S'il est une matière où l'on doive entendre rigoureusement les dispositions contenues dans le texte de la loi, c'est assurément celle de la tutelle, qui est une institution d'ordre public. Le législateur a déterminé les attributions du tuteur, il n'appartient au conseil ni de les restreindre ni de les étendre.

(1) Demol., t. VII, n° 146 ; Aubry et Rau (4ᵉ éd.) I, § 90, note 6.
(2) Taulier, t. II, 14.

Remarquons que si les rédacteurs du Code donnent, dans les art. 454, 455 et 470, le droit au conseil de famille de restreindre les pouvoirs du tuteur, c'est lorsqu'il est en présence d'une tutelle dative. L'art. 454 ne dit-il pas, en effet, « lors de l'entrée en exercice de toute tutelle *autre que celle des père et mère,* » et l'article 470 ; « tout tuteur, *autre que le père et la mère ?*» N'est-ce pas déclarer formellement que si c'est le père ou la mère (et la loi ne distingue pas si elle est ou non remariée) qui exerce la tutelle, le conseil de famille ne pourra lui imposer aucune condition restrictive? La tutelle qu'on a conservée à la mère (art. 395 et 396) n'a pas changé de nature par l'effet du convol de celle-ci qui est toujours tutrice légitime de ses enfants ; et le conseil de famille ne peut, sans excéder ses pouvoirs, modifier cette tutelle.

La place qu'occupent dans le Code les art. 395 et 396 est un argument en notre faveur. Ces deux articles se trouvent dans la section I (Ch. II, t. X), qui a pour titre « *De la tutelle des père et mère* », et c'est précisément lorsqu'il s'agit de cette tutelle que la loi rejette toute condition limitative de pouvoirs.

Quant à la cotutelle du mari, elle a pris naissance par suite de son titre d'époux, et après celle de la mère, dont la date remonte au décès du premier mari. Elle doit être, par conséquent, de même nature que celle conférée à la mère et se confondre avec elle.

Nous ne pouvons, de ce que le père avant de mourir a le droit de limiter la gestion tutélaire de la mère survivante, conclure que le conseil de famille a le même droit. Si les rédacteurs du Code ont jugé nécessaire de créer un texte spécial (art. 391, C. civ.) pour donner ce droit au père, comment admettre que nous puissions, sans un autre texte formel, conférer le même droit au conseil de famille. Puisque le père lui-même, avant son décès, n'a pas restreint les pouvoirs de sa femme, c'est qu'il la jugeait capable d'administrer le patrimoine de ses enfants ; on ne comprendrait pas que le conseil de famille vînt alors modifier ses pouvoirs d'administration. Du reste, lorsque le législateur veut lui confier un tel droit, il prend soin, pour lever tous les doutes, de le déclarer d'une façon expresse ; c'est ce qu'il a fait dans l'art. 507.

Enfin, on invoque l'intérêt du mineur ; mais nous répondrons que la loi a été faite par des hommes beaucoup plus expérimentés dans les affaires que ceux composant la plupart du temps les conseils de famille ; si les rédacteurs du Code n'ont pas voulu donner à ces derniers un droit aussi étendu, c'est peut-être parce qu'ils craignaient des abus, et certainement parce qu'ils ont, à bon escient, jugé le mineur assez protégé par les dispositions édictées en sa faveur (1).

La mère et son nouveau mari ont l'un et l'autre la qualité de tuteurs : tous deux ont les mêmes droits et sont soumis aux mêmes charges ; tous deux sont responsables, et leurs biens sont grevés de l'hypothèque légale ; mais alors qui sera chargé de gérer le patrimoine du mineur, c'est-à-dire qui exercera la tutelle ? Sera-ce le mari seul, ou le mari et la femme conjointement ?

Trois systèmes ont été émis sur ce point :

1er *Système.* — C'est le mari seul qui doit toujours administrer. Il est un véritable tuteur, et doit pouvoir exercer la tutelle qu'on lui a conférée. Il est vrai que la mère est aussi tutrice et qu'elle a les mêmes droits que son mari ; mais n'oublions pas que c'est celui-ci qui administre les affaires de la famille ; c'est lui qui, sous le régime de la communauté, exerce seul les actions mobilières et possessoires appartenant à sa femme (art. 1428). N'est-ce pas lui qui, en même temps,

---

(1) Magnin, t. I, 455 ; De Fréminville, t. I, 57.

devra gérer seul les biens du mineur? Il a, du reste, la confiance du conseil de famille qui savait qu'en conservant la tutelle à la mère elle aurait son mari pour co-tuteur.

Inutile qu'il y ait deux tuteurs agissant ensemble; leur administration serait plutôt entravée que facilitée par leur concours. On avait si bien reconnu en droit romain qu'il était préférable de ne charger qu'une seule personne de la gestion des biens du mineur de préférence à deux ou trois, que dans le cas où il y avait plusieurs tuteurs ou curateurs d'un même individu, on ne confiait la tutelle qu'à un seul.

Enfin, le mineur ne court aucun danger; le mari co-tuteur est solidairement responsable avec la mère, et cette responsabilité est sanctionnée par l'hypothèque légale de l'art. 2121 (1).

Ce système est trop en contradiction avec le texte et l'esprit de la loi pour ne pas être rejeté. L'art. 396 du Code civil dit que la tutelle est conservée à la mère, c'est-à-dire que celle-ci reste, après son convol, tutrice légale de ses enfants, comme elle l'était auparavant; dans cette opinion, au contraire, la mère n'est plus rien, son rôle est supprimé, c'est le mari qui gère seul; on peut dire qu'au lieu de conserver la tutelle, elle la perd. C'est cependant parce qu'il a épousé la mère tutrice que la cotutelle a été conférée au mari; il tient son titre de celui de sa femme, et on voudrait que le droit générateur disparaisse devant celui qu'il a fait naître! une telle théorie est insoutenable. Comment admettre, d'ailleurs, que le législateur ait pu rendre la femme responsable d'actes à l'accomplissement desquels elle n'a pas pris part, et qu'elle n'a pu empêcher, l'administration appartenant à son mari seul.

2e Système. — L'administration tutélaire appartient

(1) Chardon, *Puis. patern.*, n° 21 et 22.

soit au mari soit à la mère, selon le régime sous
lequel les nouveaux époux sont mariés.

Si les nouveaux conjoints ont choisi le régime de la
communauté, ou celui sans communauté, le mari
administre les biens du mineur comme il administre
tous les biens de la femme. Si, au contraire, les époux
ont adopté le régime dotal ou celui de séparation de
biens, la mère qui conserve l'administration de son
propre patrimoine, gèrera en même temps les biens
de son enfant mineur; toutefois son mari sera solidairement responsable avec elle. Mais s'il s'agit d'actes
sortant de la pure administration, le mari et la femme
devront agir conjointement, sous peine de nullité.

Si on suppose, par exemple, qu'il faille emprunter
pour le mineur, aliéner, hypothéquer ses immeubles
(art. 457, C. civ.), accepter ou répudier une succession
qui lui est échue (art. 461), introduire en justice une
action immobilière, ou acquiescer à une demande relative à des droits immobiliers (art. 464), etc..., dans tous
ces cas le concours du mari et de la femme sera nécessaire

D'ailleurs la mère, quel que soit le régime matrimonial, et en vertu de la responsabilité qui pèse sur elle,
aura le droit de surveiller la gestion de son mari. (1)·

On peut faire à ce système les mêmes reproches
qu'au précédent. Il est en désaccord avec le texte de
la loi, ou du moins il crée une distinction là où le
législateur n'en établit pas. Où voyons-nous celui-ci,
dans l'art. 396, nous parler des régimes matrimoniaux?
Il n'y fait même aucune allusion, il se contente de
proclamer en termes généraux la responsabilité de la
mère et de son nouveau mari.

Enfin, ne serait-il pas injuste de faire supporter à la
femme les conséquences de la mauvaise administra-

_____

(1) Magnin, *De la tutelle*, t. I, n°° 458-461.

tion de son mari, lorsqu'on lui interdit le droit d'y mettre obstacle.

3° Système. — Les époux doivent, dans tous les cas et sans tenir compte de leur régime matrimonial ni de la nature des actes, gérer ensemble et conjointement la tutelle.

Si c'est le mari qui fait l'acte, la femme tutrice doit le signer avec lui, ou lui donner sa procuration; si c'est la femme, son cotuteur l'assiste. Le concours de la mère et de son nouvel époux dans la gestion de la tutelle est une conséquence de leur responsabilité solidaire. Les deux conjoints ont les mêmes droits et les mêmes devoirs; l'administration exclusive de l'un ne doit pas annihiler les pouvoirs de l'autre. A quoi bon laisser à la mère le titre de tutrice si c'est le mari qui en remplit seul les fonctions

On ne peut sans injustice faire partager à l'un des époux la responsabilité d'actes auxquels il n'a pas participé et qu'il n'était pas en son pouvoir d'empêcher. C'est en partant de ce principe que la cour de Grenoble, dans un arrêt du 17 août 1831, oblige le demandeur qui veut diriger une action contre le mineur, à l'intenter à la fois contre la mère tutrice et son nouveau mari cotuteur (1).

La tutelle de la mère a pour conséquence d'entraîner ـa cotutelle du mari; l'existence de l'une est intimement liée à l'existence de l'autre, et le lien qui les unit est tellement inséparable que si l'une vient à disparaître, l'autre doit prendre fin immédiatement et de plein droit. Si la cotutelle du mari s'éteint par la cessation de la tutelle de la mère, le conseil de famille n'en reste pas moins libre, s'il le juge bon pour les intérêts du mineur, de conférer de nouveau la tutelle

---

(1) Demol., t. VII, n° 133; Aubry et Rau (4° éd.), t. I, § 99 *bis*, texte n° 3 et note 39; Laurent, t. IV, n° 388, Grenoble, 17 août 1831 ; D.' 1832, II, 47.

au second mari de la mère. Il n'y a plus alors qu'un tuteur (art. 405, C. civ.).

De même si la cotutelle du mari prend fin par suite de l'exclusion ou de la destitution de celui-ci, la tutelle de la mère cesse en même temps; il en serait de même si le mari s'était fait excuser.

Si le mari a perdu la tutelle par suite de son interdiction, celle de la mère doit prendre fin aussitôt. L'art. 396 dit, en effet, qu'elle doit avoir *nécessairement* pour cotuteur son mari; or celui-ci, bien qu'existant, est dans l'impossibilité d'exercer la tutelle, par conséquent, la condition de la loi ne pouvant pas s'accomplir, la tutelle de la femme doit s'éteindre.

Mais si la mort du mari fait cesser sa cotutelle, la mère, en redevenant veuve, rentre en possession de tous ses pouvoirs sur les biens de ses enfants.

Demandons-nous maintenant quels effets produira sur la tutelle de la mère et la cotutelle du mari la séparation de corps prononcée entre les époux.

Le Code n'a prévu qu'un cas, c'est celui où la séparation de corps a eu pour cause la condamnation de l'un des conjoints à une peine afflictive et infamante (art. 232 et 306 comb. et modif. par la loi du 27 juillet 1884). L'époux contre lequel la séparation de corps aura été prononcée dans l'hypothèse prévue par l'art. 232, sera déchu de plein droit de la tutelle (art. 443, C. civ.). Observons toutefois que le tuteur peut être déchu de la tutelle en vertu de l'art. 443, lorsqu'il n'y aura cependant pas lieu d'intenter une demande en séparation. En effet, l'art. 443 n'exige qu'une peine afflictive *ou* infamante et les art. 306 et 232 combinés exigent la condamnation de l'un des époux à une peine afflictive *et* infamante pour que la séparation de corps soit admise.

Mais le Code a gardé le silence sur les deux autres cas de séparation. De prime abord, il est facile de comprendre que maintenir la tutelle serait exposer le mineur à subir de graves préjudices. En effet, si la tutelle a été conservée à la mère et la cotutelle con- férée à son second mari, c'est que le législateur a supposé qu'ils s'entendraient tous les deux en vue d'administrer pour le plus grand avantage du mineur. Or cette entente est désormais rendue impossible par leur séparation et les sentiments d'inimitié qu'ils peu- vent éprouver l'un à l'égard de l'autre. Les intérêts du mineur seraient compromis si on leur laissait la ges- tion de son patrimoine. Il faut donc de toute nécessité que la tutelle ne soit conservée qu'à l'un des nouveaux époux ; mais auquel ? à la mère ou à son second mari ?

D'après les uns, la mère par le seul fait de sa sépara- tion serait immédiatement déchue de la tutelle, et la perte de celle-ci entraînerait de plein droit l'extinction de la cotutelle du mari (1).

C'est là un résultat souvent bien injuste à l'égard de la mère ; il peut se faire que ce soit elle qui ait introduit l'instance en séparation de corps contre son mari et qu'elle l'ait obtenue à son profit. Prononcer dans tous les cas la déchéance de la mère, ce serait créer arbitrairement une pénalité.

Aussi, je pense que le conseil de famille, en vertu du droit que lui confère l'art. 444, § 1 (Code civ.), de desti- tuer de la tutelle les gens d'une inconduite notoire, peut déclarer déchu de la tutelle l'époux contre lequel la séparation de corps aura été prononcée soit pour adultère, soit pour excès, sévices ou injures graves, c'est-à-dire pour les deux cas que ne prévoit pas le Code. C'est le jugement de séparation qui établit alors la notoriété de l'inconduite.

Qu'on ne nous oppose pas que l'on doit en matière de séparation de corps, maintenir, à défaut d'un texte

---

(1) Chardon, *Puiss. paternelle*, t. III, n° 24.

contraire, ceux des effets du mariage qui ne sont pas
une conséquence directe de la communauté d'habitation. Nous répondrons à cette objection que si la tutelle de la mère et la cotutelle du mari peuvent exister
sans la communauté d'habitation, elles ne le peuvent
sans la communauté d'idées, sans l'entente entre les
époux.

Si on admet, comme je l'ai fait, que l'un des époux,
bien qu'ils aient chacun un droit égal, ne peut agir
sans le concours de l'autre, il faut de toute nécessité
déclarer éteintes la tutelle de la mère et la cotutelle du
mari, si on ne veut pas nuire aux intérêts du mineur.
En effet, le concours des deux conjoints est rendu
impossible par leur défaut d'entente et leur séparation.
Chacun des époux, en sa qualité de tuteur, serait en
droit de faire de son côté des actes d'administration
qui pourraient se trouver en opposition avec ceux de
l'autre; il est facile de comprendre qu'un préjudice
grave pourrait en résulter pour le mineur et souvent
même une impossibilité de gérer.

Après l'extinction de la tutelle, par suite de séparation de corps, le conseil de famille pourra, s'il le juge
convenable, confier l'administration tutélaire à l'un
des époux.

On ne peut pas, en ce qui concerne la mère, nous
objecter l'art. 396 du Code civil déclarant en termes
formels que si la mère remariée est tutrice de ses
enfants, elle doit *nécessairement* avoir son mari pour
cotuteur. Je ferai remarquer d'abord que l'art. 396 ne
vise pas le cas exceptionnel d'une séparation de corps,
mais celui d'un mariage régulier et normal.

En outre, ici, il n'y a plus à craindre l'influence du
second mari ni son ingérence dans la tutelle, puisque
les deux époux sont séparés (1).

(1) Demol., t. VII, n° 139 *bis*.

Les intérêts du mineur, que la loi veut avant tout sauvegarder, exigent que le conseil de famille puisse confier la tutelle soit à la mère séparée, soit à son mari.

ARTICLE II. — LE PREMIER MARIAGE A ÉTÉ DISSOUS PAR LE DIVORCE

La tutelle des enfants mineurs issus du mariage ayant existé entre époux divorcés ne s'ouvre qu'au décès du premier mourant des père et mère. Que va-t-il arriver si à ce moment le survivant est remarié ?

Si c'est la mère qui prédécède, le père a la tutelle légale alors même qu'il serait remarié ; son convol n'exerce aucune influence sur son droit.

Si, au contraire, c'est le père qui meurt le premier, la mère n'a la tutelle légale qu'autant qu'elle n'est pas remariée : a-t-elle contracté une nouvelle union ? La tutelle est déférée par le conseil de famille qui peut nommer la mère tutrice, et, en ce cas, le second mari devient son cotuteur.

La femme divorcée n'a pu remplir en se remariant les formalités prescrites par l'art. 395 du Code civil et cela pour une raison fort simple : c'est que son premier mari existant encore, la tutelle légale n'était pas ouverte ; de là deux conséquences : la mère n'était pas tutrice, comme le suppose l'art. 395, et le conseil de famille n'étant pas encore composé, il lui eut été impossible de le convoquer. Malgré cela on n'hésite pas à déclarer la mère déchue du droit de réclamer, à la mort de son premier mari, la tutelle légale de ses enfants mineurs. On suppose chez elle une diminution d'affection pour ses enfants issus de son premier mariage.

Il semble que la tutelle conférée à la mère par le conseil de famille étant dative, celui-ci ne sera pas obligé de lui adjoindre, comme dans le cas de l'art. 396,

son second mari pour cotuteur. Cet article, en effet,
ne vise que l'hypothèse où la mère remariée est *maintenue dans la tutelle légale;* mais ici rien de semblable : elle n'est plus tutrice légale, mais dative, et la
même solution que celle admise au cas de séparation de corps devra s'appliquer, c'est-à-dire que
la mère pourra être nommée tutrice dative de ses enfants, sans qu'il soit nécessaire de lui adjoindre son
second mari pour cotuteur.

Mais je répondrai qu'ici il n'en est plus de même. Si,
lorsque les époux sont séparés, on confère la tutelle à
la mère seule, c'est que les nouveaux époux ne vivent pas
ensemble ; ils sont la plupart du temps animés de sentiments de haine l'un à l'égard de l'autre ; en un mot
ils ne pourraient pas s'entendre pour gérer les biens
des mineurs. Dans l'hypothèse que j'examine, au contraire, les époux sont réunis, et il serait à craindre
qu'en confiant à la mère seule l'administration tutélaire, on la rende responsable d'actes que, en droit, elle
devait accomplir elle-même, mais dont, en fait, son
mari serait presque toujours l'auteur.

SECTION II

Effets des seconds mariages relativement au droit de désigner un tuteur testamentaire

ARTICLE 1. — LE PREMIER MARIAGE A ÉTÉ DISSOUS PAR LA MORT

L'art. 397 confère au dernier mourant des père et
mère le droit de choisir pour ses enfants un tuteur
parent ou même étranger. Cette tutelle testamentaire
trouve son principe et sa justification non pas seulement dans la puissance paternelle et l'affection des
parents, mais encore dans la tutelle légale.

Le père ou la mère survivant peut avoir de sérieuses raisons, dictées par l'intérêt de l'enfant, pour écarter la tutelle légitime des ascendants et donner à celui-ci un tuteur de son choix. Le pouvoir des père et mère, indiqué au titre *De la tutelle*, leur suppose la qualité de tuteur ; autrement il aurait trouvé sa place logique au titre *De la puissance paternelle*.

Le droit de désigner un tuteur testamentaire appartient également au père et à la mère ; et celui-ci en mourant ne peut pas l'enlever à sa femme.

La nomination du tuteur peut avoir lieu : 1º par acte de dernière volonté ; 2º par une déclaration faite devant le juge de paix, assisté de son greffier, ou devant notaires (art. 392 et 398 Code civil combinés).

Voyons quels effets produira le second mariage du père ou de la mère sur le droit qu'ils ont de nommer un tuteur testamentaire.

Quant au père, qu'il se soit remarié ou qu'il soit resté veuf, son droit est toujours le même. Cela résulte implicitement de l'art. 399, qui ne parle que de la mère remariée et garde le silence sur le père.

Quant à la mère qui a convolé en secondes noces, la loi fait une distinction :

Ou bien la mère n'a pas été maintenue dans la tutelle de ses enfants du premier lit ;

Ou bien elle a été maintenue dans cette tutelle.

1ʳᵉ Hypothèse. — *La mère remariée n'a pas été maintenue dans la tutelle par le conseil de famille dûment convoqué.*

La mère est alors déchue du droit de nommer un tuteur à ses enfants mineurs.

On ne pouvait pas permettre à la mère, à laquelle on avait enlevé la tutelle pour la conférer à une autre personne, de remplacer en mourant, par un tuteur de son choix, celui qui était en fonction et contre lequel elle était impuissante pendant sa vie.

La même solution doit s'appliquer au cas où la mère a été déchue de la tutelle pour n'avoir pas convoqué le conseil de famille. On ne peut pas admettre que le législateur qui lui a retiré la tutelle, lui reconnaisse le droit de la conférer à son décès à une autre personne. Autrement on arriverait à ce résultat injuste : on traiterait la femme ayant obéi aux prescriptions de la vie plus sévèrement que celle qui s'est rendue coupable de négligence ou de fraude.

Observons, d'ailleurs, qu'il n'y a pas à distinguer si la mère a été remplacée par un autre tuteur ou si, bien que déchue de plein droit, elle a néanmoins continué de gérer jusqu'à sa mort, comme il arrive la plupart du temps dans la pratique. Elle serait mal fondée à invoquer cette continuation de gestion pour réclamer l'exercice de son droit d'élection. Il lui est impossible de l'exercer puisqu'elle n'a pas été maintenue dans la tutelle par le conseil de famille, dûment convoqué, ainsi que l'exigent les articles 395 et 400 du Code civil.

J'admettrai la même opinion à l'égard de la mère qui, après avoir perdu la tutelle légale, a été nommée tutrice dative par le conseil de famille. Elle tient, dans ce cas, son titre non de la loi mais du conseil qui n'a pas voulu lui conférer le *jus électionis*.

L'article 400 du Code civil, en parlant de la mère *maintenue dans la tutelle*, nous indique assez qu'il s'applique à la femme qui a conservé la tutelle légale. Or, dans notre hypothèse, la mère n'a pas été maintenue dans la tutelle primitive, c'en est une nouvelle que le conseil lui a conférée ; l'art. 400 ne peut donc pas s'appliquer et le droit de désigner un tuteur testamentaire sera éteint.

2° Hypothèse. — *La mère a été maintenue dans la tutelle par le conseil de famille dûment convoqué.*

Elle pourra nommer un tuteur à ses enfants du premier lit. Mais le législateur, craignant que le choix de la mère ne tombât sur son second mari, ou sur une personne désignée par lui, a exigé que ce choix soit confirmé par le conseil de famille qui s'assurera auparavant si la personne élue n'a pas des vues contraires aux intérêts du mineur, et si elle est capable de gérer une tutelle.

Cette prérogative donnée au conseil de famille d'accepter ou de refuser le tuteur choisi par la mère, semble au premier aspect enlever à celle-ci tout droit de nomination : qu'elle ait conservé ou perdu la tutelle, le tuteur est nommé par le conseil ; il n'y a aucune différence entre les deux hypothèses ; la mère remariée n'a donc aucun pouvoir ?

Je reconnais que le droit de la mère est complètement illusoire dans le cas où il n'y a pas d'ascendants. Mais s'il en existe, le choix de la mère aura pour conséquence de les exclure de la tutelle, ce que n'aurait pu faire le conseil de famille (art. 402, C. civ.). Lorsqu'elle est remariée, la mère conserve ou perd ce droit selon qu'elle a été ou non maintenue dans la tutelle de ses enfants. Telle est la différence entre les deux hypothèses.

La décision du conseil de famille n'est pas susceptible d'appel ; son pouvoir est souverain. La personne choisie par la mère n'est ni exclue ni destituée ; elle n'a pas vu sa nomination confirmée et voilà tout (art. 400). On ne la dépouille pas de son titre, on l'empêche simplement de l'obtenir. Elle ne peut, par conséquent, en invoquant les articles 447 et 448 du Code civil, en appeler de la décision du conseil.

Que celui-ci confirme ou qu'il repousse le choix de la mère, il n'est pas obligé de faire connaître les motifs qui l'ont déterminé.

Le second veuvage de la mère lui rend-il le droit de choisir un tuteur à ses enfants, sans que son choix soit confirmé par le conseil de famille ? Il n'y a pas de doute possible, si la mère n'a pas été maintenue dans la tutelle ; la déchéance dont elle a été frappée par la loi pour n'avoir pas provoqué la convocation du conseil de famille, ou par celui-ci dûment convoqué, s'il a jugé cette mesure utile dans l'intérêt du mineur, lui enlève le droit de nommer en mourant un tuteur testamentaire (art. 399).

Mais si le conseil de famille lui a conservé la tutelle malgré son convol, d'après certains auteurs, elle recouvrera par le décès de son second mari la plénitude de son droit ; et le choix par elle fait, à sa mort, d'un tuteur à ses enfants mineurs, devra être respecté par le conseil sans aucune confirmation de sa part. Le législateur, en édictant l'exception contenue dans l'art. 400, n'avait qu'un but : éviter l'influence du second mari qui aurait pu se faire désigner lui-même ou une personne de sa main. Une fois mort, tout danger a disparu avec lui, et on doit rentrer dans la règle, c'est-à-dire rendre à la mère la liberté de son choix sans contrôle du conseil de famille, comme elle l'aurait conservée si elle ne se fût pas remariée. Il n'y a, du reste, dans le Code, aucun texte qui fasse obstacle à l'application de cette théorie (1).

L'opinion contraire, que j'admets de préférence, me semble être plus d'accord avec les termes et l'esprit de la loi.

L'art. 400 s'exprime d'une façon absolue et générale ; il ne fait aucune distinction entre la mère dont le second mari existe encore, et celle qui de nouveau est devenue veuve au moment où elle nomme un tuteur à ses enfants ; il déclare simplement que la mère *remariée* voit son choix contrôlé par le conseil de famille. Le fait pour la mère de convoler en secondes noces la prive de la plénitude de ses droits.

(1) Taulier, t. I, p. 22.

On ne suppose plus à la mère qui a pris un nouvel époux une affection aussi grande pour ses enfants du premier lit, alors même que son conjoint serait décédé, et que leur nouvelle union aurait été stérile. L'influence du mari peut lui survivre, et ses parents mêmes peuvent exciter sa veuve contre les enfants qu'elle a eus de son premier mariage.

Enfin, pourquoi se refuser à voir dans cette restriction de droits, comme dans bien d'autres analogues, une conséquence de la défaveur avec laquelle les rédacteurs du Code ont envisagé les secondes noces des veuves (1).

ARTICLE II. — LE PREMIER MARIAGE A ÉTÉ DISSOUS PAR LE DIVORCE

Le droit de nommer un tuteur testamentaire n'appartient qu'au survivant des père et mère. Si c'est la mère qui prédécède, le père, même remarié, pourra toujours à sa mort nommer un tuteur testamentaire à ses enfants, s'il n'a pas toutefois été exclu ou destitué de la tutelle légale qui avait pris naissance au jour du décès de la mère (arg. tiré de l'art. 445).

Si, au contraire, c'est le père qui meurt le premier, deux hypothèses peuvent se présenter :

1re HYPOTHÈSE. — *La mère a convolé en secondes noces avant le décès de son premier mari.* Elle ne pourra pas désigner un tuteur testamentaire à ses enfants, car elle a perdu, en se remariant, la tutelle légale, ainsi que nous l'avons admis.

Il en serait ainsi, alors même que le conseil de famille lui aurait confié, à la mort du père, la tutelle dative ; nous avons vu, en effet, que la mère remariée ne peut nommer un tuteur aux enfants de sa première union que si elle a été *maintenue dans la tutelle*

(1) Demol., t. VII, n° 170 ; Dur., t. III, n° 406.

légale (art. 490). Le choix qu'elle a fait n'écarte pas les ascendants qui seront tuteurs de plein droit. Le conseil ne peut nommer ni la personne désignée, ni toute autre personne.

2e HYPOTHÈSE. — *La mère ne s'est remariée qu'après le décès de son premier époux.*

Si elle a perdu la tutelle pour n'avoir pas convoqué le conseil de famille avant son mariage, ou bien si elle n'a pas été maintenue comme tutrice par celui-ci, dûment convoqué, elle ne pourra pas nommer un tuteur testamentaire à ses enfants mineurs issus de sa première union (art. 399, C. civ.).

Si elle a été maintenue dans la tutelle, elle pourra donner un tuteur à ses enfants; toutefois son choix ne sera valable que s'il est confirmé par le conseil de famille (art. 400, C. civ.).

CHAPITRE IV

Effets des seconds mariages relativement à la quotité disponible entre époux

Le législateur a édicté certaines mesures en vue de protéger la personne et les biens des enfants du premier lit. Pour arriver à son premier but, la protection de la personne, il a apporté des restrictions aux droits de correction et de tutelle de l'époux qui convole en secondes noces; pour arriver à son second but, la protection des biens, il a modifié le droit de jouissance légale. Mais là ne devait pas se borner son rôle; il a voulu encore défendre les droits héréditaires des enfants; pour cela il a restreint dans une large mesure la quotité disponible entre époux ayant des enfants de leur première union (art. 1098).

Nous trouvons la disposition de l'art. 1098 dans le premier chef de l'Edit des secondes noces. Cet édit contenait deux chefs : le 1er, reproduisant les dispositions de la loi *Hàc Edictali* (L. 6, Code *De Secundis Nuptiis*), avait trait à la quotité disponible entre époux; le deuxième, puisé dans la loi *Feminœ* (L. 3, Code *de Sec. Nup.*), obligeait l'époux survivant et remarié, à réserver pour ses enfants du premier lit, tous les biens qu'il avait reçus de son premier conjoint décédé. Les deux chefs de l'Edit des secondes noces avaient d'abord été conservés par les rédacteurs du Code. L'art. 176 du projet s'exprimait en ces termes :

« L'homme ou la femme qui, ayant des enfants d'un autre lit, contractera un second ou subséquent mariage, ne pourra donner à son nouvel époux qu'une part d'enfant légitime le moins prenant, et en usufruit seulement. Il ne pourra disposer à titre gratuit ou onéreux des immeubles qu'il a recueillis à titre de don de son époux ou de ses époux précédents, tant que les enfants issus des mariages desquels sont parvenus ces dons existent (1). »

Observons d'abord que les rédacteurs de 1804 allaient plus loin que celui de 1560. En effet, le 1er chef de l'Edit permettait les donations en pleine propriété d'une part d'enfant le moins prenant; l'art. 176 du projet ne permettait la même quotité qu'en usufruit seulement.

Sur les observations de M. Treilhard, on retrancha le 2e alinéa de l'art. 176 comme contraire : 1° au principe énoncé dans l'art. 732 : « la loi ne considère ni la nature ni *l'origine* des biens pour en régler la succession » : ce principe était violé puisqu'on s'attachait à savoir de qui venaient les biens; 2° à l'art. 896, puisqu'il y avait là une véritable substitution au profit des enfants du premier lit auxquels l'époux remarié était tenu de conserver les biens lui venant de son premier conjoint; 3° à l'art. 745, car on établissait une distinction entre les enfants issus de différents mariages.

Quant au premier alinéa, le consul Cambacérès fit observer que la quotité disponible était trop restreinte, et qu'on pouvait sans danger permettre à l'époux de donner une part d'enfant en pleine propriété et non pas seulement en usufruit.

L'amendement fut adopté, toutefois on redoutait de donner à l'époux une liberté excessive. C'est pourquoi, M. Berlier, tout en limitant le droit de disposer du

(1) Locré, *Lég. civ.*, t. XI, p. 270; Fenet, t. XII, p. 415.

conjoint à une part d'enfant le moins prenant, et en admettant la suppression des mots « *et en usufruit seulement* » du premier alinéa de l'art. 176, voulait que l on ne permit pas à l'époux, quelque soit le nombre de ses enfants du premier lit, de disposer, au profit de son conjoint, d'une part excédant une quotité que l'on fixerait d'avance ; et il proposa le quart des biens comme quotité suffisamment étendue. Cette fixation était d'autant plus juste qu'il arrivait très souvent que l'époux qui se remariait, ayant un ou deux enfants, pouvait donner à son conjoint la moitié ou le tiers de ses biens, tout en ne disposant que d'une part d'enfant le moins prenant. La quotité proposée fut adoptée immédiatement (1).

C'est alors que fut rédigé définitivement l'art. 1098 dont voici le texte : « l'homme ou la femme qui ayant des enfants d'un autre lit, contractera un second ou subséquent mariage, ne pourra donner à son nouvel époux qu'une part d'enfant légitime le moins prenant, et sans que dans aucun cas ces donations puissent excéder le quart des biens. »

Nous le voyons, le 2ᵉ alinéa de l'art. 176 du projet n'est pas reproduit et si l'on permet à l'époux de donner à son conjoint une part d'enfant légitime en pleine propriété, on lui interdit de disposer de plus du quart de ses biens, quand même la part d'enfant légitime le moins prenant serait supérieure à cette quotité.

Tel est l'effet que produisent les seconds mariages sur le droit de disposer appartenant à l'époux remarié et ayant des enfants de sa première union.

Avant d'examiner les difficultés auxquelles a donné lieu la disposition de l'art. 1098, demandons-nous quelle est la nature de cette disposition. Crée-t-elle une règle d'incapacité personnelle ou une règle d'indisponibilité réelle ?

(1) Locré, *Lég. civ.*, t. XI, p. 271 et suiv.

Un premier système prétend que l'art. 1098 établit une règle d'incapacité personnelle; et pour soutenir cette opinion ses partisans se fondent sur le texte et l'esprit de la loi.

L'art. 1098 déclare que l'époux qui se remarie *ne pourra donner ;* comment proclamer d'une façon plus évidente l'incapacité de l'époux ? N'est-ce pas comme si le législateur avait dit : l'époux qui se remarie *sera incapable de donner ?* Ces deux expressions ne sont-elles pas synonymes dans le langage ordinaire ? Comment supposer que les rédacteurs du Code, en employant une expression aussi simple et aussi facile à comprendre, aient entendu lui donner un sens divinatoire et tout différent de celui qu'elle a habituellement ? Inutile de chercher des difficultés là où il n'y en a pas.

En outre, le législateur s'adresse à la personne des époux, « l'homme ou la femme..... ne pourra donner ; » s'il eût voulu créer une indisponibilité réelle il eût été plus simple de limiter la portion des biens dont l'époux pouvait disposer. Il ne l'a pas fait, c'est donc qu'il a eu l'intention de déclarer que la liberté de disposer était restreinte. Le donateur ne peut dépasser la quotité disponible fixée par la loi sans voir sa disposition frappée de nullité.

Il n'y a pas lieu, du reste, de s'étonner en voyaı' les personnes veuves qui se remarient frappées d'une incapacité, lorsque déjà à plusieurs reprises nous avons eu l'occasion de constater la défaveur avec laquelle le législateur regarde les secondes unions (1).

Un deuxième système, qui me semble préférable voit dans l'art. 1098 une règle d'indisponibilité réelle Il s'agit, en effet, de savoir si l'on est ici en présence d'une disposition rentrant dans le statut personnel ou

---

1) Coin-Delisle, sur l'art. 1098, nº 2.

dans le statut réel. Lorsqu'on a une telle détermination à faire, il est puéril de s'attacher aux expressions
et à la formule employées par le législateur, c'est sa
pensée qu'il faut avant tout chercher à saisir, c'est le
but poursuivi par lui, qu'il faut examiner. Notre Code,
sans doute, n'a pas voulu encourager les seconds mariages, comme il fait des premiers, mais on ne saurait
avancer qu'il a eu l'intention d'infliger une peine à la
personne qui convole en secondes noces. Le législateur, selon l'avis d'éminents jurisconsultes, n'a eu
en vue que la fixation de la quotité dont peuvent disposer, au préjudice des enfants de la première union,
les époux remariés. S'attacher seulement aux termes
employés dans la rédaction de l'article, pour ne tenir
aucun compte de l'intention du législateur, c'est s'exposer à commettre les erreurs les plus graves (1).

Cette détermination est importante. Suivant que l'on
rattachera la disposition de l'art. 1098 au statut personnel ou au statut réel, les conséquences seront tout
différentes.

Si on s'en tient au premier système, si par conséquent on admet que la prohibition de l'art. 1098 est une
règle de statut personnel :

1° — La disposition excédant la quotité disponible,
sera nulle de plein droit, comme ayant été faite par
une personne incapable; d'après le deuxième elle sera
seulement réductible à la quotité fixée par la loi.

2° — Il faudra se reporter au moment de la donation,
pour calculer si la libéralité excède la quotité de
l'art. 1098; d'après le deuxième système il faudra se
reporter à la mort du donateur.

3° — Les Français y seront soumis même pour les
biens qu'ils possèdent à l'étranger, leur statut personnel les suivant partout où ils se trouvent et les étran-

(1) Demol., t. XXIII, n° 552.

gers en seront affranchis relativement aux biens qu'ils possèdent en France ; d'après le système que j'ai admis, les Français seront affranchis de la prohibition de l'art. 1098 relativement aux biens qu'ils possèdent à l'étranger ; et les étrangers y seront soumis pour les biens qu'ils possèdent en France.

Ce point établi, je vais examiner dans six sections différentes.

1. A quelles personnes s'applique l'art. 1098 ?

2. En faveur de quels enfants, l'art. 1098 a été édicté ?

3. Ce qu'il faut entendre par une part d'enfant le moins prenant et comment se détermine cette part ?

4. Quelles dispositions sont soumises à l'art. 1098 ?

5. De l'action en réduction.

6. Sanction de la prohibition contenue dans l'article 1098.

SECTION I
A quelles personnes s'applique l'art. 1098.

« L'homme ou la femme qui, *ayant des enfants d'un autre lit*, contractera. » dit l'art. 1098. Le but du législateur. en édictant cet article, était la protection des enfants du premier lit. Si donc l'époux qui se remarie n'a pas d'enfants de sa première union, ou si ceux qui en sont issus sont décédés, la précaution de la loi n'a plus de raison d'être et la restriction de l'art. 1098 ne s'appliquera pas.

Que ce soit l'homme ou la femme qui se remarie, la loi les met sur le même pied et les soumet tous deux à la prohibition de l'art. 1098.

Les rédacteurs du Code n'ont limité la faculté de disposer de l'époux remarié qu'à l'égard de son nouveau conjoint ; ils ne voulurent pas que, entraîné par

son amour, il se laissât aller à des libéralités excessives envers la personne avec laquelle il s'était uni.
De là, il faut conclure que le veuf ou la veuve qui
convole en secondes noces, a la liberté de donner jusqu'à concurrence de la quotité disponible ordinaire à
un étranger ou à ses enfants du premier lit. Il en est
de même pour l'époux veuf sans enfants qui se remarie avec un conjoint ayant des enfants de son union
précédente.

Si les deux époux veufs ont des enfants, la prohibition de l'art. 1098 s'applique à l'un et à l'autre.

SECTION II

En faveur de quels enfants l'art. 1098 a-t-il été édicté?

Que faut-il entendre par *enfants d'un autre lit*, dont
parle l'art. 1098? Le mot *enfants*, employé par la loi,
comprend non seulement les enfants proprement dits,
c'est-à-dire, ceux du premier degré, mais encore les
petits-enfants et arrière petits-enfants, en d'autres termes, ceux qu'elle appelle *descendants* à quelque degré
qu'ils soient. L'Edit des secondes noces, dans lequel
les rédacteurs du Code ont puisé notre art. 1098, le
disait en termes exprès : « Les femmes veuves *ayant
enfans ou enfans de leurs enfans.* » Si les rédacteurs
n'ont pas reproduit complètement le texte de l'Edit,
c'est qu'ils ont pensé que le mot « enfants » était suffisamment compréhensible. D'ailleurs, ce n'est pas le
seul endroit où ils entendent par l'expression
« enfants » tous les descendants, les art. 205, 914, 960
nous en donnent la preuve.

De là il résulte que si un ascendant veuf se remarie
n'ayant pas d'enfant au premier degré, mais des petits

enfants ou arrière petits-enfants, il sera soumis à la prohibition de l'art. 1098. Mais, bien entendu, les descendants issus d'un enfant du premier degré venant à la succession ne comptent, que pour leur auteur qu'ils représentent.

Enfin, qu'il y ait plusieurs enfants, comme le prévoit l'art. 1098, ou qu'il n'y en ait qu'un seul, la restriction de la loi s'applique également. Qu'on n'objecte pas que les rédacteurs du Code en employant le mot *enfants* au pluriel, ont voulu par là ne pas étendre la prohibition à l'hypothèse où il n'y en a qu'un. Je répondrai que s'il est un cas où l'application de l'art. 1098 est utile, c'est, sans contredit, lorsque le conjoint qui se remarie n'a qu'un enfant. En effet, si sur les observations de M. Berlier, lors de la discussion du Code, on a fixé au quart de ses biens la quotité que le donateur ne pourrait pas dépasser, lors même que la part d'enfant légitime le moins prenant serait supérieure, c'est qu'on craignait que le donataire put, en partageant avec l'enfant, avoir la moitié de la succession (1).

D'ailleurs, bien que dans l'art. 960 du Code civil, le législateur emploie le mot « enfants » au pluriel, personne n'osera soutenir que la présence d'un seul enfant actuellement vivant au moment de la donation, ne met pas obstacle à la révocation de celle-ci, s'il survient plus tard un autre enfant. On n'exige pas, pour que la donation soit irrévocable malgré la survenance d'enfants, que le donateur en ait plusieurs au moment où il fait la disposition ; un seul suffit pour assurer l'irrévocabilité.

Il est certain qu'il s'agit dans l'art. 1098 d'enfants légitimes. La loi en parlant d'un « autre lit », entend parler d'un précédent mariage. Les expressions autre

---

(1) Locré, *Lég. civ.*, p. 271 et suiv., t. XI.

union, autre mariage, autre lit sont synonymes pour elle. L'enfant naturel ne rentre donc pas dans l'application de l'art. 1098, il est né hors mariage, et la loi ne lui accorde pas la même protection. Il en serait de même de l'enfant naturel qu'aurait laissé un descendant légitime du premier lit, mort avant le père ou la mère (art. 756).

L'art. 1098 comprend aussi les enfants légitimés qui ont les mêmes droits que les légitimes, et l'enfant simplement conçu au moment du second mariage de sa mère, en vertu de la règle qui le considère comme déjà né chaque fois qu'il s'agit de ses intérêts *infans conceptus...* (1).

On s'est demandé si la présence d'enfants adoptifs donnait lieu à l'application de la prohibition contenue dans l'art. 1098.

Dans un premier système on prétend que l'enfant adoptif peut invoquer l'art. 1098. On se fonde pour soutenir cette opinion sur le texte de la loi, et sur le but que s'est proposé le législateur en édictant cet article.

L'art. 350 du Code civil donne à l'enfant adoptif, les mêmes droits sur la succession de l'adoptant « que ceux qu'y aurait l'enfant né en mariage. » Il a les mêmes prérogatives que l'enfant légitime; or, nous avons vu que celui-ci peut invoquer l'art. 1098 ; par conséquent, il est impossible de refuser le même droit à celui qui est son égal aux yeux de la loi, je veux dire à l'enfant adoptif.

Admettre une autre solution serait aller contre le but du législateur qui, dans l'art 1098, a voulu protéger les droits héréditaires des enfants contre les libéralités excessives de leurs parents. L'enfant adoptif n'a-t-il pas autant d'intérêt à défendre ses droits que l'enfant

(1) Demol., t. XXII, n° 558 ; Marc., t. IV, n° 1343; Dur.,t. IX, n° 803.

légitime ? Si celui-ci peut demander la réduction de l'art. 1098, pourquoi l'enfant adoptif ne le pourrait-il pas vis-à-vis des libéralités de l'adoptant (1).

Dans un deuxième système, que je crois devoir admettre, on soutient au contraire que l'enfant adoptif ne peut pas se prévaloir de l'art. 1098.

Cet article parle d'enfant d'*un autre lit,* ces expressions sont synonymes, nous l'avons vu, d'enfants issus d'un précédent mariage. L'enfant adoptif n'est pas issu du mariage de l'adoptant ; on ne peut pas sans forcer le sens de la loi, lui accorder les droits que celle-ci ne confère qu'aux enfants nés d'une première union du donateur. Il faut qu'à la qualité d'enfant légitime se joigne celle d'enfant issu du mariage du disposant (2).

Observons que l'art. 1098 est conçu en termes généraux et par suite s'applique aux seconds comme aux troisièmes, quatrièmes..... mariages. Le législateur n'a pas de raison pour accorder une plus grande protection aux enfants du premier lit qu'à ceux des lits postérieurs. C'eût été proclamer une injustice que d'agir autrement. Le texte de l'article, en parlant de *second ou subséquent mariage* vient à l'appui de cette solution.

Les rédacteurs, dans l'art. 1098, ont créé une véritable réserve en faveur des enfants issus de la première union. Aussi appliquerons-nous ici les règles générales en matière de réserve.

I. — Les enfants du premier lit ne seront pas recevables à demander, du vivant de leur auteur, la réduction des libéralités excessives qui auraient pu ét e

---

(1) Demol., t. VI, n° 163, et t. XXIII, n° 560.

(2) Aubry et Rau, t. VI, § 561, texte et note 21.

Observations. — Dans le cas où on admettrait le premier système, on ne pourrait pas l'appliquer aux petits enfants adoptifs, car aucun lien juridique ne les rattache aux parents de leur père adoptif (art. 350).

faites par celui-ci à son conjoint. C'est une conséquence du principe écrit dans l'art. 920 : « Les dispositions soit entre vifs, soit à cause de mort qui excède-
ront la quotité disponible seront réductibles à cette quotité lors de l'ouverture de la succession » (a. 920, C. civ.)

II. — Ils ne seront pas admis à prendre des mesures
conservatoires. On a contesté cette conséquence en
s'appuyant sur l'art. 1180 qui autorise le créancier
d'un droit éventuel, d'une obligation conditionnelle, à
faire tous les actes conservatoires de son droit (1).

Je préfère la solution contraire : les enfants du premier lit ne pourront, jusqu'à l'ouverture de la succession, faire aucun acte conservatoire, et cela parce
qu'on ne peut voir dans la réserve qu'une simple
expectative et non un droit conditionnel. Si, dans le
cas de l'art. 1180, on permet les actes conservatoires,
c'est que le droit, tout en étant éventuel, n'en existe
pas moins : droit *sui generis* qui, dès le moment du
contrat, compte dans les biens du créancier ; droit
qu'il pourrait céder dès à présent et qui se transmettra à ses héritiers. Il n'en est pas de même ici, il n'y a
qu'une simple espérance et voilà tout (1).

III. — Les enfants du premier lit ne peuvent, à la
mort du donateur, exercer l'action en réduction que
s'ils viennent à sa succession. Si, pour une raison ou
pour une autre, par exemple, s'ils sont prédécédés,
renonçants (art. 775 et 785) ou indignes (art. 727), ils ne
viennent pas à la succession, ils ne seront pas recevables à attaquer les libéralités que l'époux remarié a
faites à son conjoint.

Cette solution n'a pas toujours été admise, elle a
fait l'objet de vives discussions dans l'ancien droit ;

(1) Troplong, t. II. n° 935 ; Cass., 27 mars 1822 ; D., 1822, I., p. 319;
Cass., 2 mai 1855, Sirey, 1856, I, p. 178,

(1) Demol., XXIII, n° 563, et XIX, n°ˢ 199 et 290; Aubry et Rau
(4° édition), t. VII, § 690, texte et note 30.

de nos jours encore les auteurs sont loin de s'accorder.

Ceux qui prétendent que les enfants n'ont pas besoin d'être héritiers de leur auteur pour invoquer l'art. 1098 s'appuient sur l'Edit des secondes noces, qui accorde toujours l'action aux enfants en vertu de leur titre de descendants et sans exiger d'eux la qualité d'héritiers.

Enfin, disent les partisans de cette opinion, les biens dont l'époux donateur a disposé ne se trouvent plus compris dans sa succession, et si les enfants du premier lit peuvent faire réduire la libéralité, c'est en qualité d'enfants et non en vertu de leur titre d'héritiers qui ne leur est d'aucune utilité, les biens étant définitivement sortis du patrimoine du défunt.

C'était la théorie soutenue par Pothier (1) et par Ricard (2) dans l'ancien droit ; aujourd'hui elle est encore admise par MM. Grenier (3) et Troplong (4) ; ce dernier admet que l'action en réduction appartient à l'enfant *jure sanguinis, jure naturali.*

Cette opinion est rejetée par le plus grand nombre des auteurs. Je crois préférable la théorie de ceux soutenant que la qualité d'héritiers est nécessaire aux enfants voulant invoquer l'art. 1098.

En effet, la réserve est une partie intégrante de la succession ; pour y prétendre il faut justifier de la qualité d'héritier. N'est-ce pas une véritable réserve que la loi établit, dans l'art. 1098, en faveur des enfants d'une première union ? Ceux-ci, pour réclamer cette réserve faisant partie de la succession, devront prouver leur droit, devront par conséquent établir qu'ils sont bien héritiers. La réserve de l'art. 1098 est la même

(1) Poth., *Contr. de mar.*, n⁰ˢ 568 et 590.
(2) Ricard, *Patt.* III, n° 978.
(3) Grenier t. IV, n° 706.
(4) Tropl., t. IX, n° 2723.

que celle de l'art. 913; pourquoi alors ne pas exiger dans l'hypothèse de l'art. 1098 la qualité d'héritier si on l'exige dans celle de l'art. 913.

Les partisans du premier système prétendent que les biens, formant l'objet de l'action en réduction, ont cessé d'une manière définitive de faire partie de la succession du donateur. C'est là une grave erreur. Les biens que l'époux a légués par testament sont encore dans la succession; ceux dont il a disposé entre-vifs vont précisément y rentrer, par suite de l'exercice de l'action en réduction (1).

SECTION III

Que faut-il entendre par une part d'enfant légitime le moins prenant, et comment se détermine cette part ?

Il est bien certain que l'art. 1098 ne reçoit d'application que dans le cas où le conjoint remarié laisse, au moment de sa mort, des enfants de son premier mariage. En effet, cet article crée une véritable réserve au profit des enfants du premier lit; or, la question de réserve ne s'apprécie que par la qualité des réservataires au moment du décès. La part d'enfant légitime le moins prenant, nécessairement indéterminée au moment où la libéralité est faite, ne sera fixée qu'à la mort du disposant, en tenant compte du nombre des enfants qu'il laissera à cette époque : « L'homme ou la femme, dit l'art. 1098, qui contractera un second ou subséquent mariage, ne pourra donner *qu'une part d'enfant légitime le moins prenant* ». La part s'accroîtra

(1) Demol., t. XXIII, n° 564; Dur., t. IX, n° 818; Com. Delisle, article 1098, n° 7; Aubry et Rau (4° éd.), t. VII, § 690, texte et note 40; Paris, 15 janvier 1857; Sir., 1857, II, p. 301.

pour le conjoint donataire à mesure qu'un des enfants prédécèdera; elle variera suivant que le conjoint décédé aura encore disposé au profit d'un autre de ses enfants ou d'un étranger.

La quotité disponible de l'art. 1098 et la quotité disponible ordinaire (art. 913) ont cela de commun c'est qu'elles varient avec le nombre des enfants; et elles diffèrent en ce que la première ne peut pas dépasser le quart des biens du disposant, tandis que la seconde peut s'élever jusqu'à la moitié des mêmes biens. Si, par exemple, le disposant à six enfants à son décès, il ne pourra donner à son conjoint qu'un septième, tandis qu'il aurait pu donner un quart à un étranger; s'il n'avait qu'un enfant, il n'aurait pu donner qu'un quart à son second époux, tandis qu'il aurait pu disposer de moitié de ses biens au profit d'un étranger. Ces deux quotités se confondent dans le cas où le donateur a trois enfants.

La quotité disponible entre époux remariés et ayant des enfants du premier lit se différencie de celle établie entre époux n'ayant que des enfants communs (article 1094) en ce que la première diminue à mesure que le nombre des enfants augmente, tandis que la seconde est fixée d'une façon invariable par l'art. 1094, quelque soit le nombre des enfants.

Il est facile de calculer la part d'enfant légitime le moins prenant que le nouvel époux doit recevoir. On le considère et on le compte comme un enfant. On partagera donc le patrimoine en autant de parts qu'il y aura d'enfants venant à la succession, plus une pour le conjoint. S'il y a trois enfants, il recevra la quotité la plus étendue, le quart des biens; s'il y en a quatre, il aura un cinquième; s'il y en a cinq, un sixième, etc....

La plupart du temps l'affection des parents est la même vis-à-vis de chacun de leurs enfants, et ils laissent à tous une part de biens égale (art. 745, C. civ.);

mais ce n'est pas là une règle absolue. Il peut arriver que, pour récompenser un de ses enfants, ou par suite d'une préférence qui existe, mais qu'on ne s'explique pas, le père ou la mère l'avantage par préciput au détriment des autres. Souvent même ce que l'on donne à l'un on l'a pris sur la part d'un autre et on n'a laissé à ce dernier que sa simple réserve. Dans ce cas, la part de l'époux donataire ne pourra excéder cette réserve. L'art. 1098 ne lui permet de recevoir qu'une part d'enfant légitime, *le moins prenant*, mais qui n'excèdera jamais le quart des biens.

Le nouvel époux ne peut recevoir qu'une part d'enfant, mais comment déterminer cette part? Est-ce celle que l'enfant recueille *en fait*, ou celle qu'il pourrait recueillir *en droit*?

Tous les auteurs admettent de nos jours que la part dont parle la loi est celle à laquelle l'enfant peut prétendre. Cette solution était déjà celle de l'ancien droit. On la basait sur ce que l'on ne pouvait sans injustice faire supporter au conjoint donataire la négligence d'un des enfants. Très souvent même, il pourrait s'entendre avec ses frères et sœurs pour ne rien réclamer et limiter ainsi à sa modique part la libéralité faite au nouvel époux.

Cette doctrine était suivie dans les parlements de Toulouse et de Paris. On admettait que l'Edit des secondes noces en mesurant les donations « à raison de celui des enfans qui aura le moins », voulait parler de la part revenant en droit à l'enfant. Les raisons qui avaient fait admettre cette solution dans l'ancien droit militent encore en sa faveur sous l'empire du Code (1).

Quels enfants vont compter pour le calcul de cette part? — Tous les enfants qui viendront à la succession du donateur aussi bien ceux issus du second lit que ceux

(1) Demol., t. XXIII, n° 665; Tropl., t. IV, n° 2713.

premier. L'art. 1098 parle, en effet, d'une part *d'enfant légitime le moins prenant*, sans établir aucune distinction : ils sont enfants, tous légitimes, viennent tous à la succession, ils doivent tous compter pour le calcul de la quotité disponible.

Quant aux petits enfants, dont la présence donne lieu à l'application de l'art. 1098, ils ne comptent que pour la personne qu'ils représentent, sans qu'il y ait à distinguer, comme on le faisait dans l'ancien droit, s'ils viennent seuls ou en concours avec des enfants du premier degré. Cette solution s'appuie sur le texte de la loi. L'art. 1098 parle d'une part *d'enfant* le moins prenant, et non d'une part de *petit-enfant*.

En outre, si on repousse cette théorie, on crée une injustice à l'égard de l'époux donataire qui verra sa part diminuée par le prédécès des enfants du premier degré. Si elle n'était pas admise dans l'ancien droit, c'est que le premier chef de l'Edit des secondes noces, plus large que notre article, déclarait que les femmes ayant des enfants et convolant en secondes noces, ne pouvaient donner « à leurs nouveaux maris... plus que l'un de leurs *enfans* ou *enfans de leurs enfans*. » Le législateur, dans l'art. 1098, n'a pas reproduit à dessein les expressions de l'Edit ; il faudra donc suivre l'art. 914 et ne compter les petits-enfants que pour leur auteur qu'ils représentent dans la succession (1).

Il ne faudra pas tenir compte des enfants adoptifs ; nous avons admis qu'ils ne pouvaient pas se prévaloir de l'art. 1098, ils ne doivent pas faire nombre pour le calcul de la part d'enfant.

Quant aux enfants naturels, on déterminera, d'après l'art. 757, la portion de biens qui leur revient, on la déduira de la masse, et la part d'enfant légitime se fixera sur le reste. En agissant ainsi, les enfants et les nou-

---

(1) Demol., t. XXIII, n° 585; Dur., t. IX, n° 803; Toull., t. III, n° 877.

veaux époux supporteront tous proportionnellement la diminution résultant de la présence de l'enfant naturel.

Autant il y aura d'enfants du premier ou du second lit prédécédés, renonçants ou indignes, lors du partage de la succession, autant la part du nouvel époux augmentera en proportion.

Si tous les enfants du premier lit sont prédécédés, renoncent à la succession ou en sont exclus comme indignes, et s'il y a des enfants communs, l'art. 1098 devra être écarté, cela est évident, et on appliquera, à la place les dispositions relatives à la quotité disponible entre conjoints ayant des enfants du premier lit, celles relatives à la quotité disponible ordinaire entre époux (art. 1094).

Que va-t-il arriver si, ayant donné à son conjoint une part d'enfant légitime, ou tout ce dont la loi lui permet de disposer, le donateur remarié meurt sans enfants du premier ni du second lit, ou si, ayant des enfants, aucun d'eux ne vient à la succession? quels seront les droits de l'époux donataire ?

Dans l'ancien droit les auteurs n'étaient pas tous d'accord sur la solution à donner à cette question. Les uns (1) prétendaient que l'époux avait droit à toute la succession; d'autres, qu'il n'avait droit à rien ; enfin, Pothier (2), dont l'avis a prévalu, ne lui attribuait que la moitié de la succession :« une part n'est pas le total, » disait-il.

Sous l'empire du Code, il y a encore des opinions différentes. M. Vazeille soutient qu'on doit présumer chez le disposant l'intention de donner tout le disponible ordinaire; et de là il conclut que s'il n'y a pas d'héritier à réserve, le nouvel époux aura droit à la succession toute entière (3). Mais la plupart des auteurs repoussent

(1) Lebrun, des Successions, liv. II, ch. VI, dist. V, n° 12.

(2) Pothier, Contrat de mariage, n° 598.

(3) Vazeille, art. 1098, n° 11 et 12.

cette opinion et déclarent que tout ce que l'on peut faire pour l'époux donataire, c'est de lui abandonner le maximum de la quotité disponible, c'est-à-dire le quart des biens. On rentre ainsi dans l'intention du disposant qui a voulu gratifier son conjoint de ce que la loi lui permettait de donner (1).

Mais s'il résulte soit des termes de l'acte, soit des autres circonstances de fait, que le donateur a voulu fixer lui-même la quotité dont il a disposé, il faudra respecter ses volontés; si, par exemple, ayant six enfants alors existants, il donne à son nouveau conjoint une part d'enfant légitime proportionnée à leur nombre : quand bien même les six enfants meurent avant le disposant, l'époux donataire n'aura toujours droit qu'à un septième.

En sens inverse, si le donateur peut fixer la quotité au-dessous du quart, il peut aussi déclarer que son nouvel époux aura plus du quart. Rien ne l'empêche, par exemple, de disposer en faveur de son conjoint de tout le disponible ordinaire ou de la totalité de la succession, au cas où il n'y a aucun descendant et aucun autre héritier à réserve.

Sur quels biens calculer la quotité disponible de l'art. 1098?

Là solution de cette question nécessite plusieurs distinctions.

I. — L'époux donateur n'a pas fait d'autres libéralités.

Dans ce cas on calculera, comme je l'ai indiqué plus haut, la part d'enfant sur la masse totale des biens existant dans la succession et on donnera à l'époux une part égale à celle appartenant à chacun des enfants.

---

(1) Demol., t. XXIII, n° 590; Marc., art. 1098, n° III ; Dur., t. IX n° 824 ; Cain-Delule, n° 11, 12, Paris 14 mars 1825, D. 1826, II, p. 3.

II. — L'époux donateur a fait une autre libéralité :

1. — *A ses enfants.* — Il faut ici faire une sous-distinction :

a. — La libéralité est faite par préciput : si elle ne dépasse pas la quotité disponible, on ne tient aucun compte de l'époque à laquelle elle a eu lieu, antérieurement ou postérieurement à celle faite au nouvel époux, on la déduira de la masse totale des biens composant la succession ; si elle dépasse la quotité disponible, le nouvel époux pourra demander la réunion fictive à la masse de ce qui excède la quotité disponible. Si on nous objecte que l'art. 921 ne donne pas le droit aux donataires ni aux légataires de demander la réduction, je répondrai que l'époux donataire ne demande pas la réduction. Il prétend simplement que sa part ne doit pas être diminuée quand les enfants ont une action en réduction pour recouvrer ce que l'un d'eux a reçu en plus de la quotité disponible.

b. — La libéralité n'est pas préciputaire.

Le nouvel époux pourra en demander la réunion fictive à la masse. Si on nous oppose l'art. 857, aux termes duquel le rapport n'est dû que par le cohéritier à son cohéritier, nous ferons observer ici que l'époux avantagé ne demande pas un rapport réel et qu'il n'a pas la prétention de se faire payer sur les biens rapportés ; mais il veut simplement qu'on réunisse fictivement à la masse les biens donnés afin de permettre la détermination de la quotité de biens dont son conjoint a pu disposer (1).

Si le donateur avait formellement déclaré que la libéralité qu'il avait faite à son nouvel époux, serait exécutée sur les biens existant dans la succession au moment de son décès, le conjoint donataire ne pour-

(1) Demol., t. XXIII, nᵒˢ 594 et 595 ; Tropl., t. IV, nᵒ 2710.

rait pas alors demander le rapport fictif de la libéralité.

2. — *A un étranger*. — Si la donation n'excède pas
la quotité disponible, il n'y aura simplement qu'à la
déduire de la masse totale, avant de calculer la part
d'enfant qui doit revenir à l'époux.

Si la libéralité dépasse la quotité disponible, le conjoint avantagé pourra demander la réunion fictive à
la masse de l'excédant de la donation sur le disponible ; et, nous l'avons vu, on ne peut pas nous opposer l'art. 921, car il n'y a pas ici une demande en
réduction faite par l'époux donataire, il se refuse seulement à ce que sa part soit diminuée, quand les
enfants ont l'action en réduction pour faire rentrer
dans la succession l'excédant de la donation sur la
quotité disponible.

Mais si c'est au second époux lui-même que la libé
ralité a été faite, comment déterminera-t-on si elle est
excessive? On suivra la règle indiquée dans l'art. 922;
on supposera un instant que le nouvel époux n'a rien
reçu de son conjoint, c'est-à-dire qu'on réunira fictivement à la masse les biens compris dans la donation, et
on calculera la part d'enfant à laquelle l'époux aurait
eu droit de prétendre s'il n'avait reçu aucune libéralité.
Si celle-ci dépasse la part ainsi déterminée, elle excède
la quotité disponible (art. 1098), et le surplus devra être
rapporté à la succession de l'époux donateur.

Que fera-t-on de cet excédant?

Un premier système se fonde sur l'ancien droit et sur
l'art. 921 pour prétendre que le second époux ne sera
pas admis avec les enfants dans le partage de l'excédant ainsi retranché. C'était là, dit-on, l'opinion de
Ricard (1) et de Pothier (2). Ils la basaient sur la loi

(1) Ricard, part. III, n° 1319.
(2) Pothier, *Cont. de Mar.*, n° 594.

Hâc Edictali (§6) et sur le chapitre VII de la *Novelle* XXII où il est dit : « Ce qui aura été donné de trop à la belle-mère ou au beau-père revient aux enfants et doit être partagé également entre eux seuls, *quod plus in eo, quod relictum aut datum est, aut novercæ aut vitrico... competit filiis, et inter eos solos ex æquo dividitur.*» L'Edit des secondes noces a été tiré de ces lois, les rédacteurs du Code ont voulu les suivre, par conséquent l'interprétation doit leur être conforme.

Enfin, décider autrement c'est ne tenir aucun compte de l'art. 921 déclarant que le donataire ou le légataire ne peut demander la réduction ni en profiter, ici surtout où l'action en réduction est exercée contre lui (1).

Cette opinion est rejetée par la majorité des auteurs. L'autorité de l'ancien droit n'est pas d'un grand poids, parce que les avis n'étaient pas unanimes sur ce point, qui faisait déjà l'objet de nombreuses controverses (2). Il faut résoudre la question d'après les principes nouveaux édictés par le Code en matière de réserve et de quotité disponible. L'opinion précédente, outre qu'elle constitue une fausse application de l'art. 921, viole en même temps les art. 922 et 1098.

En effet, où voyons-nous que, dans cette hypothèse, le second époux demande la réduction et prétende en profiter ? Nulle part; ce qu'il soutient, au contraire, c'est qu'il n'y a pas lieu à réduction au-delà de la part d'enfant légitime, le moins prenant, que l'art. 1098 lui accorde. Il ne fait que se défendre contre l'action en réduction intentée contre lui, en prétendant soit qu'elle n'est pas fondée, soit qu'elle ne doit pas faire descendre sa donation ou son legs au-dessous de la part que lui accorde l'art. 1098. Il ne demande qu'à conserver la donation ou à obtenir le legs qui lui a été fait.

---

(1) Tropl., t. IV, n°° 2706 et 2707.
(2) Renuss., *Trait. de la Comm.*, part. IV, ch. III, n° 67.

Si on n'admet pas le nouveau conjoint dans le partage de l'excédant, on viole l'article 922, puisqu'on ne réunit pas tous les biens à la masse pour faire le calcul de la part dont le donateur a pu disposer.

Le donataire n'aura plus, par suite de l'exclusion dont on le frappe, une part égale à celle de l'enfant le moins prenant, et cependant l'art. 1098 la lui accorde ; cet article est donc violé dans l'opinion précédente (1).

Une question dont la difficulté est attestée par les nombreuses controverses auxquelles elle a donné lieu, se pose ici. Une personne, ayant des enfants d'un premier lit, contracte plusieurs mariages successifs ; peut-elle donner à chacun de ses nouveaux conjoints une part d'enfant légitime, le moins prenant, ou ne peut-elle donner à tous ses nouveaux époux réunis qu'une seule part d'enfant légitime ?

Dans l'ancien droit la solution de cette question ne faisait pas l'ombre d'un doute : les divers époux successifs ne pouvaient recevoir ensemble plus d'une part d'enfant légitime le moins prenant. Pothier (2) se fondait pour soutenir cette opinion sur les termes du premier chef de l'Edit des secondes noces : « Les femmes (nous savons que cette prohibition s'appliquait aussi aux hommes veufs) ayant enfans ou enfans de leurs enfans, si elles passent à de nouvelles noces, ne pourront.... donner.... *à leurs nouveaux maris...* ». Sous cette dénomination, les rédacteurs de l'Edit voulaient comprendre tous leurs nouveaux maris réunis, sans quoi ils auraient dit : « ne pourront donner à chacun de leurs nouveaux maris. » C'est donc que les époux successifs ne recevront ensemble qu'une part d'enfant.

---

(1) Demol., t. XXIII, n°ˢ 599 et 600; Colm. de Sant., t. IV, n° 278 *bis*, VI; Aubry et Rau, t. V, p. 627, note 33 (4ᵉ éd.), t. VIII, § 690, note 85.

(2) Poth., *Cont. de Mar.*, n° 566.

Sous l'empire du Code, la même entente n'existe pas entre les auteurs. Trois systèmes ont été proposés.

1er *Système*.— La personne veuve, ayant des enfants de son premier lit, peut donner à chacun de ses nouveaux époux, une part d'enfant le moins prenant, à condition de ne pas dépasser la quotité disponible ordinaire fixée par l'art. 913. Ainsi une veuve n'ayant qu'un enfant de sa première union, peut donner à son second mari un quart de ses biens, et à son troisième un autre quart. D'un côté, elle ne dépasse pas la quotité disponible ordinaire, qui est de moitié pour celui qui n'a qu'un enfant; d'un autre côté, elle respecte l'art. 1098, puisqu'elle ne donne chaque fois à son nouvel époux qu'un quart de ses biens.

Ce système a son fondement principal dans la différence de rédaction de l'art. 1098 avec l'Edit des secondes noces. Tandis que le premier chef de l'Edit ne permettait pas à l'époux qui convolait en secondes noces de « donner à *ses nouveaux maris*, père, mère ou enfants desdits maris », l'art. 1098 dit, au contraire, qu'il ne pourra « donner à *son nouvel époux* ». Si les rédacteurs du Code avaient voulu reproduire la solution de l'Edit des secondes noces, ils en auraient reproduit le texte (1).

Ce système qui est d'accord avec la première partie de l'art. 1098, ne tient aucun compte de la fin de cet article, qui défend à l'homme ou à la femme ayant des enfants du premier lit, et se remariant, de dépasser en aucun cas le quart de ses biens dans ses libéralités vis-à-vis de son conjoint.

2e *Système*. — Chacun des époux pourra recevoir une part d'enfant le moins prenant, mais à condition que ces libéralités réunies n'excèdent pas le quart des biens du disposant. Si, par exemple, une personne

_____

(1) Duranton, t. IX, n° 804.

veuve avec enfants de sa première union, a donné en se remariant à son nouveau conjoint le quart de ses biens, elle ne pourra plus rien donner à son troisième époux, quand bien même elle n'aurait qu'un enfant et qu'elle pourrait disposer de moitié des mêmes biens en faveur d'un étranger. En sens inverse, si elle n'a donné à son premier conjoint qu'un huitième, elle pourra disposer d'autant au profit du troisième, alors même qu'elle aurait quatre ou cinq enfants ; l'essentiel, c'est qu'elle n'ait pas dépassé le quart de ses biens.

Ce deuxième système s'appuie, comme le premier, sur la différence de rédaction de l'art. 1098 avec le premier chef de l'Edit des seconde snoces ; mais voulant rester d'accord avec l'art. 1098, il déclare que les donations réunies ne devront pas excéder le quart des biens du disposant. Il protège mieux les intérêts des enfants (1).

Malgré cela, il ne doit pas non plus être admis, parceque, s'il est conforme au texte de la loi, il se méprend sur l'intention qu'ont eu les rédacteurs du Code en fixant une limite au dessus de laquelle la quotité ne peut pas s'élever. En effet, lorsque, sur la proposition de M. Berlier de fixer un maximum que la disposition de l'époux remarié ne pourrait excéder, ils adoptèrent le quart, ils ne prévoyaient pas l'hypothèse où il y aurait plusieurs mariages successifs du disposant, mais ils voulaient simplement empêcher que le nouveau conjoint donataire ne receuillit, au cas où il n'y aurait qu'un ou deux enfants, une part trop considérable, telle que la moitié ou le tiers de la succession.

3° *Système.* — C'est celui admis aujourd'hui par la majorité des auteurs et auquel je me range.

---

(1) Demante, t. IV, n° 278 ; Colm. de Sant, t. IV, n° 278 bis, XI ; Toullier, t. IV, p. 246.

D'après lui, le veuf ou la veuve qui, ayant des enfants d'une précédente union, contracte un second ou subséquent mariage, ne peut donner à ses nouveaux époux réunis qu'une part d'enfant légitime le moins prenant. Si donc l'époux remarié a disposé d'une part d'enfant au profit de son second conjoint, il ne pourra rien donner à son troisième ; s'il ne lui a pas donné la part entière, il pourra disposer du surplus en faveur de son troisième conjoint. L'art. 1098 n'est que la reproduction du premier chef de l'Edit des secondes noces.

Cette solution s'appuie sur les travaux préparatoires, sur l'esprit général de la loi en matière de réserve, et sur le texte du Code.

Rien, dans les travaux préparatoires, n'indique que les rédacteurs du Code aient voulu déroger à l'Edit des secondes noces, M. Bigot-Préamneu disait dans l'exposé des motifs à propos de l'Edit : « *on a maintenu cette sage disposition,* que l'on doit encore moins attribuer à la défaveur des seconds mariages, qu'à l'obligation où sont les père et mère qui ont des enfants, de ne pas manquer à leur égard, lorsqu'ils forment de nouveaux liens, aux devoirs de la paternité. »

Il a été réglé que, dans ce cas, les donations au profit du nouvel époux ne pourront excéder une part d'enfant légitime, et que, *dans aucun cas, ces donations ne pourront excéder le quart des biens* (1). Ces expressions nous montrent que les rédacteurs du Code n'ont pas entendu modifier la règle contenue dans l'Edit des secondes noces.

Le législateur a voulu, dans l'art. 1098, restreindre la quotité disponible de l'art. 913. Le rédacteur de l'Edit permettait toujours la donation d'une part d'enfant

---

(1) Fenet, t. XII, p. 578.

légitime le moins prenant, quelque fut cette part, fut-elle de moitié ou du tiers, dans le cas où il n'y avait qu'un ou deux enfants du premier lit ; tandisque l'art. 1098, prévoyant précisément cette hypothèse défavorable aux enfants, défend que cette part excède jamais le quart des biens du disposant. Donc, si la loi permettait de donner successivement à chacun des époux une part d'enfant, loin de restreindre la quotité disponible, elle l'étendrait.

S'il est vrai que l'art. 1098 s'exprime d'une façon bien nette et bien précise, il ne repousse pas pour cela cette opinion.

Il n'est pas aussi explicite que le premier chef de l'Edit, je le reconnais, mais ne peut-on pas voir dans les termes de sa disposition finale, la consécration de cette théorie : « Et sans que *dans aucun cas*, dit l'art. 1098, *ces donations* puissent excéder le quart des biens » ; n'est-ce pas dire que peu importe s'il y a eu plusieurs libéralités ou s'il n'y en a eu qu'une, le point important, c'est que *ces donations*, c'est-à-dire toutes celles de ce genre, ne dépassent pas la quotité disponible fixée par la loi (1).

SECTION IV

Quelles dispositions sont soumises à l'art. 1098 ?

Le législateur, qui voulait protéger les enfants du premier lit, devait prendre toutes les mesures pour qu'on ne puisse pas tourner sa prohibition. Aussi a-t-il fait tomber sous le coup de l'art. 1098 toute espèce

(1) Demol., t. XXIII, n° 572 ; Marc. *sur l'art. 1098*, n° III ; Aubry et Rau (4° édition), t. VII. § 690, texte et note 46.

de libéralités, directes ou indirectes, ainsi que celles faites par contrat de mariage ou par testament.

§ I. — Libéralités directes

L'art. 1098 s'applique à toute disposition à titre gratuit faite par acte entre-vifs ou par acte de dernière volonté ; aux donations, soit mobilières, soit immobilières, à titre universel ou particulier.

On est allé jusqu'à soumettre, dans tous les cas, à l'art. 1098 les libéralités qu'un époux veuf a faites à une personne qu'il a épousée plus tard en secondes noces. Le veuf ou la veuve qui, ayant des enfants, se montre ainsi généreux envers une personne qui lui est étrangère, doit y être poussé par de sérieuses raisons. On suppose la libéralité faite en vue du mariage, et, la considérant comme un moyen de frauder la loi, on la fait tomber sous l'application de l'art. 1098 (1).

Si cette opinion est vraie dans bien des hypothèses, il arrive souvent aussi que le donateur ou la donatrice n'ont eu aucune arrière-pensée en faisant la libéralité : peut-être à ce moment-là, ne songeaient-ils pas le moins du monde à se remarier. Aussi ne doit-on pas, admettre une théorie aussi absolue. Ne serait-il pas, en effet, bien sévère de condamner toutes les libéralités antérieures au mariage faites à une personne qui est devenue plusieurs années après le conjoint du disposant ?

Il y a surtout un cas où une pareille manière d'agir serait une injustice, c'est lorsque avant de s'unir ensemble, le donateur ou le donataire ont contracté un autre mariage. Il est donc préférable de faire une distinction et de décider suivant les circonstances. Tout

(1) Toull., t. V, n° 876 ; Tropl., t. IV, n° 2721.

d'abord nous présumerons la bonne foi et déclarerons la donation irréductible ; mais si les enfants du premier lit viennent à établir, et ils pourront le faire par toute espèce de preuve, que le mariage était projeté, et par conséquent à prouver chez le donataire et le donateur l'intention d'éluder la loi nous appliquerons à la libéralité l'art. 1098. Les tribunaux seront donc souverains appréciateurs de cette question (1).

Tombent encore sous le coup de l'art. 1098 les libéralités rémunératoires, et celles faites avec ou sans charges. Mais pour savoir si elles sont réductibles, il faudra calculer soit la valeur des services rendus, soit celle des charges stipulées ; ce calcul fait, la réduction ne portera que sur la partie de la donation qui excèdera la valeur des services rendus ou des charges imposées, et en tant que cette partie dépassera la quotité disponible. Si la donation est l'équivalent de l'avantage procuré par le donataire, la libéralité disparaît pour faire place au contrat *do ut des, do ut facias,* du droit romain, au contrat d'échange dans notre droit.

Observons toutefois qu'il est de toute nécessité que les services et les charges soient appréciables en argent, sans quoi on n'en tient aucun compte, et la réduction porte sur toute la libéralité sans déduction aucune du prix des services et des charges.

§ II. — Libéralités indirectes

On entend par là les libéralités que l'un des époux a faites à son conjoint par un moyen détourné ; si, par exemple, un époux renonce à une succession ou à un legs qu'il est appelé à recueillir de préférence à son conjoint qui, par cette renonciation, va en profiter.

L'art. 1099 déclare que de telles libéralités, si elles sont excessives, sont simplement réductibles à la quotité disponible fixée par l'art. 1098.

(1) Demol., t. XXIII, n° 574 ; Marc., t. IV, n° 344 ; Aubry et Rau (4° édit.), § 590, texte et note S.

§ III. — Avantages résultant des conventions matrimoniales

Dans l'ancien droit, les donations faites par contrat dans le cas de second mariage étaient sujettes à la réduction de l'Edit des secondes noces.

Les rédacteurs du Code, craignant que le nouvel époux, pour compenser par des avantages les désagréments qu'entraîne toujours pour le second conjoint la présence des enfants du premier lit, ne lui fît, par contrat de mariage des libéralités excessives, qu'il n'aurait pu lui consentir une fois marié, et rendît ainsi inutile la prohibition de l'art. 1098, jugèrent convenable de reproduire la règle de l'ancien droit. C'est ce qu'ils ont fait dans les articles 1496 et 1527 du Code civil dont voici le texte :

Art. 1496. — « Tout ce qui est dit ci-dessus sera observé, même lorsque l'un des époux ou tous deux auront des enfants de précédents mariages. — Si, toutefois, la confusion du mobilier et des dettes opérait, au profit de l'un des époux, un avantage supérieur à celui qui est autorisé par l'art. 1098, au titre *Des Donations entre-vifs et des Testaments*, les enfants du premier lit de l'autre époux auront l'action en retranchement. »

Art. 1527.— « Ce qui est dit aux huit sections ci-dessus, ne limite pas à leurs dispositions précises les stipulations dont est susceptible la communauté conventionnelle. — Les époux peuvent faire toutes autres conventions, ainsi qu'il est dit en l'article 1387, et sauf les modifications portées par les articles 1388, 1389 et 1390.— Néanmoins, dans les cas où il y aurait des enfants d'un précédent mariage, toute convention qui tendrait dans ses effets à donner à l'un des époux, au-delà de la portion réglée par l'art. 1098 au titre *Des Donations entre-vifs et des Testaments*, sera sans effet pour tout l'excédant de cette portion ; mais les simples bénéfices

résultant des travaux communs et des économies faites
sur les revenus respectifs, quoique inégaux, des époux,
ne sont pas considérés comme un avantage fait au préjudice des enfants du premier lit. »

Ainsi le législateur déclare que les avantages faits
par contrat de mariage, bien qu'ils soient réciproques,
et en principe réputés à titre onéreux, reçoivent ici le
caractère de libéralités et seront soumis à la réduction.
En d'autres termes, quoique ces avantages ne soient
pas imputables sur la quotité disponible ordinaire, ils
sont, au contraire, imputables sur la quotité disponible
spéciale que la loi a édictée dans l'art. 1098.

L'art. 1496 prévoit le cas où les époux sont mariés
sous le régime de la communauté légale. Si les apports
de chacun des conjoints sont égaux, ils ne sont avantagés ni l'un ni l'autre, il n'y a pas de libéralité, par
suite, pas de réduction possible. Si, au contraire, les
apports sont inégaux, et que la différence entre les deux
excède la quotité de l'art. 1098, le conjoint dont l'apport est le plus faible est réputé avoir reçu une libéralité. Ainsi la confusion du mobilier et des dettes dont
parle l'art. 1496 peut faire naître un avantage indirect
au profit de l'un des époux : par exemple si un homme
veuf, avec enfants, ayant 25,000 francs de meubles, et
5,000 francs de dettes, en tout 20,000 francs d'actif,
épouse une femme qui n'a que 10,000 francs de meubles
et 6,000 francs de dettes, en tout 4,000 francs d'actif.
Cette femme se trouve avantagée puisqu'elle met dans
la communauté 16.000 francs de moins que son mari ;
si l'avantage indirect qu'elle en retire excède celui que
la loi permet à son conjoint de lui faire (art. 1099, 1º),
les enfants pourront demander que sa part dans la
communauté soit restreinte.

Quelle solution admettre dans le cas où les époux
'se sont mariés sans contrat, c'est-à-dire sont soumis
de plein droit au régime de la communauté légale? Il

n'y a aucune différence, si ce n'est que dans le premier cas la convention est tacite, tandis qu'elle est expresse dans le second. Si les époux n'ont pas manifesté formellement l'intention de s'avantager, ils n'y ont pas moins consenti tacitement. L'époux dont les apports sont plus importants savait peut-être très bien qu'en ne faisant pas de contrat il avantageait son conjoint. Peu importe du reste l'intention des époux ; du moment qu'il y a un préjudice causé aux enfants, l'art. 1098 doit s'appliquer. La loi ne s'attache qu'au fait matériel et non à l'intention. Enfin, l'art. 1098 s'exprime d'une façon générale, il parle de la communauté légale sans distinguer de quoi elle résulte (1).

Il peut se faire que pendant le mariage, l'époux remarié, qui a des enfants de sa première union, reçoive des successions composées de valeurs mobilières considérables qui tombent dans la communauté ; les enfants pourront-ils, en vertu de l'art. 1098, attaquer l'avantage indirect dont aura bénéficié le second conjoint de leur auteur ? Il s'agit de savoir s'il y a ou non avantage indirect ; si on admet l'affirmative, les enfants pourront attaquer l'avantage, dans le cas contraire ils ne le pourront pas.

Un premier système soutient qu'il n'y a pas d'avantage indirect dans cette hypothèse. En effet, dit-on, le défaut de réserve des successions de la part d'un des époux, ne fait pas supposer chez lui l'intention d'avantager son conjoint ; il a voulu « laisser aller le cours naturel de la loi de la communauté, suivant laquelle tout le mobilier qui advient à chacun des conjoints pendant que la communauté dure, y tombe (2). » L'époux ne sait pas encore s'il recueillera ces successions : si, par exemple, il est prédécédé renonçant ou

_____

(1) Aubry et Rau (4ᵉ édition), t. VII, § 690, note 15; Demol., t. VI, *Donations*, nᵒ 576; Rodière et Pont, *Cont. de mar.*, t. III, p. 206.

(2) Poth., *Cont. de mar.*, nᵒ 553.

indigne; il ne pouvait donc pas se dépouiller d'une chose aussi incertaine et dépendant des chances du hasard. C'est une simple espérance qui peut-être ne se réalisera jamais, car il est possible que le droit à la succession ne s'ouvré pas en faveur de l'époux (1).

Un second système admis par la majorité des auteurs et auquel je me range, prétend, au contraire, qu'il y a dans cette hypothèse une libéralité indirecte tombant sous l'application de l'art. 1098. La loi, dit-on dans cette opinion, regarde non l'intention des époux mais le fait, le préjudice causé aux enfants. Or, ceux-ci sont lésés, et cette lésion suffit pour leur donner le droit de demander la réduction.

Cette solution est d'accord avec le texte de la loi. L'art. 1496, en effet, ne distingue pas : il accorde l'action en réduction *toutes les fois que la confusion du mobilier ou des dettes*, fait naître au profit d'un des époux un avantage excédant la quotité fixée par l'art. 1098. Il s'opère, au moment où la succession est recueillie par l'époux, une confusion du mobilier qu'elle contenait, avec celui déjà entré dans la communauté au jour du mariage. Pourquoi faire une distinction entre le mobilier présent et le mobilier futur alors que l'art. 1496 n'en fait aucune (2) ?

Tout ce que je viens de dire de la communauté légale (art. 1496), s'applique à la communauté conventionnelle (art. 1527). Ainsi, les enfants du premier lit d'un époux pourront attaquer l'ameublissement consenti par leur auteur, en se remariant, au profit de son nouveau conjoint (art. 1505), si l'avantage qui en est résulté est supérieur à la quotité disponible de l'art. 1098.

Il en serait de même, si les époux dont les apports

(1) Toullier, t. XIII, n° 290.

(2) Aubry et Rau (4ᵉ éd.), t. VII, n° 690, texte et note 14; Durant., t. IX, n° 807; Delvinc., t. II, p. 435.

sont égaux, mais dont les dettes de celui qui a des enfants d'un premier lit sont de beaucoup inférieures à celles de l'autre, n'insèrent pas dans leur contrat de mariage qu'ils paieront séparément leurs dettes personnelles (art. 1510).

Appliquons une solution analogue au cas où l'un des conjoints est autorisé à prélever avant tout partage, une certaine somme ou une certaine quantité d'effets mobiliers en nature, dont la valeur excède la quotité disponible entre époux (art. 1515). A l'objection qu'on pourrait nous faire que la loi ne regarde pas le préciput « comme un avantage soumis aux formalités des donations, mais comme une convention de mariage », (art. 1516), nous répondrons qu'il n'en est pas moins une véritable libéralité. La preuve s'en tire de l'article 1518 qui en prive celui des époux contre lequel le divorce ou la séparation de corps a été prononcée.

Enfin, si la part que le contrat de mariage assigne à l'un des époux dans la communauté dépasse la quotité disponible de l'art. 1098, elle sera aussi sujette à réduction (art. 1520); on suivra la même règle au cas de l'établissement d'une communauté à titre universel (art. 1526).

La fin du § 2 de l'art. 1527 nous fait observer que, à l'égard des enfants du premier lit, les avantages résultant de la différence des bénéfices que procurent à la communauté les travaux communs et les économies faites sur les revenus respectifs, quoique inégaux des deux époux, sont considérés comme le résultat d'un contrat à titre onéreux et échappent par conséquent à l'action en réduction.

Cette solution est très juste, ces bénéfices étant le produit des travaux et des économies communs des deux époux, devaient se confondre sans qu'on examine lequel des deux y a le plus contribué. Ces revenus, d'ailleurs, sont destinés à couvrir les dépenses journalières du ménage, les enfants ne seront pas fondés à se plaindre, s'ils ne les trouvent pas dans la succession.

La même règle s'appliquera relativement aux biens acquis avec les économies réalisées par les époux sur leurs travaux communs et leurs revenus respectifs. Si les sommes qui ont servi à acquérir ces biens échappent à l'action en retranchement, ceux-ci doivent également, en vertu de leur origine, ne pas y être soumis. De là il résulte que l'action en réduction ne sera jamais admise si les époux sont mariés sous le régime de la communauté réduite aux acquêts, celle-ci se composant exclusivement des bénéfices faits par eux sur leurs revenus et sur les produits de leur industrie.

Mais il n'en serait pas de même au cas où les époux auraient stipulé dans leur contrat que la communauté appartiendrait en entier au survivant ou à l'un d'eux seulement (art. 1525). Bien qu'ici encore la loi déclare que « cette stipulation n'est pas réputée un avantage sujet aux règles relatives aux donations, soit quant au fond, soit quant à la forme, et simplement une convention de mariage », elle n'en tombe pas moins sous l'application de l'art. 1527. Cet article ne parle pas de donation ni de libéralité, il emploie des termes plus généraux : « *toute convention* qui tendrait.....» Il y a eu convention, donc l'action en réduction doit être admise.

Enfin, nous sommes, dans cette hypothèse, en présence d'une exception à la règle posée dans l'art. 1098, il faut alors choisir l'interprétation la plus stricte (1).

Supposons maintenant que l'époux remarié, la

(1) Durant., t. IX, n° 810; Aubry et Rau (4° édition), t. VII, § 690, note 17; Delv., t. II, p. 437; Cass., 24 mai 1808: Sir., 1808, I, 328; Cass., 13 juin 1855: Sir., 1855, I, 513; Paris, 26 juin 1880: D. P., 1880, II, 315.

femme, par exemple, ait un apport de beaucoup supérieur à celui du mari ; mais celui-ci exerce une industrie dont les bénéfices surpassent les revenus produits par l'apport de sa femme. Ces bénéfices que le mari fait tomber chaque année dans la communauté, pourront-ils compenser l'excédant d'apport de la femme ?

La négative est généralement admise et on se fonde pour soutenir cette opinion sur ce que, la plupart du temps, les soins, la surveillance et l'économie que la femme apporte dans la direction du ménage compensent les bénéfices réalisés par le mari. Souvent même elle prend part à la production de ces bénéfices. Aussi ne tient-on aucun compte de la différence des revenus, chacun des époux a droit à moitié des bénéfices et des économies réalisés pendant la communauté. Cette solution est d'autant plus juste qu'il serait impossible d'estimer une industrie.

C'était déjà l'avis de Pothier (1) qui n'admettait qu'un cas où les bénéfices produits par l'industrie du mari compensassent l'apport en capitaux de la femme, c'était lorsque dans une seule année ils atteignaient l'excédant de l'apport de la femme sur celui du mari.

A quel moment faudra-t-il se placer pour savoir si un des époux a été avantagé par les conventions matrimoniales ? Au moment du partage de la communauté. On examinera les clauses du contrat de mariage afin de voir quels avantages elles contiennent en faveur des époux.

Inutile de rechercher ni d'examiner l'intention qu'ont eue les conjoints en rédigeant leurs conventions matrimoniales. La loi ne considère que les effets et les conséquences produits par ces conventions, et ne tient aucun compte de l'intention des époux. Il suffit, sauf, bien entendu, l'exception de l'art. 1527, que, d'une

(1) Poth., *Cont. de mar.*, n° 552.

manière ou d'une autre, le nouveau conjoint ait été avantagé au-delà de la quotité permise entre époux, pour que l'art. 1098 reçoive son application.

SECTION V

Action en Réduction

A qui appartient-elle? Le motif qui a inspiré les rédacteurs de l'art. 1098, à savoir la protection des intérêts des enfants du premier lit, nous indique assez à qui ils ont voulu conférer l'exercice de l'action. De plus, l'art. 1496 ferait disparaître tous les doutes si quelques-uns avaient pu naître; cet article, en effet, n'accorde formellement l'action en retranchement qu'aux enfants de la première union.

Dans l'ancien droit, on l'accordait au conjoint remarié; mais depuis la rédaction du Code une pareille solution doit être rejetée (1). Il en est de même à l'égard des créanciers de cet époux.

Si donc tous les enfants du premier lit sont tous prédécédés au moment de la mort du disposant, s'ils renoncent tous à la succession ou en sont exclus comme indignes, l'action en réduction disparaissant, la libéralité reste en totalité à l'époux donataire, à moins qu'il n'y ait des enfants issus du second mariage, et que la donation excède la quotité permise, dans ce cas, entre époux (art. 1094).

Mais cette hypothèse étant mise à part, les enfants communs ne pourront pas agir en vertu de l'art. 1098, si aucun des enfants du premier lit ne vient à la succession de l'époux donateur, puisque ce droit qui ne

---

(1) Un arrêt de la cour de Bordeaux du 5 juin 1824 (Dev., 1825, I, p. 44), reproduit la théorie de l'ancien droit.

s'ouvre que dans la personne des enfants issus de la première union n'aura pu prendre naissance.

Qui peut profiter de l'action en réduction?

Si les enfants du premier lit ont exercé l'action en réduction, vont-ils être seuls à profiter des biens retranchés, ou devront-ils admettre au partage de ceux-ci les enfants issus de la seconde union? On admet généralement aujourd'hui que tous les enfants, ceux du second lit comme ceux du premier, profitent de la réduction.

Les auteurs qui prétendent que les enfants issus du second mariage ne doivent pas profiter des biens retranchés se fondent sur ce qu'on leur refuse le droit d'intenter l'action en réduction : on ne peut pas, disent-ils, sans être illogique, les en faire profiter si ceux du premier lit l'ont obtenue. D'ailleurs, cette action n'a pas été créée en leur faveur, mais uniquement en faveur de ceux nés de la première union. L'art. 1496 ne parle que de ces derniers (1).

L'opinion contraire admise par la majorité des auteurs, et à laquelle je donne la préférence, part de ce principe que la réduction ayant pour effet d'anéantir rétroactivement la donation en ce qu'elle a d'excessif, les biens rentrés dans le patrimoine du donateur sont censés n'en être jamais sortis; le donataire est réputé n'en avoir jamais été propriétaire. Ces biens font alors partie de la succession à laquelle sont appelés tous les enfants et qui se partage également entre eux (art. 745). Les biens retranchés de la donation excessive faite à son conjoint par l'époux remarié qui a des enfants, sont des biens appartenant à l'auteur commun des enfants du premier et du second lit, et sur lesquels ceux-ci ont un droit égal.

Enfin, reconnaître une autre solution, ce serait

(1) Proudhon, *De l'Usufruit*, t. I, 437.

admettre les époux à frauder, par suite d'une collusion, les enfants du second lit au profit de ceux du premier. Il serait facile, en effet, à un époux remarié de faire à son conjoint une libéralité excessive, afin que plus tard, étant réduite sur la poursuite des enfants nés de la première union, ceux-ci se partagent seuls l'excédant et soient ainsi avantagés au préjudice des enfants issus du second mariage (1).

Que va-t-il arriver si les enfants du premier lit s'abstiennent d'intenter l'action en réduction, soit par négligence, soit parce qu'ils y ont renoncé? Les enfants du second lit pourront-ils agir eux-mêmes et exercer l'action de leur propre chef?

D'après un premier système, ce droit n'appartient pas aux enfants nés du deuxième mariage; car ce n'est pas en leur faveur que l'action en réduction a été établie, mais au profit des enfants du premier lit (art. 1496 et 1527).

La réserve de l'art. 1098 est faite pour les enfants du premier lit, eux seuls peuvent intenter l'action en retranchement (art. 921.) (2).

J'adopterai de préférence le système contraire. Il se fonde sur les principes généraux. Du jour, dit-on dans cette opinion, où les enfants du premier lit ont accepté la succession, leur action a pris naissance, et elle va se trouver comprise dans cette succession, à laquelle tous les enfants ont un droit héréditaire égal; tous peuvent exercer cette action. Les enfants du premier lit pouvaient, s'ils le voulaient l'empêcher de s'ouvrir en renonçant à la succession; mais du moment qu'ils l'ont acceptée, il y a un droit acquis pour les enfants du second lit, droit dont la simple volonté des précédents ne saurait les priver.

(1) Poth., *Cont. de Mar.*, n° 567; Bordeaux, 16 août 1853: Sir., 1855, II, p. 753.

(2) Marc., *Sur l'art. 1098*, n° 354.

Et d'ailleurs, si nous leur reconnaissons le droit de profiter du bénéfice procuré par l'exercice de l'action en réduction, nous ne pouvons leur retirer la faculté d'intenter cette action, si, par suite d'une négligence, d'un caprice ou d'une collusion avec le nouvel époux, les enfants du premier lit restent dans l'inaction.

Quant à l'objection tirée des art. 1496 et 1527, et basée sur ce que ces articles ne parlent que des enfants nés d'une précédente union, j'y répondrai en faisant observer que les partisans du premier système commettent une erreur dans l'interprétation de ces articles. En effet, ces deux articles ne se rapportent qu'à l'ouverture de l'action, et déclarent qu'elle n'a lieu qu'au profit des enfants du premier lit; en cela nous sommes d'accord, nous n'avons jamais prétendu que cette action prenait naissance sur la tête des enfants issus du second mariage; mais ce que nous soutenons, c'est qu'une fois née par suite de l'acceptation de la succession par les enfants de la première union, l'action peut être exercée par tous sans distinction de lit. Ces articles ne viennent donc pas à l'appui du système que nous combattons et ne peuvent pas être invoqués utilement par ses partisans (1).

A quelles règles est soumise la réserve de l'art. 1098? — Le législateur, nous l'avons vu, a créé dans l'article 1098, une véritable réserve. L'action en retranchement que l'on applique lorsqu'il s'agit de réduire les libéralités excédant la quotité disponible ordinaire des art. 913 et 920, sera celle que nous appliquerons à la quotité disponible spéciale fixée par l'art 1098. On suivra pour réduire les libéralités entre époux, dont l'un ou tous deux a des enfants du premier lit, la marche indiquée dans l'art. 922. On fera la masse de

---

(1) Demol., t. XXIII, n° 602; Aubry et Rau (4ᵉ éd.), t. VII, § 690, note 13; Laurent, t. XV, n° 399.

tous les biens, auxquels on réunira fictivement ceux
dont l'époux donateur a disposé entre vifs sans préciput, d'après leur état à l'époque des donations et leur
valeur au temps du décès. De cette masse, on déduira
les dettes, et la quotité disponible sera calculée sur
l'ensemble des biens qui resteront après cette déduction.

Quelle sera la durée de l'action? — L'action en
réduction dure trente ans (art. 2262); pendant tout ce
temps les enfants ont le droit de l'exercer, s'ils ne l'ont
déjà fait.

Par qui peut-elle être exercée? Par les enfants,
leurs héritiers et leurs créanciers. Mais l'art. 921 s'oppose à ce que les créanciers du donateur, les autres
donataires ou légataires puissent demander la réduction ni en profiter.

Contre qui peut-elle être exercée ? Contre le donataire ; mais si, pour une raison ou pour une autre, par
suite d'une vente, d'un échange, d'une donation..... il
a perdu la propriété des immeubles à lui donnés, l'action en réduction pourra être dirigée contre les tiers
détenteurs de ces immeubles ; les droits du donataire
étant résolubles, celui-ci n'a pas pu transmettre un
droit irrévocable qu'il n'avait pas (art. 930).

Effets de l'action en réduction. Les biens immobiliers, recouvrés par l'exercice de l'action en réduction
rentrent dans le patrimoine du donateur sans charges
de dettes ou hypothèques créés par le donataire
(art. 929).

Une difficulté se présente à propos de l'art. 917. Il
s'agit de savoir si le choix conféré par cet article aux
héritiers à réserve, dans le cas d'une libéralité excessive ayant pour objet un usufruit ou une rente via-
gère, appartient aux enfants qui exercent l'action en
réduction.

La majorité des auteurs et la jurisprudence admet-

tent que les enfants auront le droit d'opter entre l'exécution de la disposition et l'abandon de la propriété de
la quotité disponible.

Une telle solution est conforme au double but que
s'est proposé le législateur en édictant les articles 917
et 1098. En effet, les rédacteurs du Code, reconnaissant très bien que l'évaluation d'un usufruit ou d'une
rente serait presque impossible, ont voulu éviter les
difficultés qui seraient nées à ce sujet. C'est pourquoi
ils ont édicté la disposition de l'art. 917. Or, ces incerti-
tudes d'évaluation sont aussi grandes lorsque le donataire se trouve en présence des enfants de son conjoint décédé, que s'il se trouve en présence d'héritiers
réservataires ordinaires (art. 913 et suiv.)

En outre, les enfants peuvent avoir intérêt à exercer
l'option de l'art. 917 ; si, par exemple, l'époux donataire
est âgé, infirme, malade, en un mot si la rente peut
s'éteindre d'un jour à l'autre, les héritiers préfèreront
la servir, plutôt que d'abandonner la pleine propriété
de la quotité disponible au conjoint survivant qui
pourrait alors en disposer au profit d'un étranger.
Donner le choix aux enfants du premier lit c'est remplir le but du législateur qui a voulu les protéger.

Enfin, l'art. 917 se trouve placé au chap. III du
titre III, sous la rubrique générale : *De la Portion des
biens disponible, et de la Réduction ;* il ne distingue
pas entre la réduction à la quotité disponible ordinaire (art. 913 et suiv.), et la réduction à la quotité
disponible spéciale entre époux ayant des enfants du
premier lit (art. 1098). Toutes les dispositions qui s'appliquent à l'une doivent parconséquent s'appliquer à
l'autre (1).

(1) Demol., t. XIX, n° 462; Laur., t. XV, n° 402; Cass., 1 avril 1844:
D., 1844, I, 844; Angers, 22 février 1872: D. P., 1872, II, 352; Nancy,
4 mars 1873; D. P., 1874, II, 148 ; Cass., 10 mars 1873 : Dev., 1874,
J, 17 ; Cass., 1 juillet 1873 : D. P., 1874, I. 26.

Concours de la quotité disponible de l'art. 1098 avec la quotité disponible ordinaire. — L'art. 1098 ne restreint la faculté de disposer qu'à l'égard du nouveau conjoint ; aussi l'époux remarié peut-il toujours faire une libéralité n'excédant pas le quotité disponible ordinaire, au profit d'une autre personne que ce conjoint : par exemple, en faveur d'un étranger, ou en faveur d'un de ses enfants du premier ou du second lit.

Toutefois, l'époux remarié ne pourra pas cumuler ces deux quotités, c'est-à-dire donner d'un côté le disponible ordinaire et de l'autre le disponible de l'art. 1098, sans quoi on arriverait à annihiler ainsi presque complètement la réserve des enfants. Comment combiner alors ces deux quotités ? En principe on appliquera les règles de l'art. 923 ; s'il y a eu des libéralités entre vifs et des libéralités testamentaires, on ne réduira les premières qu'après avoir épuisé la valeur de tous les biens compris dans les dispositions de dernière volonté. En effet, les droits des légataires sont postérieures à ceux de tous les donataires, et ont entamé la réserve.

Si toutes les dispositions faites par l'époux remarié en faveur de son conjoint et en faveur d'étrangers ont eu lieu par testament, et dépassent ensemble la quotité disponible ordinaire, il faudra les réduire au marc le franc. Mais auparavant, on devra, si la libéralité faite au nouvel époux excède le disponible fixé par l'art. 1098, la réduire préalablement à cette quotité.

Cependant, si le donataire avait expressément déclaré, conformément à l'art. 927 du Code civil, qu'il entendait que la libéralité faite à son conjoint reçut d'abord son exécution, alors tout en étant toujours réductible à la quotité disponible de l'art. 1098, si elle l'excède, cette libéralité ne subira la réduction de l'art. 926 que si la valeur des autres dispositions ne remplit pas la réserve légale (1).

Si, après avoir épuisé la valeur de tous les biens compris dans les libéralités testamentaires, la quotité disponible est encore dépassée, il faudra réduire les donations en commençant pas la dernière, et ainsi de suite en remontant des dernières aux plus anciennes (art. 723, *in fine*).

Deux hypothèses peuvent se présenter :

1er HYPOTHÈSE. — L'époux remarié a fait à un étranger ou à un de ses enfants du premier ou du second lit une libéralité entre-vifs, antérieure à celle faite à son conjoint. De deux choses l'une :

Ou il a épuisé la quotité disponible ordinaire : dans ce cas, il ne pourra plus rien donner à son conjoint ;

Ou il n'a pas épuisé la quotité disponible ordinaire : dans cet autre cas il peut donner le surplus à son conjoint, à condition, bien entendu, que ce surplus n'excède pas la quotité disponible fixée par l'art. 1098.

2e HYPOTHÈSE. — La libéralité faite au conjoint est la plus ancienne :

Ou bien elle n'excède pas la quotité disponible de l'art. 1098 : l'époux remarié peut alors disposer au profit d'un étranger ou d'un de ses enfants, de la différence existant entre la quotité disponible spéciale de l'art. 1098 et la quotité disponible ordinaire (art. 913).

Ou bien elle excède le disponible entre époux ayant des enfants d'un précédent mariage (art. 1098), mais non le disponible ordinaire : dans cette hypothèse, les donataires et les légataires postérieurs pourront demander aux enfants l'exécution de la libéralité faite en leur faveur et ayant pour objet la différence entre les deux quotités, sauf à ceux-ci à exercer l'action en réduction contre le nouvel époux, pour compléter leur

(1) Demol., t. XXIII, n° 568 ; Dur., t. IX, n° 815 ; Tropl., t. IV, n°s 2708 et 2709 ; Paris, 19 juillet 1833 ; Sir., 1833, II, 397.

réserve. ci encore, on ne peut pas nous opposer l'art. 921 défendant aux légataires et aux donataires de demander le retranchement et d'en profiter, car nous répondrons que ces personnes ne demandent pas directement et personnellement la réduction, comme le prévoit l'art. 921, mais prétendent seulement qu'on ne peut pas leur faire subir une réduction qu'elles ne doivent pas supporter (1).

Si on suppose que cette même donation ait été faite au second conjoint par contrat de mariage il va surgir alors un conflit entre deux principes de droit : d'une part, celui de l'irrévocabilité des donations faites par contrat de mariage entre futurs époux, et, d'autre part, celui de la liberté de donner en totalité la quotité disponible.

En effet, si comme dans l'hypothèse précédente, le légataire vient, en vertu du droit de libre disposition appartenant au donateur jusqu'à concurrence de la quotité disponible, réclamer la délivrance de son legs, les enfants et l'époux donataire lui-même vont lui opposer l'irrévocabilité des donations faites entre futurs conjoints par contrat de mariage (art. 1083). Lequel de ces deux principes va l'emporter ? Pour faire mieux comprendre la question, je prends un exemple.

Primus a quatre enfants de sa première union, il se remarie et donne 20,000 francs à sa seconde femme par contrat de mariage ; il meurt et sa succession se compose de 100,000 francs y compris la libéralité faite à sa femme. En outre, il a légué 5,000 francs à un étranger. Il est évident que si l'époux donateur n'avait pas fait cette dernière disposition, les droits de la femme eussent été faciles à établir : elle aurait pu réclamer

(1) Demol., t. XIX, n° 215 et t. XXIII, n° 568 ; Dur., t. IX, n° 815 ; Cass., 2 fév. 1719 : Sir., 1819, I, 271 ; Cass., 12 janv. 1853 : Dev., 1853. I, 71.

les 20,000 francs dont elle avait été gratifiée par contrat de mariage, puisque sa donation n'aurait pas excédé une part d'enfant le moins prenant (20,000 fr. dans l'hypothèse), que la loi lui accorde. Mais si avant de calculer la part d'enfant pour connaître la quotité dont l'époux remarié pouvait disposer au profit de son conjoint, on retranche les 5,000 francs légués à l'étranger, la masse ne se compose plus que de 95,000 francs, et la part de chacun des héritiers ainsi que celle de la seconde femme va se trouver réduite de 1,000 francs. Faut-il, dans cette hypothèse, exécuter le legs, ou maintenir entière la donation ?

Le légataire pour réclamer ses 5,000 francs va tenir le raisonnement suivant : la fortune de Primus est de 100,000 francs ; la quotité disponible dont il pouvait disposer à mon égard, moi qui suis un étranger, était de 25,000 francs. Or, il a déjà donné 20,000 à sa femme, il n'a pas épuisé le disponible, il reste encore 5,000 francs qu'il pouvait me léguer, je les réclame. Mais à cela la seconde femme de Primus va lui opposer que si on lui délivre son legs, elle en supportera le paiement avec ses enfants : ils sont cinq à se partager la succession, elle et les quatre enfants de son mari, chacun d'eux perdra donc 1,000 francs : sa libéralité au lieu d'être du cinquième de 100,000 francs, ne sera plus que du cinquième de 95,000 francs, c'est-à-dire 19,000 francs ; la donation faite à la femme va se trouver réduite et par conséquent révoquée d'autant. Or, les libéralités faites par contrat de mariage sont irrévocables (art. 1083, Code civil), et les libéralités postérieures ne peuvent pas leur porter atteinte.

On admet généralement que la délivrance du legs doit avoir lieu. En effet, dit-on, il n'y a pas de révocation ; la libéralité est bien réduite, mais ce n'est pas par la volonté de l'époux donateur, c'est en vertu de la loi qui défend au nouvel époux de recevoir plus qu'une part d'enfant légitime le moins prenant. La prohibition de l'art 1098 serait violée, si la femme touchait l'intégralité de sa donation :

En outre, qui pourrait intenter l'action en retranchement contre le légataire ? Les enfants ? leur réserve n'est pas entamée. La seconde femme ? elle n'est pas réservataire. Personne donc né pourra agir en réduction.

Enfin, il est naturel de supposer que l'époux remarié n'a pas voulu conférer à sa femme un avantage supérieur à celui de ses enfants. En donnant à sa nouvelle épouse, il n'a certainement pas eu l'intention de s'interdire le droit de disposer de la quotité disponible ordinaire. D'ailleurs, observons que le principe de l'irrévocabilité des donations est peut-être moins rigoureusement observé dans les donations par contrat de mariage, où les conditions potestatives sont admises, que dans les autres donations où on rejette de telles conditions (1).

SECTION VI

Sanction de la prohibition contenue
dans l'art. 1098

Les époux auraient pu cacher sous le masque d'une convention à titre onéreux, ou sous le nom supposé d'un tiers, des libéralités excédant la quotité disponible fixée par l'art. 1098, et rendre ainsi illusoire la prohibition de cet article. Il y aurait eu de nombreuses difficultés pour découvrir les fraudes, aussi le législateur a-t-il préféré les prévenir.

L'art. 1099, § 2, déclare nulles les libéralités dégui-

_____

(1) Demol., t. XXIII, n° 569 et 593 ; Colm., de Sant., t. IV, n° 278 *bis*, VII ; Tropl., t. IV, n° 2712; Paris 19 juil. 1833; Dev., 1833, II, 397.

sées, et celles faites à personnes interposées. On entend par libéralités déguisées, celles faites sous la forme d'un contrat à titre onéreux, comme une vente, un échange, etc.; peu importe le contrat employé du moment qu'il cache un avantage quelconque.

Les libéralités faites à personnes interposées sont celles que l'on adresse à un intermédiaire, mais dont le bénéfice retournera au conjoint.

Le § 2 de l'article 1099 (C. civ.) s'exprime ainsi : « Toute donation, ou déguisée, ou faite à personnes interposées, sera nulle. » Malgré les termes formels de l'art. 1099, § 2, tous les auteurs ne sont pas d'accord au sujet de sa disposition. Quatre systèmes ont été proposés.

1ᵉʳ *Système*. — Les donations déguisées ou à personnes interposées sont valables pour le tout, si elles n'excèdent pas la quotité disponible de l'article 1098, et réductibles si elles l'excèdent. Il n'y a pas pas de différence entre elles et les donations indirectes.

Pour soutenir cette opinion, on s'appuie :

(a) Sur l'Edit des secondes noces, qui mettait sur le même pied et traitait d'une même façon les diverses sortes de libéralités ; il n'établissait aucune différence entre elles. Rien dans les travaux préparatoires ne nous indique que les rédacteurs du Code aient voulu abandonner la solution admise par l'ancien droit.

(b) Sur le droit commun ; en général, les donations déguisées sous la forme d'un contrat à titre onéreux, faites par une autre personne qu'un conjoint à son conjoint, sont valables, pourquoi les annuler entre époux ?

(c) Sur l'analogie qui existe entre les donations déguisées ou à personnes interposées et les donations indirectes. Une libéralité, en effet, ne peut être déguisée sans être indirecte, et réciproquement ; ces deux qualités sont unies ensemble sans pouvoir se séparer ; on ne voit pas alors la raison d'annuler les donations

déguisées et conserver l'existence aux donations indirectes?

Il est vrai que le mot *nulle* dont s'est servi la loi
n'est point scientifiquement exact : il eût mieux valu
dire *réductible;* mais notre langue juridique est-elle si
bien faite et si parfaitement arrêtée qu'on doive attacher à ses expressions une si grande importance?
C'est la pensée de la loi et non les expressions
employées par elle qu'il faut examiner : elle a voulu
protéger la réserve qu'elle a établie dans les art. 1094
et 1098. Si donc, l'action *en réduction* suffit à cet effet,
pourquoi prononcer, dans ce cas, la *nullité* de la donation? Ce serait inutilement dépasser le but poursuivi
par le législateur.

(*d*) Sur la place qu'occupe la disposition qui annule
ces donations. Cette disposition fait suite à celle où le
législateur déclare simplement réductibles les donations. Le § 2 de l'art. 1099 se rattache au premier
dont il n'est que le complément et la conséquence, et
doit être entendu dans le même sens. Le législateur
veut dire que les libéralités déguisées sont nulles en
tant qu'excessives, en tant qu'elles dépassent la quotité
disponible fixée par l'art. 1098 ; il faut donc simplement les réduire au taux de cette quotité (1).

Ce système n'est pas admissible. L'assimilation qu'il
fait des donations déguisées et des donations indirectes est loin d'être juste, La libéralité déguisée ou à
personnes interposées dénote le plus souvent une
intention frauduleuse chez le disposant; elle a toujours un caractère de gravité que n'a pas la donation
indirecte. Enfin, il rend complètement inutile le second
paragraphe de l'art. 1099, en lui faisant répéter la
disposition contenue dans le premier.

(1) Dur., t. I, n° 831 ; Valette, t., II, n° 454 ; Vazeille, art. 1099, n° 16;
Paris, 21 juin 1837 ; Toul, 26 février 1861 ; Lyon, 18 novembre 1862 ;
Orléans, 10 février 1865 ; Grenoble, 20 mars 1870.

2ᵉ Système. — La nullité ne frappe la donation déguisée ou à personnes interposées que si le donateur a eu pour but de cacher ce que la libéralité a d'excessif; dans le cas contraire, elle sera valable, sauf réduction. L'intention frauduleuse se supposera toujours, si, en fait, la quotité disponible est dépassée.

Ce système s'appuie sur les mêmes arguments que le précédent, et, en outre, sur l'esprit de la loi. Celle-ci a essayé de punir la fraude ; c'est pourquoi on recherche non pas seulement le fait, mais l'intention du donateur. S'il a voulu cacher l'excès de sa libéralité, la fraude existe, la donation est radicalement nulle (1).

On doit encore repousser cette théorie qui crée des distinctions qui ne se trouvent pas dans le Code. Agir ainsi, ce n'est plus interpréter la loi, c'est la faire.

D'ailleurs, comment découvrir si le donateur a eu ou non une intention frauduleuse ? Cette appréciation était si délicate que les rédacteurs ont préféré déclarer la nullité plutôt que de se lancer dans des difficultés sans fin.

3ᵉ Système. — On fait ici une autre distinction.

Nulles, si elles excèdent la quotité disponible, les libéralités sont valables si elles ne l'excèdent pas.

On ne tient aucun compte de l'intention du disposant; on ne recherche pas dans quel but il a déguisé sa donation ; on examine seulement si celle-ci n'est pas excessive. Pourquoi du reste interdire au donateur de faire par une voie détournée, ce qu'il peut faire directement et au grand jour. Il ne faut pas faire prévaloir la forme sur le fond.

Mais si, au contraire, la libéralité excède la quotité

(1) Aubry et Rau (4ᵉ édition), t. VII, § 690: note 24 ; Cass., 30 novembre 1833 : Dev., 1832, I, 134; Cass, 29 mai 1838 : Dev., 1838, I, 481 ; Caen, 30 avril 1853 : Dev., 1853, II, 699.

disponible, la lésion dont vont souffrir les enfants, combinée avec l'intention chez le disposant de frauder la loi, fait annuler la libéralité pour le tout (1).

Ce troisième système a le même défaut que le second, il établit des distinctions que la loi ne fait pas. Le but du législateur est marqué; il a voulu punir l'intention frauduleuse, et pour cela il annule sans distinction toutes les libéralités déguisées. Valider les donations qui n'excèdent pas la quotité disponible, c'est méconnaître l'intention des rédacteurs du Code.

4e *Système.*— Les libéralités déguisées ou à personnes interposées, qu'elles dépassent ou non la quotité disponible, sont nulles pour le tout. On présume toujours chez le disposant l'intention de tourner la prohibition de l'art. 1098. Cette théorie a le double avantage d'être d'accord avec le texte et l'esprit de la loi.

En effet, l'art. 1099, § 2 s'exprime on ne peut plus clairement : *Toute donation déguisée... sera nulle.* Où voyons-nous les nombreuses distinctions inventées comme à plaisir par les systèmes précédents ?

En outre, à quoi servirait ce second paragraphe, s'il se bornait à répéter la règle contenue dans le premier ? Les deux alinéas de l'art. 1099, placés ainsi à la suite l'un de l'autre, nous indiquent assez nettement l'intention chez le législateur de faire une différence entre les donations indirectes qu'il déclare réductibles, et les donations déguisées qu'il déclare nulles. On ne pourrait s'expliquer pourquoi il aurait d'abord pris le soin de prononcer la nullité de celles-ci, s'il eut voulu ne les rendre que réductibles.

On comprend très bien que les rédacteurs du Code aient établi une distinction entre les donations indirectes qui se font ouvertement et au grand jour, et les donations déguisées ou à personnes interposées qui,

(1) Tropl., *Donat.*, t. IV, n° 2744,

par leur nature même, sont toujours un peu suspectes et, la plupart du temps, le résultat de la captation ou de la suggestion.

La sévérité de la loi s'explique donc facilement : celle-ci a cherché à prévenir les donations déguisées en se montrant à leur égard plus rigoureuse que pour les donatlous simplemont indirectes.

Toutefois, ce système a le défaut d'être en contradiction avec le principe de droit commun en matière de donation déguisée. En effet, la simulation, en droit commun, n'est pas une cause de nullité. Sur quoi donc fonder l'exception apportée à la règle générale par l'art. 1099? On est obligé d'admettre une présomption de fraude *Juris et* DE *jure*. Et encore, cette présomption de fraude pourrait légitimer la nullité, si la règle de l'art. 1098 avait le caractère d'une incapacité; dans ce cas, en effet, la donation déguisée participerait au même vice que la donation excessive; mais cette effet de la présomption de fraude est bien difficile à admettre avec l'idée d'indisponibilité; car en définitive, du moment qu'il s'agit de biens indisponibles il suffit de voir si la portion disponible a été dépassée ou non.

Il y a lieu de croire que ces contradictions du Code civil proviennent d'une fausse application des théories de l'ancien droit sur ce point.

Néanmoins, cette opinion est admise par la majorité des auteurs (1) et par la jurisprudence la plus constante (2).

L'action en nullité des donations déguisées ou faites

(1) Demol., t. XXIII, n° 614 ; Toullier, t. III, n° 891 ; Marcadé, *Sur l'art. 1099* ; Colm., de Sant., t. IV, n° 879 *bis*, I et II ; Laurent, t. XV, n° 404.

(2) Cass. 30 nov. 1631 : Dev. 1831, I, 371 ; Cass. 11 nov. 1334 : Dev. 1834, I. 769 ; Cass. 29 mai 1838 : Dev. 1838, I, 481 ; Cass. 2 mai 1855 : Sir. 1859, I, 178 ; Orléans 23 février 1861 : Sir. 1861, II, 410 ; Cass. 11 mars 1862 ; Grenoble 29 nov. 1862 : Sir. 1863, II, 51 ; Dijon 10 avril 1867 : Sir. 1868, II, 11 ; Caen 1 décembre 1870 ; Bordeaux 16 février 1874 : Cass. Req. 17 février 1874.

à personnes interposées, s'ouvre au moment de la mort de l'époux donateur. Elle sera portée devant les tribunaux qui apprécieront si elle est fondée et prononceront la nullité de la libéralité, s'il y a lieu.

Elle appartient à ceux qui ont l'action en réduction, c'est-à-dire, non seulement aux enfants du premier lit, mais encore aux autres héritiers réservataires. En effet, le paragraphe 1er de l'art. 1099 nous renvoie aux dispositions ci-dessus, c'est-à-dire, à celles comprises dans les art. 1092-1098, le paragraphe 2 complétant celui qui le précède et créant l'action en nullité, doit donc s'appliquer aussi bien aux articles 1094 et 1096 qu'à l'art. 1098.

Observons que, ayant admis la nullité de toute donation déguisée ou à personnes interposées dépassant ou non la quotité disponible, nous devons, pour être logiques, conférer l'action à toute personne intéressée; ainsi le donateur lui-même sera recevable à attaquer sa libéralité; il en sera de même des créanciers de celui-ci. La nullité de l'art. 1099 est une nullité absolue (1).

L'action en nullité est intentée : au demandeur, en vertu de la règle « *Onus probandi incumbit actori* » à prouver la fraude employée par le donateur. La loi met à sa disposition tous les moyens possibles même les simples présomptions; cependant il existe des hypothèses où elle n'exige du demandeur aucune preuve, elle présume la fraude et n'admet pas que l'on propose d'établir le contraire. L'art. 1100 nous donne l'énumération de ces hypothèses. « Seront réputées faites à personnes interposées les donations de l'un des époux, aux enfants ou à l'un des enfants de l'autre

---

(1) Demol., t. IV, Donat., n° 615; Colm. de Sant., n° 279 *bis*, III; Bordeaux 5 juil. 1824; Cass. 16 av. 1850; Montpellier, 28 fév. 1876, D. P., 1878, II, 249; *Contra* : Tropl., t. IV, n° 2745 et 2746; Grenoble, 2 juil. 1831; Riom, 9 août 1843; Cass. 2 mai 1855.

époux issus d'un autre mariage et celles faites par le donateur aux parents, dont l'autre époux sera héritier présomptif au jour de la donation, encore que ce dernier n'ait point survécu à son parent donataire ».

QUELLES SONT LES PERSONNES VISÉES PAR LA LOI DANS L'ART. 1100 ?

I. — *Les enfants du conjoint du disposant.*

Le législateur redoutait, et à juste titre, qu'en disposant en faveur des enfants de son nouvel époux, le donateur n'eût eu l'intention d'en faire, en réalité, profiter celui-ci. Aussi a-t-il vu avec méfiance cette générosité du disposant pour des enfants qui lui sont étrangers, générosité qui lui est peut-être dictée par un amour aveugle à l'égard de son conjoint.

Ici, comme nous l'avons déjà admis plus haut, à propos de l'art. 1098, le mot « enfants » s'étend aux petits-enfants, et aux arrière petits-enfants.

Que décider relativement aux enfants naturels et aux enfants adoptifs ? Le but auquel le législateur s'est proposé d'atteindre dans l'art. 1100, doit nous amener à déclarer que la donation faite aux enfants naturels ou adoptifs du conjoint, est présumée faite à personnes interposées. En effet, il a voulu empêcher l'époux qui a des enfants du premier lit de disposer à leur préjudice d'une façon détournée en faveur de son nouveau conjoint. Admettre l'opinion contraire à celle que je soutiens, c'est-à-dire ne pas considérer les enfants naturels et adoptifs comme personnes interposées, ce serait faciliter la fraude, et parconséquent manquer le but poursuivi par la loi lorsqu'elle annule les libéralités faites aux enfants du second époux.

Si le législateur, dans l'art. 1100, parle des « enfants issus d'un autre mariage » c'est qu'il a désiré faire une antithèse entre les enfants nés de la nouvelle union et ceux issus d'une précédente : il a pris comme exemple le cas le plus ordinaire.

Les enfants nés du nouveau mariage des époux ne sont pas présumés personnes interposées. Cette solution qui aujourd'hui est admise par tout le monde était contestée dans l'ancien droit. On prétendait que le nouvel époux pouvait entraîner son conjoint à faire des libéralités aux enfants communs au préjudice de ceux que celui-ci avait eu de sa première union.

Mais sous l'empire du Code, cette théorie doit être rejetée. Les termes formels de l'art. 1100 s'opposent à son admission. En effet, cet article parle simplement d'enfants « issus d'un autre mariage », et garde à dessein le silence sur les enfants communs.

II. — *Les parents dont l'autre époux était héritier présomptif au moment de la donation, encore que ce dernier n'eût point survécu à son parent donataire.*

Ici l'intention du donateur ne pouvait échapper à la loi : s'il se montre généreux envers une personne à laquelle aucun lien ne l'unit et dont son conjoint est l'héritier présomptif, c'est, assurément, parce qu'il compte faire profiter celui-ci de sa libéralité.

Deux conditions sont exigées pour l'application de l'art. 1100. Il faut :

I. — Que l'époux soit l'héritier présomptif du donataire, par exemple s'il est son fils ; mais si, tout en étant son descendant en ligne directe, il n'est pas son héritier présomptif, la libéralité ne tombera pas sous le coup de l'art. 1100. Je suppose, par exemple, que le nouvel époux ayant encore son père ou sa mère, la donation soit faite à son grand père, devra-t-elle être annulée ?

Dans l'ancien droit, certains auteurs soutenaient l'affirmative, bien que l'Edit des secondes noces ne déclarât nulles que les libéralités adressées aux père et mère (1).

S'appuyant sur la solution admise dans l'ancien

(1) Pothier, *Cont. de mar.*, n° 539 ; Ricard, Part. III, n° 1242.

droit, quelques auteurs modernes prétendent que sous
l'empire du Code qui parle dans l'art. 1100 en termes
généraux des parents de l'autre époux, il faut assimiler les aïeux aux père et mère. On fait observer que
si par le mot « Enfants » de l'art. 1098 on entend tous
les descendants à l'infini, on doit, par le mot « Parents »
de l'art. 1100, entendre aussi tous les ascendants (1).

L'opinion contraire me semble plus conforme aux
principes du droit et au texte de la loi.

(a) En effet, nous sommes ici en matière de présomptions, et il n'est pas permis de les étendre par analogie
à d'autres cas que ceux auxquels la loi elle-même les
applique, surtout lorsqu'elles ont pour but d'entraîner
la nullité d'un acte.

(b) En second lieu, l'art. 1100 exige que le nouvel
époux soit *héritier présomptif* du donataire ; or, dans
cette hypothèse, s'il est vrai que le second conjoint
recueillera plus tard dans la succession de son père le
patrimoine de son aïeul, et, par suite, les biens compris
dans la libéralité, il n'est pas pour cela héritier *présomptif* du donataire (2).

Cette solution cesse de s'appliquer, si, lors de la
donation, le père ou la mère que nous avons supposés
existants dans l'hypothèse précédente, étaient décédés.
On rentre dans le cas prévu par l'art. 1100. Le nouvel
époux est devenu par la mort de son auteur l'héritier
présomptif de son aïeul.

II. — Que l'époux soit héritier présomptif *au jour
de la donation.* Observons que par cette expression
« Donation » il faut entendre non seulement les libéralités entre vifs mais encore les libéralités testamentaires.

Il faut se reporter au jour de la donation : si à cette

(1) Toull., t. III, n° 908 ; Gren., t. IV, n° 687 ; Vazeille, *Sur l'art. 1100.*
(2) Demol., t. XXIII, n° 623, marc. *Sur l'art. 1100*; Aubry et Rau
(4° édition), t. VII, § 690, note 26.

époque l'époux était l'héritier présomptif du donataire, la libéralité est nulle, quand bien même il ne viendrait pas à la succession de son parent; mais, en sens inverse, si, n'étant pas héritier présomptif au jour de la libéralité, le nouveau conjoint le devient dans la suite, celle-ci, valable à l'origine, continue de l'être. En d'autres termes, pour savoir s'il y a eu interposition de personnes, c'est uniquement à la position respective des parties au moment de la donation qu'il faut s'attacher.

Remarquons que dans l'hypothèse où la présomption d'interposition de personnes n'existe pas de plein droit, comme dans l'art. 1100, il est toujours permis de prouver, par toutes espèces de moyens, que la personne gratifiée est, en fait interposée (1).

Je signalerai un dernier effet des secondes noces sur la liberté de disposer de l'époux remarié.

On sait que, sous le régime de la communauté, le mari, alors même qu'il est remarié et a des enfants de sa première union, peut disposer des effets mobiliers à titre gratuit et particulier au profit de toutes personnes, pourvu qu'il ne s'en réserve pas l'usufruit (art. 1422 C. civ.), et, dans ce cas, il ne rapporte rien a la communauté. Au contraire, s'il veut faire cette libéralité à un de ses enfants du premier lit, par exemple pour le doter, il le pourra, mais alors il sera tenu de rapporter à la communauté les biens qu'il y aura pris (art. 1469 C. civ.).

On a craint sans doute que le mari ne fasse trop facilement de ces libéralités qui, sans l'appauvrir, enrichiraient son enfant, et, converties par celui-ci en immeubles, lui reviendraient peut-être plus tard sous forme de succession et à titre de propres (2).

_____

(1) Cass., 20 juil. 1846 et 20 avril 1847.
(2) Aubry et Rau (4e éd.), t. V, § 511 bis, p. 367.

Iᵉʳ APPENDICE

Exception au principe de la restriction des droits de la femme remariée, *ou* Effets des seconds mariages sur l'inaliénabilité du fonds dotal.

Je viens d'examiner les restrictions qu'apportent les seconds mariages, à la liberté de disposer appartenant à l'époux remarié, je vais étudier une hypothèse dans laquelle le législateur étend les droits de la femme qui a convolé en secondes noces; c'est celle où les nouveaux conjoints sont mariés sous le régime dotal et où la mère désire établir ses enfants du premier lit. La loi lui permet alors d'aliéner ses immeubles dotaux, bien qu'en principe ils soient frappés d'inaliénabilité.

Art. 1555. — « La femme peut, avec l'autorisation de son mari, ou, sur son refus, avec permission de justice, donner ses biens dotaux pour l'établissement des enfants qu'elle aurait d'un mariage antérieur; mais, si elle n'est autorisée que par justice, elle doit réserver la jouissance à son mari. »

Par ce mot « établissement, » il faut entendre non-seulement le mariage, mais encore l'achat d'un office, comme un greffe ou une étude, l'acquisition d'un fonds de commerce. Que dire des frais à payer par les engagés conditionnels? Le volontariat d'un an rentre-t-il dans ce que l'art. 1555 appelle « l'établissement des enfants? » Il semble que la réponse doit être affirmative. L'intérêt de l'enfant le demande la plupart du temps. En outre, à l'époque où le remplacement au service militaire était reconnu par la loi, les tribunaux admettaient que la mère pouvait aliéner ses immeu-

bles dotàux pour payer la somme promise au remplaçant (1).

Le législateur a jugé convenable de permettre à
la femme, se trouvant en présence d'un refus obstiné
de la part de son second mari, de se faire autoriser par
justice à donner ses biens dotaux pour l'établissement
de ses enfants du premier lit. Il craignait que celui-ci,
en refusant par caprice d'accorder l'autorisation à sa
femme, put empêcher l'enfant de faire un mariage
avantageux, ou bien d'acheter un office ou un fonds de
commerce qui produira pour lui d'importants bénéfices.
Mais si la femme s'est adressée à la justice pour se
faire autoriser, le mari ne pourra pas être privé de
l'usufruit des biens donnés à l'enfant. Cette disposition
empêchera bien souvent la mère de demander l'autorisation de justice, surtout s'il s'agit du mariage de son
enfant, puisqu'ayant la nue-propriété seule, celui-ci ne
pourra retirer pour l'instant aucun avantage de la
donation.

Peut-on, du droit que l'art. 1555 confère à la femme
d'aliéner ses immeubles dotaux, conclure à celui
d'hypothéquer ces mêmes immeubles pour établir ses
enfants ? Il faut, à mon avis, lui reconnaître ce droit,
et je fonde mon opinion sur les raisons suivantes.

L'enfant le plus souvent n'a pas besoin d'immeubles,
ce qui lui est nécessaire, c'est une simple somme
d'argent, par exemple, pour payer le montant de son
engagement d'un an, le prix de son office ou de son
fonds de commerce. Il serait alors obligé, après avoir
reçu la donation de sa mère, d'aliéner les biens qui y
sont compris. N'est-il pas plus simple de permettre à
la femme de se procurer l'argent indispensable à son
enfant en hypothéquant ses immeubles ? En agissant

(1) Caen, 10 nov. 1847: D. P., 1849, II, 84; Nîmes, 24 mars 1851: D. P.,
1851, II, 208.

ainsi, on rentre mieux dans l'intention du législateur qui a voulu, autant que possible, ne permettre l'aliénation du fonds dotal que dans les cas d'absolue nécessité. En effet, les biens ne sont pas aliénés, ils ne sont que la garantie de l'obligation, et la femme, en remboursant le montant de celle-ci, les affranchira de l'hypothèque; ils n'auront pas cessé de lui appartenir.

En outre, si dans l'art. 1555 le législateur ne nous parle que de l'aliénation, tandis que l'art. 1554 se réfère à l'aliénation et à l'hypothèque, c'est qu'il a pensé qu'en permettant d'aliéner, il permettait, à plus forte raison d'hypothéquer.

Enfin, l'art. 7 du Code de commerce nous fournit un argument décisif. Il déclare que les biens dotaux ne peuvent être aliénés ni hypothéqués que dans les cas déterminés par le Code civil. Cet article nous prouve une chose, c'est que les immeubles dotaux peuvent être hypothéqués. Or, comme dans le Code civil nous ne trouvons aucun texte prévoyant spécialement cette hypothèque, les cas dans lesquels elle est permise ne peuvent être que ceux dans lesquels la loi autorise l'aliénation (1).

Cette doctrine est celle de la plupart des tribunaux (2). La cour de cassation va même plus loin, et, dans un arrêt du 1er avril 1845 (3), elle admet la femme à subroger à son hypothèque légale le titulaire d'un office ministériel qui s'en démet au profit de son enfant.

---

(1) Marc., *Sur les art. 1555 et 1556.*

(2) Pau, 16 avril 1855 : D. P, 1858, II, 86; Nîmes, 7 juil. 1860, Sir., 1860, II, 341.

(3) Cass., 1er avril 1845 : D. P. 1845, I, 197.

IIᵉ APPENDICE

Effets du second mariage des anciens époux divorcés

Étudions les effets produits vis-à-vis des enfants, vis-à-vis des époux et, enfin, vis-à-vis des tiers.

§ I. — Effets du second mariage relativement aux enfants

Devra-t-on considérer les enfants précédemment nés de l'union légitime des conjoints réunis comme des enfants issus du premier lit ou comme des enfants communs? Cette question est importante au point de vue de l'application de l'art. 1098. J'admettrai la dernière solution : il ne faut pas, il me semble, pousser trop loin les conséquences de la dissolution du mariage produite par le divorce. Dans l'art. 1098, la loi ne songe qu'à des enfants qui ne trouveraient pas dans la succession du nouvel époux de compensations aux libéralités excessives que leur auteur remarié a pu faire à son conjoint. Mais dans l'hypothèse qui nous occupe, un pareil danger n'est pas à craindre : en effet, les enfants du premier mariage succéderont également au donateur et au donataire, et ainsi retrouveront dans la succession de l'un ce dont l'autre s'était dépouillé.

Une seconde question se pose au sujet des enfants nés de relations ayant existé entre les deux époux pendant l'intervalle qui a séparé leur divorce de leur réunion. Seront-ils légitimes ou légitimés. A mon avis, le lien conjugal étant dissous lors de leur conception et de leur naissance, les enfants ne seront que légitimés, encore faudra-t-il, pour cela que les parents aient eu la précaution de les reconnaître par un acte antérieur ou au plus tard dans l'acte même de célébration de leur nouveau mariage.

II. — Effets du second mariage relativement aux époux.

La femme divorcée perd l'hypothèque légale que la loi lui avait conférée sur les biens de son mari. Si elle se réunit à lui, ce ne sera pas l'hypothèque primitive qui renaîtera à son profit, mais il lui sera conféré, du jour de la célébration du second mariage, une hypothèque nouvelle avec un rang nouveau.

Cette solution a une très grande importance pratique dans le cas où le mari a grevé ses biens d'hypothèques entre son divorce et sa réunion avec son ancienne épouse; si, en effet, c'était l'hypothèque primitive qui renaissait, la femme primerait les créanciers hypothécaires du mari postérieurs à la prononciation du divorce: si, au contraire, c'est une hypothèque nouvelle qui prend vie la femme sera primée par ces mêmes créanciers.

Un autre effet du second mariage des anciens époux consiste dans le retour, entre les mains du mari, de l'usufruit légal conféré à la femme ayant obtenu le divorce. J'ai examiné cette hypothèse dans les *Effets des seconds mariages sur la jouissance légale*.

§ III. — Effets du second mariage relativement aux tiers.

L'article primitif du premier projet de M. de Marcère à la Chambre des députés était ainsi conçu: « Les époux ne pourront adopter de CONVENTIONS matrimoniales autres que celles qui réglaient originairement leur union. » On fit observer qu'il fallait tenir compte des changements qui pourraient survenir dans la fortune des époux et que leur imposer l'adoption des mêmes conventions, c'était rendre leur réunion impossible par suite des difficultés insurmontables qu'ils rencontreraient dans presque tous les cas. Aussi on se contenta de dire : « Les époux ne pourront adopter un RÉGIME matrimonial autre que celui qui réglait originairement leur union. »

Cette disposition a pour objet d'éviter que les cenjoints n'aient recours au divorce, afin de changer les stipulations de leur contrat de mariage, ce qui pourrait entraîner des inconvénients graves au point de vue de l'intérêt des époux et des tiers.

Intérêt des époux. — Il était à craindre que des époux ayant adopté le régime dotal et gênés par l'aliénabilité dont celui-ci frappe les biens constitués en dot, se remariassent sans contrat de mariage ou sous le régime de la communauté ou tout autre. Il y aurait eu là un véritable danger pour la femme et pour les enfants.

Toutefois, les actes de disposition faits par la femme, depuis le divorce conservent tous leurs effets.

Intérêt des tiers. — On ne voulait pas que certains conjoints mariés, par exemple, sous le régime de la communauté, affrontassent les lenteurs et les ennuis d'une procédure en divorce, afin de pouvoir, après la dissolution de leur mariage et la liquidation de leur patrimoine, se réunir et se soumettre au régime dotal, ou déclarer qu'ils se marient sans communauté ou seront séparés de biens. C'eut été leur fournir un moyen de soustraire à l'action des tiers une notable partie de leur fortune, Nous verrons plus loin que ces différents intérêts ne sont pas efficacement protégés par suite de l'absence de sanction à l'art. 295.

Que faut-il entendre par le mot « Régime » employé dans l'art. 295 ? Le législateur a-t-il voulu simplement interdire la substitution d'un des quatre grands régimes reconnus par notre loi à un autre, ou a-t-il voulu même prohiber l'introduction des clauses convention- nelles dans un régime qui en était dépourvu? A ne con- sulter que le but poursuivi par le législateur, à savoir la protection des intérêts des tiers contre les fraudes des époux, il est certain que la seconde interprétation serait seule admise. En effet, les époux pourraient, sans changer de régime, arriver très facilement à trom- per les tiers en ajoutant ou en retranchant une clause lors de la rédaction de leur nouveau contrat.

Mais le changement qu'on a fait subir à l'article pri- mitif du projet en remplaçant le mot « régime » par le mot « conventions » ne nous permet pas d'adopter une interprétation aussi extensive. Il faut ici s'en tenir à la lettre de la loi et déclarer que les époux sont libres, à condition d'adopter le même régime, d'ajouter à leur second contrat quelques conventions nouvelles (préci- put, gains de survie, etc.), ou de ne pas reproduire dans celui-ci certaines clauses qui se trouvaient dans le premier.

Toutefois, si les effets du régime primitivement adopté se trouvaient annihilés par les conditions accessoires du nouveau contrat de mariage, ces condi- tions, en raison de la fraude qu'elles cachent, pour- raient être annulées. Ce point donnera certainement lieu à des difficultés d'interprétation auxquelles les législateurs n'ont pas songé.

Observons que, dans le cas même où les époux admettraient complètement leur ancien régime matri- monial, les tiers ne seraient pas nécessairement pro- tégés contre les atteintes que les époux auraient pré- médité de leur faire subir. Ceux-ci ont, en effet, le droit, dans l'intervalle de leur divorce à leur nouveau mariage, de transformer leurs meubles en immeubles et inversement. Il va donc y avoir des biens qui seront devenus des propres de la femme, de communs qu'ils étaient; quels seront les pouvoirs des créanciers sur ces biens? Il est difficile de répondre à cette question. Pour protéger les créanciers, on ne pouvait pas annuler les actes passés par les époux, car alors il eut fallu supposer un contrôle de tous les instants exercés par les créanciers sur les actes des époux divorcés, et une connaissance parfaite de la composition antérieure de leur patrimoine; puis un semblable moyen eut été inconciliable avec les effets de dissolution produits par le divorce, après la prononciation duquel les deux époux ont également le droit de disposition et peuvent, par suite, modifier la constitution de leurs biens.

Quelle est la sanction de l'obligation contenue dans l'art. 295? La loi est muette à ce sujet. La nouvelle convention sera-t-elle annulée? Il est difficile de soutenir une pareille opinion en présence de ce principe de droit, à savoir que les nullités ne se suppléent pas. Et, en outre, si on admet l'annulation des conventions matrimoniales, les époux, mariés alors sans contrat, seront soumis de plein droit au régime de la communauté légale et au cas où leur régime primitif était différent, la loi va faire elle-même ce qu'elle défend aux conjoints dans l'art. 295.

L'ancien régime sera-t-il rétabli? On ne le pourra pas toujours. Si, par exemple, les conjoints mariés primitivement sous le régime dotal, contractent une nouvelle union sous un autre régime, celui de la communauté, je suppose, en rétablissant l'ancien contrat, les époux vont se trouver mariés sous le régime dotal sans constitution de dot. Or, la loi dans l'art. 1541 défend un pareil résultat; il n'y a que le régime de communauté légale qui puisse se sous-entendre.

De plus, comment vivifier même les stipulations anciennes si la constitution du patrimoine des époux s'est modifiée?

Faudra-t-il leur refuser le mariage jusqu'à ce qu'ils

aient justifié qu'ils sont en mesure de rétablir le premier contrat dans son intégralité? mais c'est créer, dans ce cas, un empêchement au mariage. Et qui en serait juge? L'officier de l'état-civil? Son autorité ne s'étend pas jusque là.

Enfin, si les époux veulent se remarier sans contrat et s'ils le déclarent devant l'officier de l'état-civil, conformément à la loi du 10 juillet 1850, celui-ci devra-t-il insérer leur déclaration telle qu'ils l'auront faite, ou aura-t-il le droit d'y suppléer après s'être renseigné? La partie ajoutée par la loi de 1850 à l'article 1391, en prévoyant le cas où la femme a fait une déclaration mensongère, nous montre assez que l'officier public n'a pas le droit de vérifier la sincérité de celle-ci, sans quoi, l'article 1391 (modifié) deviendrait complètement inutile. Or, si l'officier de l'état-civil n'a pas ce droit en règle générale, nous ne pouvons, sans un texte formel le lui conférer dans l'hypothèse particulière que nous examinons.

Nous ne voyons pas, d'ailleurs, l'utilité d'assujetir les époux à faire devant l'officier public une nouvelle déclaration, puisqu'ils sont obligés d'adopter le régime primitif que les tiers qui contractent avec eux sont censés connaître.

Cette obligation imposée aux époux d'adopter en se remariant leur régime primitif nous semble en désaccord avec les caractères généraux du divorce; peu en harmonie avec l'obligation que la loi fait aux époux de procéder à une nouvelle célébration de leur mariage; de nature à ne protéger que faiblement les intérêts des tiers; et, par dessus tout, destinée à créer des difficultés d'interprétation qui ne feront que jeter le trouble dans la jurisprudence.

Une question se pose ici tout naturellement : quel moyen les tiers auront-ils pour agir contre les époux qui auront porté atteinte à leurs droits? Ils n'auront, ce nous semble, que la ressource de l'art. 1167, à condition que la fraude de la part des conjoints soit bien établie et constatée. Toutefois, on ne pourrait pas voir dans une modification apportée au contrat primitif une présomption de fraude, celle-ci ne se présumant pas.

Observons, pour terminer, que les aliénations consenties par l'un quelconque des conjoints, dans l'intervalle de leur divorce à leur réunion, les obligations par lui contractées... etc..., conserveront leur plein et entier effet. Le nouveau mariage ne saurait rétroagir. Cela ressort, et de la lettre de l'art. 295, et de son esprit. Aussi regarderons-nous comme valables certains actes qui, s'ils étaient intervenus entre époux, seraient frappés de nullité, comme les ventes (art. 1595, Code civ.) ou seraient révocables comme les donations (art. 1096, Code civ.).

POSITIONS

DROIT ROMAIN

I. — La constitution, par laquelle l'empereur Caracalla attribua les parts caduques au fisc, ne supprima pas le privilège des *Patres*.

III.— Les personnes ayant le *Jus antiquum* n'avaient pas droit aux caduques.

III. — L'inaliénabilité du fonds dotal a été établie par la loi *Julia de adulteriis* dans le but de favoriser le second mariage de la veuve.

IV.— C'est pour le même motif que la même loi *Julia* a défendu au mari de restituer la dot à la femme pendant le mariage.

V. — Les *Actus legitimi* ne constituent pas une catégorie particulière d'actes juridiques, mais embrassent tous les actes prévus et régis par le droit romain.

VI. — Vers la fin de l'époque classique le pacte adjoint *in continenti* à une stipulation fait corps avec elle à condition qu'il diminue l'obligation du débiteur.

VII. — L'obligation *Litteris* existe par sa seule mention sur les registres du créancier.

VIII. — Le débiteur à terme incertain qui paie avant l'échéance de la dette ne peut pas exercer la *condictio indebiti*.

DROIT CIVIL

I. — La femme étrangère, à laquelle sa législation personnelle n'impose aucun délai de viduité, n'est pas tenue d'observer un semblable délai en France avant de se remarier.

II. — Le Ministère public *peut* agir en nullité contre le mariage du bigame, mais il *doit* agir du vivant des époux.

III. — Que l'individu poursuivi pour bigamie oppose la nullité de son premier ou de son second mariage, la Cour d'assises doit toujours renvoyer la question devant les Tribunaux civils et surseoir jusqu'à ce que ceux-ci aient statué.

IV. — La prohibition de l'art. 228 du Code civil ne contient qu'un empêchement prohibitif.

V. — Le droit d'appel appartient à l'enfant dans tous les cas où la détention a lieu par voie de réquisition.

VI. — Le père redevenu veuf ne recouvre pas le droit d'agir par voie de réquisition.

VII. — La mère redevenue veuve ne recouvre pas l'usufruit légal que son second mariage lui a fait perdre.

VIII. — La femme tutrice de fait demeure soumise à l'hypothèque légale accordée au mineur sur les biens de son tuteur.

IX. — Le mari de la veuve qui conserve indûment la tutelle est responsable de la gestion même antérieure au mariage, et ses biens sont dans ce cas soumis à l'hypothèque légale des mineurs.

X. — La mère redevenue veuve ne recouvre pas le droit de nommer un tuteur testamentaire aux enfants de son premier lit.

XI. — L'enfant adoptif du conjoint remarié ne peut pas se prévaloir de la prohibition de l'art. 1098.

XII. — Les libéralités déguisées ou à personnes interposées sont nulles pour le tout et dans tous les cas.

XIII. — Le veuf ou la veuve laissant des enfants d'une union antérieure, ne peut, lorsqu'il contracte plusieurs mariages successifs, donner à tous ses nouveaux époux ensemble plus qu'une part d'enfant légitime le moins prenant.

XIV. — Si les enfants du premier lit, survivants et héritiers, n'exercent pas l'action en réduction, ceux du second lit peuvent l'exercer eux-mêmes.

XV. — Le contrat par correspondance est formé du moment où l'acceptant s'est définitivement dessaisi de son acceptation sans qu'il soit besoin que celle-ci soit parvenue à la connaissance du pollicitant.

XVIII. — Le profit de l'action Paulienne est pour tous les créanciers, même pour ceux postérieurs à l'acte révoqué.

XIX.— Le privilège du voiturier se perd par la remise des objets voiturés.

XX. — L'action en responsabilité contre l'architecte ou l'entrepreneur, à raison des vices de construction est soumise, une fois née, à la prescription trentenaire.

DROIT CRIMINEL

Lorsque la personne responsable, citée devant la commission scolaire pour une première infraction, n'a pas comparu et que la commission lui a appliqué, en vertu de l'art. 12, § 2 de la loi du 28 mars 1882, sur l'enseignement primaire obligatoire, la peine de l'affichage, elle ne peut pas être traduite devant le juge de paix dès la seconde infraction.

ÉCONOMIE POLITIQUE

Le taux de l'intérêt doit être libre.

PROCÉDURE CIVILE

L'exception *judicatum solvi* n'est pas exigée de l'étranger demandeur quand le défendeur est lui-même étranger.

DROIT COMMERCIAL

En cas de refus du mari, la justice ne peut pas autoriser la femme à faire le commerce.

DROIT INTERNATIONAL PRIVÉ

Un État étranger est justiciable des tribunaux Français lorsqu'il est poursuivi comme personne privée.

Vu et Approuvé :

Les Membres de la Commission,

E. RENARDET,   R. SALEILLES.

Vu :

Le Doyen,

VILLEQUEZ.

Permis d'imprimer :

Le Recteur de l'Académie de Dijon,

CHAPPUIS.

TABLE DES MATIÈRES

DROIT ROMAIN

DROIT FRANÇAIS

—

PREMIÈRE PARTIE

DEUXIÈME PARTIE

5912. — Dijon-Paris, IMPRIMERIE RÉGIONALE. Directeur : J. CHEVALLIER.

ERRATA

PAGES	LIGNES	
199	10	Au lieu de : *rédigea*, lisez : *redigeât*.
204	22	Après : *à la mère*, ajoutez : *nommée tutrice*.
209	note 1	Au lieu de : § *99, note 6*; lisez : § *99 bis, note 36*.
218	14	Au lieu de : *a-t-elle*, lisez : *A-t-elle*.
221	7	Au lieu de : *vie*, lisez : *loi*.
224	25	Avant : *la tutelle*, ajoutez : *tout droit à*.
235	note 2	Au lieu de : § *561*, lisez : § *560*.
236	22	Au lieu de : *(1)*, lisez : *(2)*. *(idem à la note.)*
237	note 2	Après : *Ricard*, ajoutez : *Des Donat*.
240	21 et 22	Au lieu de : *il pourrait*, lisez : *il aurait pu*.
240	note 1	Au lieu de *N° 665*, lisez : *N° 582*.
241	1	Avant : *premier*, ajoutez : *du*.
242	14	Au lieu de : *les*, lisez : *des*.
249	20	Au lieu de : *eu*, lisez *eue*.
264 note 1, ligne 2		Au lieu de : *note 13*, lisez : *note : 43*.
253 note 1, ligne 2		Au lieu de : § *590*, lisez : *690*.
265	28	Au lieu de *crées*, lisez : *créées*.
267	5	Au lieu de : *le quotité*, lisez : *la quotité*.
267	20	Au lieu de : *postérieures*, lisez : *postérieurs*.
267	36	Ajoutez : la note qui est à la page 268.
269 note 1, ligne 2		Au lieu de : *1719*, lisez : *1819*.
276	18	Au lieu de : *cette effet*, lisez : *cet effet*.
279	29	Au lieu de : *dodation*, lisez : *donation*.
282	23	Au lieu de : *doit*, lisez : *doive*.
283	11	Au lieu de : *produira*, lisez : *produirait*.
287	14 et 15	Au lieu de : *aliénabilité*, lisez : *inaliénabilité*.